中传学者文库编委会

主　任： 廖祥忠　张树庭
副主任： 蔺海波　李　众　刘守训　李新军　王　晖
　　　　　杨　懿　柴剑平

成　员（按姓氏笔画排序）：

王廷信	王栋晗	王晓红	王　雷	文春英
龙小农	付　龙	叶　龙	刘东建	刘剑波
任孟山	李怀亮	李　舒	张绍华	张　晶
张根兴	张毓强	林卫国	郑　月	金　炜
金雪涛	周建新	庞　亮	赵新利	徐红梅
贾秀清	高晓虹	隋　岩	喻　梅	熊澄宇

中传学者文库

主编／柴剑平　执行主编／龙小农　副主编／张毓强　周建新

以国际传播的名义

任孟山自选集

任孟山 著

中国传媒大学出版社
·北京·

图书在版编目（CIP）数据

以国际传播的名义：任孟山自选集 / 任孟山著 . -- 北京：中国传媒大学出版社，2024.8.

（中传学者文库 / 柴剑平主编）.

ISBN 978-7-5657-3727-5

Ⅰ . G206-53

中国国家版本馆 CIP 数据核字第 2024SA9613 号

以国际传播的名义：任孟山自选集
YI GUOJI CHUANBO DE MINGYI: REN MENGSHAN ZIXUANJI

著　　者	任孟山
责任编辑	于水莲
封面设计	锋尚设计
责任印制	李志鹏

出版发行	中国传媒大学出版社		
社　　址	北京市朝阳区定福庄东街 1 号	邮　编	100024
电　　话	86-10-65450528　65450532	传　真	65779405
网　　址	http://cucp.cuc.edu.cn		
经　　销	全国新华书店		
印　　刷	北京中科印刷有限公司		
开　　本	710mm×1000mm　1/16		
印　　张	18.75		
字　　数	285 千字		
版　　次	2024 年 8 月第 1 版		
印　　次	2024 年 8 月第 1 次印刷		
书　　号	ISBN 978-7-5657-3727-5/G・3727	定　价	93.00 元

本社法律顾问：北京嘉润律师事务所　郭建平

总　序

　　媒介是人类社会交流和传播的基本工具。从口语时代到印刷时代，再经电子时代至今天的数智时代，媒介形态加速演变、融合程度深入发展，媒介已然成为现代社会运行的基础设施和操作系统。今天，人类已经迈入媒介社会，万物皆媒、人人皆媒，无媒介不社会、无传播不治理。今天，无论我们怎么用力于信息传播的研究、怎么重视信息传播人才的培养都不为过。

　　中国传媒大学（其前身为北京广播学院）作为新中国第一所信息传播类院校，自1954年创建伊始，即与媒介形态演变合律同拍、与国家发展同频共振，努力探索中国特色信息传播人才培养模式、构建中国信息传播类学科自主知识体系，执信息传播人才培养之牛耳、发信息传播研究之先声，被誉为"中国广播电视及传媒人才摇篮""信息传播领域知名学府"。

　　追溯中传肇始发轫之起源、瞩望中传砥砺跨越之未来，可谓创业维艰而其命维新。昔日中传因广播而起，因电视而兴，因网络而盛，今天和未来必乘风破浪、蓄势而上，因人工智能而强。在这期间，每一种媒介兴起，中传均吸引一批志于学、问于道、勤于术的

学者汇聚于此,切磋学术、传道授业,立时代之潮头,回应社会需求,成为学界翘楚、行业中坚,遂有今日中传学术研究之森然气象,已历七秩而弦歌不断,将传百世亦风华正茂。

自新时代以来,中传坚守为党育人、为国育才初心,励精图治、勠力前行,秉承"系统治理、创新图强、交叉融合、特色发展"的办学理念,牢牢把握高等教育发展大势、传媒业态发展趋势,瞄准"智能传媒"和"国际一流"两大主攻方向,以世界为坐标、以未来为向度,完成了全面布局和系统升级,正在蹄疾步稳、高质量推动学校从传统高等教育向未来高等教育跨越、从传统传媒教育向智能传媒教育跨越、从国内一流向世界一流跨越,全力建设中国特色、世界一流传媒大学。

中国特色、世界一流,在于有大先生扎根中国大地,汇聚古今、融通中外;在于有大先生执教黉门,学高为师、身正为范;在于有大先生躬耕杏坛,敦品积学、启智润心。习近平总书记更强调,高校教师要立志成为大先生,在教书育人和科研创新上不断创造新业绩。中传广大教师素来以做大先生为毕生职志,努力成为新时代"经师"与"人师"的统一者,做真学问、立高品行,践履"立德树人"使命。

2024岁在甲辰,欣逢中传建校70华诞,学校特邀约部分学者钩玄勒要、增删批阅,遴选已公开刊发的论文汇编成集,出版"中传学者文库",意在呈现学校在学科建设、科学研究、服务行业实践等方面的最新成果,赓续中传文脉,谱写时代新声。

文库汇聚老中青三代学者,资深学者渊渟岳峙、阐幽抉微;中年学者沉潜蓄势、厚积薄发;青年学者踌躇满志、未来可期。文库与五十周年校庆所出版的"北广学者文库"相承接,大致可勾勒中传知识生产薪火相传、三代辉映之概貌，反映中传在构建中国特色新闻传播类、传媒艺术类、传媒技术类学科体系、学术体系和话语体系方面的耕耘与收获，窥见中国特色信息传播类学科知识体系构建的发展脉络与轨迹。

这一构建过程，虽筚路蓝缕，却步履铿锵；虽垦荒拓野，亦四方辐辏。一批肇始于中传、交叉融合、具有中国特色的学科，如播音主持艺术学、广播电视艺术学、传媒艺术学、数字媒体艺术学、政治传播学等，从涓涓细流汇入滔滔江河，从中传走向全国，展现了中传学者构建中国自主知识体系的学术想象力和创新力。文库展示的虽然是历史，实则是呈现今天；看似是总结过去，实则是召唤未来。与其说这套文库的出版，是对既有学术成果的展示，毋宁说是对未来学术创新的邀约。

回首过往，七秩芳华。我们深知，唯有将马克思主义基本原理与中华优秀传统文化相结合，才能推动中华学术创造性转化和创新性发展，推动中国自主知识体系的构建。我们深知，唯有准确把握媒介形态演变的脉动、深刻认知媒介形态变革所产生的影响，才能推动中国信息传播类学科自主知识体系的构建与时俱进。

展望未来，星辰大海。我们深知，以人工智能为代表的产业和科技革命正迅疾而来，媒介生态正在加速重构，教育形态正在全面重塑，大学之使命与价值正在被重新定义；我们深知，唯有"胸怀国之大者"、面向世界科技前沿、面向经济主战场、面向国家重大需求，才能确保中传始终屹立于中国乃至世界传媒教育发展之潮头。

如何应对人工智能带来的深刻变革，对中传而言是一场要么"冲顶"、要么"灭顶"的"兴亡之战"。我们坚信，不管前方是雄关漫道，还是荆棘满途，唯有勇敢直面"教育强国，中传何为？"这一核

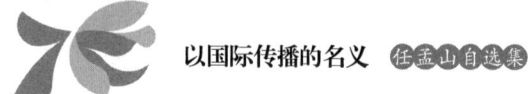

心命题，奋力书写"智能传媒教育，中传师生有为！"的精彩答卷，才能化危为机，奋力开创人工智能时代中传智能传媒教育新纪元。

功不唐捐，芳华七秩；风帆正举，赓续创新。

是为序。

第十四届全国政协委员，中国传媒大学党委书记、教授、博士生导师

序　言

　　2003年9月，我在北京广播学院攻读硕士学位，专业是国际关系，研究方向是国际关系与大众传播；2006年9月，我在中国传媒大学攻读博士学位，专业是传播学，研究方向是大众传播与国际关系。学校从北京广播学院变为中国传媒大学，专业从国际关系变为传播学，研究方向的两个名词前后顺序互调，不过，在我看来，从某种意义上讲，两者的名称虽有变，名义却未变：学校是以传播的名义，我的研究是以国际传播的名义。

　　国际传播作为研究领域，是一个议题群，每个群里五味杂陈。以我感兴趣的国际传播与国家主权之间的关系为例，既有国际传播与地缘政治，也有国际传播与帝国主义，还有国际传播与国家主权……2011年出版的专著《国际传播与国家主权：传播全球化研究》，即是由我的博士学位论文转制而成的。信息技术推动下的国际传播与地理空间约束下的国家主权始终存在一种不可弥合的张力，其内在源于传播的进步夙愿是以时间打破或消灭地理空间，实现跨越空间的信息即时共享，而主权的现实诉求是以领土空间延宕或阻遏传播时间，实现对信息传播时间的空间管治。即使在当今移动互联网当道的社交媒体时代，其间的基本逻辑也并未改变，而是从地理空间延伸至与其相配的网络空间。

　　国际传播作为实践领域，是一个话题群，每个群里都有千言万语。以颇为流行的讲故事为例，讲故事的能力、讲故事的角度、故事的类型、故事的选择……其间呈现出的素材、色调与重点，及其背后隐含的思维、理念与想象，实在是千差万别，有的令人回味无穷，有的令人惊愕不已，有的令人拍案而起。正因如此，我之所谓"西方版中国故事"与"中国版中国故事"，只是选择了在国际舆论场上关于中国故事的比较有影响力的两种，其实还有"拉美版中国故事""非洲版中国故事"……只是不引人瞩目，甚至经常被忽略。与此相对应的"世界故事"，亦是如此。世界各国的人们在故事中想象你我，或敌或友，亦敌亦友，然后付诸交往实践，这种状态跟我们日常生活在本质上并无二致。

国际传播的魅力恰恰在于此，作为研究领域的议题群有很多问题可以探讨，作为实践领域的话题群有很多现象可以言说。一方面，有些能够研究明白或者讲清楚，另一方面，有些研究不明白或者讲不清楚，但不管哪一方面，都能催人前行，不断言说，只是限于个人的知识储备与研究兴趣，所择路径不同而已，但都是以国际传播的名义。国际传播研究有不同路径，大路有政治、经济、文化、社会、技术等，小路有传播主体、客体、内容、渠道、效果等。

这本文集分为上中下三篇，上篇是"中国与世界"，讲的是在国际传播领域，中国自身的现实表现、话语实现与象征呈现，以及与世界其他国家之间的关系互连、身份互识与象征互动；中篇是"传播与国家"，讲的是在国际传播领域关注到的除中国之外的其他国家，既有绕不过去的美国等发达国家，也有经常被绕过的伊朗等发展中国家，国家间差别巨大，但都应该被听见、被看见、被不带偏见；下篇是"技术与社会"，讲的是技术发展所致媒介迭代带来的媒介生态变化与国家政治社会之间的关系，其间既有乐观情绪的和谐相处与美好想象，也有充满张力的互相打量与动态调适。

回首21年前自己懵懂进入国际传播研究领域时，关于它的研究和实践都谈不上流行,迄今已经完全是另一幅景象,算得上是"不及辞旧旧已远,未必迎新新已来"。去年底今年初有一部爆火的电视剧《繁花》,国际传播研究和实践的当下景象与此片名相似。不管是在筛选放入集子中的文章时,还是在修改其中的部分篇目时,我都有一种强烈的感觉,与《繁花》还有的相似之处是,时代使然,时势使然,文与人,皆如此,信夫哉!

出本集子,总要交代几句,是为序。

任孟山

目 录

上篇　中国与世界

互联网时代的国际传播与地缘政治 …………………………………………… 003

网络安全议题的国际传播政治学：话语竞争与权力博弈 …………………… 012

从电报到 ChatGPT：技术演进脉络下的国际传播格局史论 ………………… 020

作为国际传播议题的人工智能：知识生产与全球权力 ……………………… 042

信息空间与地理空间：网络传播与国家主权的张力 ………………………… 058

中国国际传播的全球政治与经济象征身份建构 ……………………………… 067

"五位一体"与"中国版中国故事"：中国国际传播的象征框架 …………… 079

国际传播与国家经济利益实现：向世界讲述中国财富故事 ………………… 093

国际传播格局变迁的新动因研究：基于信息传播新技术的平台化媒体 …… 100

中篇　传播与国家

社交媒体时代的信息传播地缘政治学：澳大利亚与"脸书"之争 ………… 117

"新媒体总统"奥巴马的政治传播学分析 …………………………………… 134

试论美国网络外交的技术与政治动因 ………………………………………… 142

新世纪美国地缘政治心理学:"美国总是第一"在走向历史的终结
　　——评《中国赢了吗——中国对美国优先的挑战》 148
试论伊朗"Twitter革命"中社会媒体的政治传播功能 160
来自非洲的声音:瑙莱坞电影产业的崛起与启示 170
大众媒介作为国家转型的动力装置
　　——评《大众媒介与社会转型:墨西哥个案考》 180

下篇　技术与社会

媒介环境学的研究路径、理论发展与学科逻辑 195
转型中国的互联网特色景观:网络动员与利益诉求 213
新闻短视频的生产与秩序:从赋权到规约 222
中国互联网治理模式嬗变研究
　　——基于历史制度主义"T-AIEB"阐释模型的分析 234
政治机会结构、动员结构和框架过程
　　——当代互联网与社会运动的分析框架及案例考察 255
电报与互联网:传播技术和政治参与在中国的历史和现实
　　——评《中国网络政治的历史考察:电报与清末时政》 265
媒介技术变革时代的新闻传播教育
　　——从中国传媒大学研究生教育综合改革谈起 272
中国式现代化与国际传播人才培养 280

上篇
中国与世界

互联网时代的国际传播与地缘政治[*]

20世纪后期的"颜色革命"至21世纪初的"网络革命"(伊朗"Twitter革命"、突尼斯茉莉花革命、埃及自由广场革命、叙利亚革命危机、也门反萨利赫示威、巴林反政府示威、利比亚反卡扎菲行动),清晰地展现出互联网时代的国际传播与地缘政治变化之间的紧密关系与互动路径,即从传统的"街头政治"走向具有力量交换的"线上—线下互动",再到协同行动的"网络—街头政治"。这种新式的社会抗争与国家转型路径,体现的不只是地缘政治变动时的国家内生力量自行裂变,还有来自国外以互联网为载体的国际传播力量的积极促动。它所展现的互联网时代国际传播与地缘政治之间的关系,比传统媒体时代更为密切,国际传播的影响力更大。

一、国际传播与地缘政治的旧逻辑

跨界传播的信息技术与主权国家的地缘控制之间始终存在一种不可弥合的张力,其表现在于信息技术进步的内在力量以时间打破或消灭空间,实现跨越空间的信息即时传播与共享;而国家地缘政治逻辑的内在力量在于以领土空间作为主权控制的对象,以空间的封闭性与独占性阻遏或延缓信息传递

---

[*] 本文原载于《现代传播(中国传媒大学学报)》2014年第10期,系国家社科基金重大项目"国际传播发展新趋势与加快构建现代传播体系研究"(项目编号:12&ZD017)、中国传媒大学科研培育项目"国际传播的知识谱系:历史与理论"(项目编号:CUC12A20)的阶段性研究成果,收入本书时略有删改。

的时间，实现对信息传播时间的空间管治，保持主权国家的空间合法性。① 这是国际传播与地缘政治一直以来遵循的逻辑，其技术秉性与政治秉性的内在矛盾不可调和，体现在每一种传播技术诞生之后的国内政治与国际传播、国际政治与国际传播之间。

互联网产生之前的传统媒介方式，理论上都可以被用作国际传播的技术方式。但实际上，在国际传播历史上讨论更多的是广播与电视，这主要与媒介技术的秉性以及社会使用史相关。首先，纸质媒介的传播方式受限于技术，容易受到不同国家的媒介管制措施的限制，很难大面积传播并产生强烈的国际传播效应。事实上，在国家间战争中，纸质媒介的使用——比如传单，产生的规模效应，也是在飞机这种交通方式获得进展之后产生的。其次，电报的国际应用在国际政治的发展过程中，主要侧重于殖民帝国的权力保持与维护，而不是国家间的政治斗争。19 世纪 70 年代，连接欧洲、亚洲、非洲、北美洲的英国海底电报电缆，主要服务于英国的殖民统治。从波斯、希腊、罗马到大不列颠帝国，无处不见的强大传播网络不仅可以强制性地树立帝国的权威，而且可以为帝国赖以生存的贸易和商业提供服务。②

但是，由电报这种传播技术催生的新闻通讯社，的确在国际传播的地缘政治中起到了重要作用。新闻通讯社的定位与性质，使其采集的新闻可以通过报纸、广播等媒介形式加以传播，对国际社会产生影响。英法德三大通讯社于 1870 年签署了一组《通讯社条约》（Agency Treaties），订立"连环同盟"（Ring Combination），分割新闻社采访和发布的"领地"：哈瓦斯社的领域包括法国、瑞士、意大利、西班牙、葡萄牙、埃及，中美洲和美洲；路透社的领域包括英国、埃及（与哈瓦斯社共享）、土耳其及远东地区；沃尔夫社的领域包括德国、奥地利、荷兰、斯堪的纳维亚、俄国和巴尔干各国。美国的港口新闻联合社（美联社的前身）虽然作为参与方，但其领域只限于美国本土。不过，无线电传送信息的技术自 1902 年发明后迅速发展，美国甚至将此项技

---

① 任孟山. 国际传播与国家主权：传播全球化研究［M］. 上海：上海交通大学出版社，2011：49.

② 屠苏. 国际传播：延续与变革［M］. 董关鹏，译. 北京：新华出版社，2004：17.

术当作同英国竞争全球传播权力的重要工具，因为借此可以削弱英国拥有贯通全球的海底电缆的垄断地位。

从短波广播发展的社会史以及近现代国际关系史来看，这项技术几乎从发展伊始就具有了战斗的性质。1922年，克里姆林宫开办了世界上功率最大的广播电台。忠实于列宁的指示，这个"没有纸张和没有边界的新闻"从1929年开始经常使用短波播出德语和法语节目，次年开始用英语和荷兰语播出。[1] 无论是第二次世界大战，还是冷战期间，广播作为最重要的国际传播形式都得到了充分体现，国际传播"俘获人心"成为影响地缘政治的至关重要的战略与战术，这在冷战结束之后的国际政治中仍然适用。2001年"9·11"悲剧的发生，使得"反恐"突然变成所谓"新的意识形态"，但并没有终止国家间社会与制度的竞争与影响，发生在东欧、苏联、中东、北非的国家转型与地缘政治变化，就是最有力的证据。其间，虽然有强国主导的区域战争强迫的国家外促变化，但更多的是通过国际示范与影响催生的国家内生变化。

1962年，马歇尔·麦克卢汉（Marshall McLuhan）提出了"地球村"的概念，所指的主要媒介技术力量是电视。电视作为一种电子媒体形式，与广播的产生时间相差不远。1936年，英国广播公司创建电视台，定期播放电视节目。1969年7月19日，美国宇航员乘阿波罗11号抵达月球的电视节目，经转播后被全球共47个国家的7.23亿观众收看。著名未来学家约翰·奈斯比特（John Naisbitt）把它称作"地球村"的落成典礼以及信息时代的降临仪式。但是，"除美国之外，绝大多数国家都担心卫星电视新闻会被用作政治宣传。VOA曾经使许多不赞成新闻信息自由流动的国家深感忧虑，而将来的卫星电视其实就是拥有了图像的短波（广播）"[2]。这种担忧，充分体现在了自20世纪70年代伊始的世界信息与传播新秩序的国际争论之中。它在当下国际社会的体现，则是在很多国家明确规定不准私自安装用于收看国外电视节目的

---

[1] 马特拉.世界传播与文化霸权：思想与战略的历史[M].陈卫星，译.北京：中央编译出版社，2001：82.
[2] 伽摩利珀.全球传播[M].尹宏毅，译.北京：清华大学出版社，2003：109.

卫星电视接收设备，以抵抗西方发达国家尤其是美国的信息传播。换言之，以空间管治应对国际传播的地缘政治老逻辑依旧。

二、国界跨越与传播干预的新演变

"传播新技术的一个后果就是信息传播媒介正在发生具有深远影响的变革。我们看到，正在重新构建信息图像空间并形成新的传播地理……我们正在大大改变空间与地域的概念。人口、文化、货物、信息的迁移、流动方式表明，现在并不主要靠诸如地理位置间隔、海洋、山脉等自然分界来划分社会或国家的'自然边界'。我们越来越需要根据传播和运输网络及语言文化这样的象征性边界——由卫星轨道或无线电信号决定的'传播空间'——来划定在这个时代里具有决定性意义、呈现渗透性的边界。"① 国家转型与地缘政治变化加速的动因，除政治、经济、社会与文化因素之外，从国际传播的角度视之，则是跨越国界的信息传播在互联网时代达致一个新的高峰。国际传播与地缘政治的老逻辑依然被遵循，但在互联网时代出现了新变化。

最明显的变化是处于政治变动中的国家面对国际传播时的信息抵抗难度加大。相对于传统的媒介形式，互联网带来的信息流动速度超出了国家信息管控体系的更新速度。以互联网为代表的新传播技术意味着地缘政治中国家地理边界的变形，这种变形意味着面对来自境外的政治信息，国家僵硬的信息抵抗方式变得不再像以前那么奏效。在短波广播占据主导的国际传播时代，建立大功率基站进行信息干扰，是一种有效的信息抵抗方式。比较而言，当下国家对互联网信息传播的控制难度明显加大。从技术控制理论上讲，任何国家都可以将本国的网络变为与国界相一致的"国家局域网"；但在实践上讲，这种做法带来的政治风险与社会风险之大，几乎任何国家都无法采取应对措施。埃及在自由广场革命行动之后，曾在 2011 年初短暂关闭

---

① 莫利，罗宾斯.认同的空间：全球媒介、电子世界景观与文化边界[M].司艳，译.南京：南京大学出版社，2001：1.

整个国家网络，但无法阻止和消除民众借助互联网已经动员起来的政治与社会力量。换言之，技术上可行的国际传播抵抗方式在实践上几乎只能是一种想象。

造成此种情形的原因复杂多样，但其中最重要的原因在于互联网时代网民的参照标准由纵向比较转移到横向比较，即网民在个人处境与国家现状的比较方面，不再满足于本国在历史发展进程中是否具有积极变化，而是将目光投向了跟自己处于不同时空的发达国家。这意味着国家发展的历史合法性将不能满足接触了国际信息的民众。这在面对发达国家的新国际传播战略与策略时更为两难。与此同时，以美国为代表的西方发达国家，在国际传播的政治与社会干预方面，已经明确竖起"互联网自由"的大旗。

美国前国务卿希拉里曾于 2010 年 2 月和 2011 年 2 月两次发表有关"互联网自由"的演讲，系统阐释了美国要借助互联网推动某些国家的政治转型，从而改变地缘政治结构。在第一次演讲中，希拉里提及伊朗、摩尔多瓦、突尼斯、乌兹别克斯坦、越南、沙特阿拉伯等国。在第二次演讲中，希拉里提及的国家增加了埃及、古巴、俄罗斯等国，在表示将其纳入美国外交政策框架的同时，再次表示美国要支持和资助那些追求"互联网自由"的行为。[①] 也正是在互联网背景下，美国政府对美国之音（Voice of America English News，VOA）和英国政府对英国广播公司（British Broadcasting Corporation，BBC）做出了国际传播方面的调整，即通过压缩广播对外播出的经费与人员规模，扩大互联网上的国际传播，以促动政治转型国家的可能变革。

2013 年由爱德华·斯诺登（Edward Snowden）曝出的棱镜门（PRISM）事件，暴露了美国对境内外的信息传播监视行为，这引发了关于全球互联网治理机制的新讨论，"根服务器运行所依托的硬件主要集中在美国，全球 13

---

① CLINTON H R. Internet rights and wrongs: choices& challenges in a networked world [EB/OL]. (2011-02-15) [2014-02-15]. https://2009-2017.state.gov/secretary/20092013clinton/rm/2011/02/156619.htm.

个根服务器中只有 3 个位于别的国家（英国、瑞典和日本）"①。如此重要的全球资源仅仅局限于少数几个国家。棱镜门事件重新激起了国际政治中关于互联网治理的国家间博弈。成立于 1998 年的互联网名称和数字地址分配机构（Internet Corporation for Assigned Names and Numbers，ICANN）是互联网治理的重要机构，迫于国际社会的压力，美国商务部于 2014 年 3 月正式宣布放弃对该机构的监督权，将其移交给"全球利益攸关体"。但是，"全球利益攸关体"的考量并不一致，部分国家着眼于军事、金融、经济等信息安全来看待全球互联网治理；部分国家在此之外还要考量来自西方发达国家的国际传播渗透，即如何更有效地屏蔽不想让本国民众看到的新闻报道类信息，同时能够在国家主权的名义下，争取到屏蔽国际传播的国际与国内合法性。相对于此前的国际传播与地缘政治的管治逻辑，这是个需要在全球互联网时代处理的新现象，它所带来的挑战在于原来以国家主权名义加以管治的方式，现在很难获得国内民众的认同与国际社会的认可。

三、政治时间与传播时间的再比赛

著名学者曼纽尔·卡斯特（Manuel Castells）在分析西班牙、埃及、突尼斯以及占领华尔街等政治与社会运动案例之后提出："在我们这个时代，多元媒介、水平传播意义上的数字网络是历史上速度最快和最足够自治的、互动的、重新设定议程的自我扩张媒介形式。"② 从国际传播与地缘政治关系的角度讲，以互联网为代表的新传播技术对处于变动之中的具体国家而言，就是国家处理危机的政治时间与信息国际传播的网络时间之间的比赛。这是政治时间与媒介时间的比赛新形式，其要点不是体现在速度上，而是体现在以互联网为代表的新传播技术对参与主体的全方位影响上，其中最重要的是社会动员。

---

① 查德威克. 互联网政治学：国家、公民与新传播技术 [M]. 任孟山, 译. 北京：华夏出版社, 2010：321.

② CASTELLS M. Networks of outrage and hope: social movements in the Internet age [M]. New York: John Wiley & Sons, 2015.

从中东、北非等区域已经发生的政治社会变化来看，一方面是国内政治与社会力量通过互联网等新传播技术连接起来的内部动员，"技术平台及其应用扮演了政治组织的角色……政治诉求或不满通过非常个人化的方式被表达和分享，并通过社交平台、网上协调平台以及电子邮寄清单等途径迅速传播"①。与传统的媒介形式具有信息传播中心及其组织者不同，在互联网这个技术平台上，甚至找不到信息传播的中心，但是它的社会动员能力却极其强大；而且，在某些时候甚至没有人愿意充当核心组织者，却有大批民众走上了街头，参与政治与社会变革。就信息的传播形式而言，如果说传统媒体的信息扩散是涟漪式的，即有中心的外散传播，那么互联网的信息扩散就是波浪式的，即没有中心或者忽略中心的整体推进。

另一方面是游离在本国之外的社会媒体（social media）成为在国内召集和动员街头游行、示威和抗议的有力工具。在伊朗 2009 年大选后游行示威、埃及自由广场革命中，都闪烁着社交媒体的影子。"社交网络影响力巨大，很多观察家认为 Twitter、Facebook 的使用（在伊朗危机中）达到了一个峰值。它们的力量在于能否让数百万民众知晓如何找到穆萨维（Mousavi）在 Facebook 上的主页。"② 美国国务院要求 Twitter 公司推迟全球网络维护、避免停止网络运行影响伊朗使用的举动，则凸显了互联网时代的国际传播与地缘政治的复杂性。在地缘政治的战略考量中，美国的互联网利用及其策略"从技术层面看，表现为外交事务中互联网工具的广泛运用；从政治层面看，则是互联网事务成为美国外交的重要内容"③。正因如此，一是美国在传播自由的大旗下呼吁"互联网自由"，二是美国背后的国际政治考虑令其自由面目模糊

---

① 班尼特，塞格柏格."连接性行动"的逻辑：数字媒体和个人化抗争性政治［J］.传播与社会学刊，2013（26）：211-245.

② HASHEM M, NAJJAR A. The role and impact of new information technology (NIT) applications in disseminating news about the recent Iran presidential election and uprisings [M]//KAMALIPOUR Y R. Media, power, and politics in the digital age: the 2009 presidential election uprising in Iran. Washington DC: Rowman & Littlefield Publishers, 2010: 125-142.

③ 汪晓风.美国互联网外交：缘起、特点及影响［J］.美国问题研究，2010（2）：107-128，208-209，212.

不清，给进行互联网管治的国家提供了口实，这在政治与社会发生剧烈变动时的国家内表现得尤为明显。

从根本意义上讲，国际传播与地缘政治的焦点在于传播时间与政治时间的比赛。处理政治危机的速度如果快过信息传播的蔓延，国家至少能够在短时间内赢得稳定；反之，国家就会面临秩序混乱的风险与现实。具体来说，对于那些受到互联网国际传播影响的变动国家而言，如何能够抢在网络流言与谎言、网络动员与行动之前采取措施，如何将"线上—街头政治"的协同行动延迟在"线上—线下"的互动层面甚至只是"线上"层面，是个非常艰难的挑战，它不仅意味着对现有政治与行政架构运行流畅程度的考验，还意味着民众对当前国家制度架构与体验的满意程度。从理论上讲，在政治时间与网络传播时间的比赛中，政治时间几乎不会有胜利的机会，其取胜机会或许只能存在于日常政治运作中获得民众认同的相对高度。

从地缘政治的角度看，互联网时代的国际传播极大地挤压了国家防御的地理空间，解除了国家以地理硬武器和政策软武器抵抗国际传播的相当一部分武装。"传统地缘政治衡量权力的唯一标准就是以军事实力为核心的综合国力，全球化时代的地缘政治学必须考虑技术、经济、文化认同等方面的权力。……地缘政治的主体增多。政府、大众媒体、国际组织等成为权力的新主体。"[①] 一方面，传统的以技术进行的地缘控制依然存在，比如国家通过防火墙的形式来阻止外来信息，这类似于使用对国际短波广播的干扰手段和不准私自安装跨国卫星电视接收器的行为；另一方面，由于国际传播主体增多，国家无法完全控制信息的国际渗透，不仅要面对来自不友好国家的有组织的国际传播，还要面对无数并非官办的个体与组织传播者，这些个体和组织传播者甚至不是有意进行信息的跨界传播。

[①] 王勇. 信息技术的地缘政治影响探析 [J]. 情报科学，2011，29（4）：592-595.

四、结语

技术决定论的逻辑不自洽，以及各种决定论的学术风险与社会风险，提示我们不能相信"互联网神话"。历史经验提醒我们，不管是关于技术的，还是关于社会的，陷入任何一种乌托邦都将被蒙蔽。技术的使用终究依赖于其所处的政治与社会背景，"压制型社会运用新的监视工具会使社会更加受到压制，而民主型、参与型社会借助技术的力量将进一步分散其政治权力，从而增加社会的开放性和代议性。因此，新的信息技术对权力和国家的直接影响是一个错综复杂的经验事实"[1]。这表现在互联网时代的国际传播与地缘政治中，则是不同的国家面对互联网国际传播的不同态度和国家行动，以及由此带来的地缘政治变化。

因此，如果我们承认国家是国际政治中最重要的行为体，就必须承认传播技术在国际政治中的工具性地位。与此同时，我们需要看到的另一面是以互联网为代表的新传播技术带给国际传播与地缘政治的动能与势能，它不仅影响到发达国家的国际传播战略与策略，也影响到不同地域面临转型问题的国家的应对理念与方式，还影响到地缘政治变动中的国家内部回应。国际传播与地缘政治的关系讨论，在互联网时代的明显特征是传播成本在降低、地理因素在弱化、影响力度在增加、防御难度在增长。

---

[1] 卡斯特.认同的力量[M].曹荣湘，译.北京：社会科学文献出版社，2006：333.

网络安全议题的国际传播政治学：话语竞争与权力博弈*

美国中央情报局前技术分析员爱德华·斯诺登（Edward Snowden）引爆"棱镜门"事件之后，"网络安全"迅速成为一个重要的全球性议题。该事件使网络安全从一个较为狭窄的政府与企业之间的商业议题、国家间的政府议题走向了更具公共性的国际传播政治议题，即使对于普通网民而言，网络安全议题也变得不再陌生。此种公共性，使得各国在网络安全议题方面对国内民众与国际社会的政治动员和传播动员都更为容易。从国际传播政治学的角度讲，网络安全议题主要涉及两个方面的内容：话语竞争与权力博弈。话语竞争是建构并影响国际公共舆论的手段，权力博弈是决定网络安全议题内容与走向的最终影响力量。

一、网络安全议题的话语竞争

体现在网络安全议题上的话语竞争，最主要涉及的是到底是谁侵犯了网络的安全、谁在挑战网络安全。网络安全的话语竞争，一方面是将破坏网络安全的责任归咎于某个国家或行为体，另一方面意味着破坏网络安全的国家

---

* 本文原载于《现代传播（中国传媒大学学报）》2015 年第 7 期，系中国传媒大学科研培育项目"国际传播的知识谱系：历史与理论"（项目编号：CUC12A20）、国家社科基金重点项目"国际传播学科发展前沿研究"（项目编号：11AXW003）的阶段性研究成果，收入本书时略有删改。

没有资格在全球网络安全的政治权力博弈与利益竞夺中拥有话语权,或者说至少其资格的合法性与效力都会受到质疑。

美国司法部2014年5月20日对中国军方五名军官提起诉讼,指责他们涉嫌通过网络窃取美国私营企业的商业机密,美国联邦调查局(Federal Bureau of Investigation,FBI)也随即对这五名军官发出通缉令,这是美国首次以商业间谍罪名起诉外国公职人员。① 当日,中国外交部发言人举行例行记者会,声明"中方对此表示强烈愤慨和坚决反对,已经要求美方立即纠正错误,撤销相关诉讼。考虑到美方对通过对话合作解决网络安全问题缺乏诚意,我们已经决定中止中美网络工作组的相关活动。中方将根据形势发展作出进一步反应"②。在此之前,3月,《明镜周刊》和《纽约时报》根据前美国国家安全局(National Security Agency,NSA)合同雇员斯诺登泄露的机密文件披露,NSA闯入了中国电信设备巨头华为位于深圳总部的服务器,目的是找到这家公司与中国军方的联系,以及研究华为的技术。中国外交部对此表示严重关切,并要求美方作出解释。斯诺登的文件还披露,美国国家安全局曾广泛侵入华为、大唐、中兴通讯等中国主要电信公司,并持续攻击清华大学的主干网络等。③

同年末,索尼影业娱乐公司将要公映以刺杀朝鲜领导人为主题的 *The Interview*(《采访》)影片,结果遭到黑客组织"和平护卫队"(Guardians of Peace)的攻击,包括索尼普通员工与高管在内的大量信息被泄露。12月16日,该黑客组织发出"最后通牒",警告所有将要前去观看《采访》的观众,将在放映地点发动袭击,"世界将笼罩在恐惧中,记住'9·11'事件的教

---

① 美媒盘点2014中美网络安全博弈:沟通与指责并存[EB/OL].(2014-12-13)[2015-01-22]. https://news.sina.com.cn/c/2014-12-13/070931280615.shtml.
② 外交部:中国决定中止中美网络工作组相关活动[EB/OL].(2014-05-21)[2014-07-12]. https://news.rednet.cn/c/2014/05/21/3355113.htm.
③ LAM L, CHEN S. Snowden reveals more US cyberspying details: text messages mined, while servers at Tsinghua University attacked [EB/OL]. (2013-06-23) [2013-08-22]. https://www.scmp.com/news/hong-kong/article/1266777/exclusive-snowden-safe-hong-kong-more-us-cyberspying-details-revealed.

训"。三天之后,美国联邦调查局发表声明,正式指控朝鲜是此次网络攻击事件的幕后主谋,"索尼被黑手法与此前朝鲜对韩国的网络攻击行为相似,我们有足够的证据证明朝鲜方面对索尼影业实施了'毁灭性'的网络攻击,导致索尼影业成千上万的资料泄露"。"朝鲜的行为对美国商业、美国公民的权利造成了侵害……我们决不允许任何其他国家、群体或个人通过网络手段来威胁美国,侵犯美国的国家利益。"① 随后,美国时任总统奥巴马公开指控朝鲜。朝鲜对此坚决否认,但是猜测袭击也许是朝鲜的"支持者和同情者的正义之举",要和朝鲜一起"终结美帝国主义"。与此相关的是,美国联邦调查局声明发出三天后,2014年12月22日,朝鲜网络大面积瘫痪,互联网服务大规模中断,全境几乎无法上网。②

这些令人应接不暇的热闹场景,从话语竞争的角度讲,事实虽然只有一个,但却可以有各种不同的解释,建构不同的解释模式和辩解框架,从而获得有利于自身的话语模式和象征指向,建构符合自身利益的国际公共舆论。"公共舆论从政治'理性'意义出发,在公共范畴内可以理解为与治理是相关的,通过广泛传播的观点而赢得了特别的说服力。"③ "在公共舆论是社会控制这样的观念中,论辩的质量并不是讨论的中心。一切只取决于两个阵营中哪一派在争论中足够强势,从而使得对立的一派受到被孤立、被排斥、被驱逐的威胁。"④ 对公共舆论的研究固然源于选举国家的国内政治,但其研究结果在很多方面适用于国际公共舆论的生成,正如上文所看到的,中美之间关于网络间谍、美朝之间关于网络攻击的争论,都属于网络安全议题下的国际公共

---

① 徐婷婷.索尼影业遭黑客攻击事件始末[EB/OL].(2014-12-23)[2014-12-24].http://cul.qq.com/a/20141223/010694.htm.
② 秦安.近日,奥巴马总统签署行政命令,授权"回击"网络攻击;下周,五角大楼将公布新网络安全战略,各领域"布局"节节推进[EB/OL].(2015-04-17)[2015-06-24].http://military.people.com.cn/n/2015/0417/c172467-26858217.html.
③ 诺尔-诺依曼.沉默的螺旋:舆论——我们的社会皮肤[M].董璐,译.北京:北京大学出版社,2013:234.
④ 诺尔-诺依曼.沉默的螺旋:舆论——我们的社会皮肤[M].董璐,译.北京:北京大学出版社,2013:240.

舆论建构。网络安全议题的全球话语竞争，意味着在国际公共舆论中谁能更具优势，从而获得更多的国家利益并为战略安全赢得空间。

从发展过程与趋势来看，中美之间在关于网络安全方面的指控近年来已经日常化，而且更多的指责首先来自美方，中方每次都给出强力回击，并对此给出了诸多数据。网络安全已经成为中美之间的重要议题，在2013年7月第五轮中美战略与经济对话前夕，中美双方在华盛顿就网络安全议题召开了为期四天的会议。这是中美第一次在两国战略与经济对话框架下就此话题展开磋商，也是中美网络安全工作组设立后的首次会议。会议目的是提出中美关切的问题并在网络安全方面建立起合作关系，但是很快因所谓的"网络间谍"事件而中止。在话语竞争的意义上，中国与美国都在将责任推给对方。如若没有各国认可的公正的第三方介入调查，所有这些争论都不会有事实上的结果，只是体现在国际公共舆论的话语竞争上，此一点，在未来的中美网络安全议题上，依然会有相似的国际舆论争夺。

同时，在美国关于网络安全议题上的指责名单和国际话语竞争中，被列入的国家还有朝鲜、伊朗、古巴、叙利亚等。从这个意义上讲，美国将其指责缺失人权、民主、自由等国家的名单复制到了网络安全议题的指责名单。在国际公共舆论上，将网络安全的责任归咎于这些国家，是为削弱或排除这些国家在全球网络安全议题上的话语权力制造氛围与设置议程。与此相关的是，"目前有迹象表明，西方国际传播界有关新闻流通的争论焦点已从当年的世界信息与传播新秩序转向如何利用新闻与其他信息促进东欧和其他新兴国家的政治转型，引导发展中国家融入由西方主导的全球化潮流"[①]。换言之，美国政界与国际传播学界都在转换讨论议题、关注焦点和解释框架，关于网络安全的议题也在其中。

---

① 沈敬国.国际传播学[M]//鲁曙明，洪浚浩.传播学.北京：中国人民大学出版社，2007：496.

二、网络安全议题的权力博弈

网络安全的政治权力博弈主要体现在两个方面：一是网络安全治理的政治，主要体现在全球互联网治理中的权力分配，即谁具有制订网络安全规则的主体性资格和主导性地位，采用什么样的技术标准、设计理念和治理规则；二是与网络安全有关的国家间政治，主要体现在来自网络的跨国政治动员和政治干预是否超出了网络安全的范畴，是否涉及干预其他国家内政的敏感议题，这是不少国家关注的重要内容，从而形成了互联网时代的新政治权力博弈。

事实上，美国因其技术优势，已经在国际社会中屡次使用网络制裁的方式保证其国家安全与利益，比如在 2003 年伊拉克战争期间，美国授意终止了伊拉克顶级域名 ".iq" 的申请和解析工作，因为 "根服务器运行所依托的硬件主要集中在美国，全球 13 个根服务器中只有 3 个位于别的国家（英国、瑞典和日本）[1]"。其中，位于美国的 10 个根服务器中有一个是主根服务器。从 1998 年成立的互联网名称与数字地址分配机构（The Internet Corporation for Assigned Names and Numbers，ICANN）的发展历程来看，其名为非营利性机构，是一个已经脱离美国商务部的独立机构，但众所周知的事实是，美国的影响依然举足轻重。

由于美国在互联网领域所具有的先发优势，在包括网络安全在内的互联网规则制订中，美国的影响力仍然最大。美国是当今世界第一个制定网络空间战略的国家，其目的是防止美国在互联网领域既有的长期优势和即时对抗优势的丧失，这也是美国传统霸权在互联网领域的新投射，是从技术层面、资源层面、信息层面到法理层面抢占全球网络空间制网权和制高点的新转折。[2] 正因如此，包括中国在内的许多国家、国际非政府组织、大型跨国企

---

[1] 查德威克.互联网政治学：国家、公民与新传播技术 [M].任孟山，译.北京：华夏出版社，2010：321.
[2] 杜雁芸，刘杨钺.中美网络空间的博弈与竞争 [J].国防科技，2014，35（3）：70–75，82.

业都在争取制订网络规则的权力，比如欧洲委员会信息社会项目、八国集团数字化机遇工作组、联合国信息通讯技术工作组、全球信息基础设施委员会、有重大利益的私人部门等。也就是说，众多参与者都期望能在全球互联网治理中获得符合自身能量的话语权，其间，利益驱动与政治诉求俱在。正如在网络安全这个议题上，与之相关的是一个庞大的产业链，涉及规模庞大的经济利益，也正因如此，不少国家以网络安全的名义，针对其他国家的硬件与软件生产商设置了不同形式的准入门槛，有时甚至以国家安全的名义，阻止他国硬件或软件生产商的进入，从而一方面保护国内网络安全的信息传播产业链，另一方面保有对国内的网络安全方面的绝对控制权。

与网络安全治理的权力博弈有所不同的是，与网络安全相关的国家间的权力博弈，既有实际操作层面的具体问题，也有政治价值观层面的象征问题。美国前任国务卿希拉里在任时曾于2010年2月和2011年2月两次发表有关网络自由的演讲，系统阐释了美国要借助于互联网推动某些国家的政治转型。

美国借助互联网干预他国内部政治或促动其他国家政治变革的理念，遭到了包括中国在内的一些国家的强烈反对与质疑。对中国来说，互联网并未改变主权边界，中国政府有权依法管理互联网。中国国家主席习近平2014年7月16日在巴西国会发表演讲时指出："当今世界，互联网发展对国家主权、安全、发展利益提出了新的挑战，必须认真应对。虽然互联网具有高度全球化的特征，但每一个国家在信息领域的主权权益都不应受到侵犯，互联网技术再发展也不能侵犯他国的信息主权。在信息领域没有双重标准，各国都有权维护自己的信息安全，不能一个国家安全而其他国家不安全，一部分国家安全而另一部分国家不安全，更不能牺牲别国安全谋求自身所谓绝对安全。"[①]这可以被理解为中国迄今为止对互联网与国家间政治的基本看法，也可以被理解为网络安全议题所具有的政治含义。显然，这与美国的理解是有较大差别的。

---

① 习近平在巴西国会的演讲（全文）[EB/OL].（2014-07-17）[2015-05-22].https://www.gov.cn/xinwen/2014-07/17/content_2719171.htm.

如果对历史稍加回溯，我们就可以发现自中国接入互联网之日起，中美网络安全关系中的政治博弈就已开始。1992年，中国首次向美国国家科学基金会（National Science Foundation，NSF）申请接入互联网，被美国以安全为由拒绝了，理由是美国担心中国从网上获取其大学和科研机构的情报和科技信息。在此后的互联网迅猛发展过程中，中国广阔而巨大的互联网市场让美国重要的互联网公司分享到了丰厚红利，但是依然没有解决两国在包括网络安全在内的互联网议题上的价值分歧以及由此带来的政治分歧。其中的原因复杂多样，但是如果自战略层面观之，则是美国与中国之间的战略互信不足。体现在网络安全层面上，不仅有两国企业互相进入彼国时的特别审查门槛，比如美国对华为等中国大型企业的国家安全审查，也有两国在网络安全议题优先顺序及其理念上的不可调和之处，比如信息主权与互联网信息自由流动之间的关系与位次。从这个角度讲，关于网络安全议题的国家间权力博弈将会在未来很长一段时间内长期存在。而且，这种权力博弈将会在话语竞争与经济驱动等层面都有所体现。

三、结语

从互联网治理的意义上讲，网络安全是其重要的子议题。甚至可以说，没有网络安全议题的讨论，有关互联网治理的其他议题将无法开展。中国对于互联网治理的态度是："国际社会要本着相互尊重和相互信任的原则，通过积极有效的国际合作，共同构建和平、安全、开放、合作的网络空间，建立多边、民主、透明的国际互联网治理体系。"[1] 这个具有诸多定语的态度表达中，暗示着很多层面的要素都需要有一个艰苦谈判的过程，以及在现有的国际互联网治理体系中，有很多方面亟须改善。多边意味着参与者多元化，民主意味着权力共享，透明意味着足够公开。

---

[1] 习近平在巴西国会的演讲（全文）[EB/OL]．(2014-07-17)[2015-05-22].https://www.gov.cn/xinwen/2014-07/17/content_2719171.htm.

就网络安全议题而言，国家间如果缺乏政治互信，很多内容的展开都将非常困难。这既包括对网络安全内容的界定，也包括对网络安全内容的价值理解，还包括操作层面上的无缝对接。所有这些要素，将会继续体现在国际传播政治学层面上的话语竞争与权力博弈中，两者的关系在于，话语竞争为权力博弈提供必要的国际公共舆论基础，政治权力博弈为话语竞争圈定基本的争议内容和具体议题。"任何实施统治的政治权力都是需要话语的，这是在福柯之后甚至之前就已经被明确的一条定律，权力再生产的同时也是言论的再生产，后者可以在社会实践层面上建构抽象精神与物质力量的自我循环。"[1] 这个解释在某种意义上概括了传播（话语）与政治（权力）之间的关系，既适用于国内传播，也适用于国际传播；既适用于国内政治，也适用于国际政治；既适用于国内传播政治学，也适用于国际传播政治学。从这个角度讲，网络安全议题的国际传播政治学，其话语竞争与权力博弈是密不可分的硬币正面与反面。

---

[1] 陈卫星.传播与媒介域：另一种历史阐释［M］//德布雷.普通媒介学教程.北京：清华大学出版社，2014：26.

从电报到ChatGPT：技术演进脉络下的国际传播格局史论*

2022年11月，基于"生成式预训练变换器模型"（Generative Pre-training Transformer，GPT）的人工智能机器人ChatGPT问世，其后，"Bing AI""Notion AI""Copilot"等基于GPT的衍生应用相继上线，使整个国际传播领域或憧憬于新技术所助推的颠覆性变革，或忧心于其潜藏的意识形态属性乃至于全球地缘政治风险。每当"奇技淫巧"问世，便有勒内·笛卡尔（René Descartes）所言之"钦叹"（l'admiration）①产生，而GPT技术给国际传播带来的"钦叹效应"，在各种讨论中日见其盛。本文意在用"后视镜式"手法检视国际传播领域，将历史横截面中的"钦叹时刻"连珠缀玉，以媒介技术的线性发展为脉络，使呼之欲出的"GPT革命"与曾经的传播技术变革互为参照，以期揭示全球国际传播格局的变迁。

---

* 本文原载于《新闻与写作》2023年第5期，与李呈野合作，系国家社科基金重点项目"中国版中国故事的全球化、区域化、分众化传播研究"（项目批准号：22AXW003）的阶段性研究成果，收入本书时略有删改。

① 法国哲学家、数学家笛卡尔在其《灵魂的激情》（Les Passions de l'ame）中使用了"l'admiration"一词。这一词汇在法语中有"钦叹"之意，而笛卡尔用之描绘这样一种"激情"：当人们遇到新事物时，发现其与"我们过去所知，或者我们认为其应该是的事物，相去甚远，我们钦叹之，讶异之"。笛卡尔部分地肯定了这种激情的价值，认为它"使我们惯于获取科学知识"，相关论述可参见：DESCARTES R. Les Passions de l'ame [M]. Graubünden：Vrin，1963：108-109，119，120.

一、电报—通讯社：英法双强并立的国际传播格局时代

（一）电报：英法双强的媒介基础设施及其分与合

本文虽以电报作为国际传播格局研究之开篇，但传播技术对于国际传播的影响其实更为久远。在口述传统遗风犹存的公元 5 世纪，匈奴王阿提拉（Attila the Hun）即已擅长散布夸大其词的故事，在整个欧洲大陆塑造自己战无不胜的形象，后世传播学者称之为"现代宣传的先行者"[1]。然而，他的国际传播系统早已和整个匈奴族群一起化为陈迹，邈远难追。在书籍与手抄新闻繁盛的文艺复兴时代，意大利是当之无愧的"欧洲信息传播中心"[2]。但是，随着"15 世纪末开始的世界市场的革命破坏了意大利北部的商业优势"[3]，意大利不但于国际传播格局无足轻重，甚至在 18 世纪成为法国大众媒体信息的单向接收者[4]。

国际传播实践出现之早晚，不等于影响国际传播格局能力之强弱。当代国际传播格局雏形初现，肇始于塞缪尔·莫尔斯（Samuel Finley Breese Morse）发明电传电报（electric telegraphy），而作为新兴媒介基础设施的电报，则非头号资本主义列强不能兴办。于是，莫尔斯电报初生之时，形成了英法两国引领于世的"两强格局"。英帝国有广土众民的帝国版图、引领全球的工业能力，故得以铺设电缆，建立"第一个堪比现代互联网的跨国电子通信系统"[5]；而经大革命涤荡后国势日隆的法国也一直在汲汲于发明一套即时性

---

[1] HAMELINK C J. Global communication [M]. London: Sage, 2015: 5.
[2] 陈力丹. 世界新闻传播史 [M]. 3 版. 上海：上海交通大学出版社，2016：19-20.
[3] 马克思. 资本论：第 1 卷（上下册）[M]. 中共中央马克思恩格斯列宁斯大林著作编译局，译. 北京：人民出版社，1979：784.
[4] FATTORELLO F. A short historical survey of the Italian press [J]. Gazette (Leiden, Netherlands), 1965, 11(1): 1–11.
[5] CHOUDHURY D K L. Telegraphic imperialism: crisis and panic in the Indian empire, c. 1830–1920 [M]. Berlin: Springer, 2010: 2.

的远距离传播网络，甚至"电报"（télégraphie）一词本身就是法国人所造①。在莫尔斯电报发明前的半个世纪，法国就发明了光学电报（optical telegraph），在电传电报问世后，法国更是不遗余力地拥抱新技术。

英法两强之间存在着既联手对外又暗中较劲的复杂关系。在遭遇共同的地缘政治挑战者时，英法两国的媒介基础设施尚能"不分你我"。1852—1854年的克里米亚战争最能表征电报诞生之初的国际传播格局：在这场战争中，电报首次充作军事用途。英法两国捐弃前嫌，通过一条架设于黑海的海底电缆，共享情报，对抗向西扩张的沙俄帝国。②不过，两国在媒介基础设施层面的关系并非一直顺风顺水。从表面上看，两者间的龃龉主要体现为对电报线路运营模式的不同理解，但其背后不乏争夺主导权的考量。法国认为电报线路应由官方控制，而英国则让私营企业掌握电报线路。③1865年，在法国牵头之下，国际电报联盟（International Telegraph Union），即国际电信联盟的前身在巴黎成立。"国际电联是作为一个纯粹的政府间组织成立的，尽管它宣称主要在技术层面对电报进行协调，但它不鼓励私营电报公司的参与，暗藏政治立场。"④由此，英国在联盟中的作用遭到了削弱。

（二）《通讯社条约》：国际传播格局的制度配置

电报对国际传播格局的意义在于：作为即时收发信息的媒介基础设施，它是雷吉斯·德布雷（Régis Debray）所说的"组织性的材料"（matière ouvragée），但它本身的功能超越了"传播的机器"之范畴，与"物质性的组织"（organisation matérialisée）——制度化的组织与机构——相勾连。⑤就此

---

① SHECTMAN J. Groundbreaking scientific experiments, inventions, and discoveries of the 18th century [M]. Westport: Greenwood Press, 2003: 172.
② MATTELART A. La communication-monde: histoire des idées et des strategies [M]. Paris: La Decouverte, 1999: 15-16.
③ MATTELART A. Networking the world, 1794-2000 [M]. Minneapolis: University of Minnesota Press, 2000: 11.
④ NOAM E. The telecommunication in Europe [M]. Oxford: Oxford University Press, 1992: 294.
⑤ 德布雷：媒介学引论 [M]．陈文玲，译．北京：中国传媒大学出版社，2015，11.

而言，正如18世纪的沙龙、俱乐部等"社会思想的结缔组织"在法国成为"社会的磁极"与"知识设计的中心"，①19世纪的通讯社在国际传播领域也扮演着相似的角色。电报与通讯社相结合，辅助着资本主义列强的全球扩张：在商业方面，搜集行业信息，以致"市情朝暮反复，洋商操纵自如"②；在政治方面，通讯社作为消息批发商，其影响力"駸駸乎驾报馆而上之，此各国政府所以不惜岁靡巨帑，从事与此，为外交上之利器也"③。

1870年，欧洲三大主要通讯社订立了划定势力范围的《通讯社条约》（Agency Treaties），国际传播格局发生了新变化，与欧洲大陆的争霸形势息息相关。这一年，普鲁士统一德意志的进程已近尾声。作为新晋强国的德国，也在国际传播的制度安排中分到了一杯羹。《通讯社条约》所进行的地域划分，与缔约各通讯社所属国家的影响力投射范围基本重合："路透社的势力范围是大英帝国下属的领地和东亚地区；哈瓦斯社负责西班牙、法国、意大利和葡萄牙帝国所属地区；而沃尔夫社则拥有奥地利、德国、斯堪的纳维亚国家和俄国的地域范围。"④

（三）"众生相"：后发国家因应国际传播格局

面对由英法两国主导的"电报—通讯社"国际传播格局，其他后发国家采取了不同的应对策略。这些国家在决策时受到地缘政治因素和国家文化底色的制约，总体而言可分为以下三类。

第一类国家对新的技术与组织形式缺乏敏感度，在国际传播能力建设方面行动迟缓，事到临头才不得不幡然变计，如奥斯曼帝国。奥斯曼帝国是伊斯兰世界的"共主"，其在鼎盛期曾攻克君士坦丁堡，两度围困维也纳，一直被欧洲视为异类。路透社与哈瓦斯社热衷于报道奥斯曼帝国的负面新闻，被

---

① 德布雷.媒介学引论［M］.陈文玲，译.北京：中国传媒大学出版社，2015：31.
② 易惠莉.郑观应评传［M］.南京：南京大学出版社，1998：290.
③ 戈公振.中国报学史［M］.北京：中国和平出版社，2014：252.
④ 阿特休尔.权力的媒介［M］.黄煜，裘志康，译.北京：华夏出版社，1989：251.

帝国官员认为严重威胁到国家利益。① 然而，直到1908年帝国政府才着手建立国家通讯社——"奥斯曼电讯社"（Agence Ottoman Telegraph），以冀向欧洲输送新闻，"驳斥针对奥斯曼帝国的虚假报道"②，而此时奥斯曼帝国的寿命已经只剩十几年了。

第二类国家对于国际传播跃跃欲试，希望借此为全球争霸打开局面，如德国。一方面，德国面临着险恶的地缘政治环境，"其崛起于旧欧洲国家体系的中心，其建立直接冲击了奥匈帝国和法国的利益"③；另一方面，对外争夺领土日益被德国朝野视为国家内部生命力的体现，"生存空间"（Lebensraum）④理论逐渐被奉为显学。在此背景下，"德国政治光谱中最杰出的政治家、实业家、学者和记者们认为，新闻社是提高德国国际声誉，巩固和扩大德国外贸地位，以及加强国家内部整合的最佳手段"⑤。例如，19世纪末，沃尔夫社在奥斯曼帝国频繁活动，协助德国与英法两国争夺中东地区影响力。⑥

第三类国家着眼于利用电报与通讯社巩固自己在区域内的霸权，同时避免卷入欧陆冲突，等待最佳"出场时机"，如美国。美国具有孤悬海外而四围无强敌的地缘政治优势，依据"门罗主义"（Monroe Doctrine），其对自身的定位并非"欧洲政治体系内的一个帝国"，而是美洲大地上的"一个完全独立体系的太阳"。⑦ 美国的第一大通讯社美联社即诞生于确立"西半球霸权"的过程中——1846年，《纽约先驱报》《纽约太阳报》等六家报纸为报道美墨

---

① YANATMA S. Dominance, collaboration and resistance: developing the idea of a national news agency in the Ottoman Empire, 1854–1914 [J]. Journalism, 2022, 23(2): 569–585.

② UÇAN C. Endeavoring to establish an imperial news agency: the Ottoman Telegraph Agency [J]. Turkish studies, 2020, 21(5): 750–771.

③ KAISER D. The rise and fall of the great powers: economic change and military conflict from 1500 to 2000 [M]. New York: Random House, 1987: 209.

④ MARTIN G J. All possible worlds: a history of geographical ideas [M]. Oxford: Oxford University Press, 2005: 169–170.

⑤ TWOREK H. Magic connections: German news agencies and global news networks, 1905–1945 [J]. Enterprise& society, 2014, 15(4): 672–686.

⑥ TWOREK H J. News from Germany: the competition to control world communications, 1900–1945 [M]. Boston: Harvard University Press, 2019: 121–140.

⑦ MAY E R. The making of the Monroe Doctrine [M]. Boston: Belknap, 1975: 11.

战争以及分摊电报费用,决定联合成立新闻搜集机构,①此即美联社之前身。1898年,《纽约先驱报》《纽约太阳报》等"黄色报刊"极力渲染古巴局势,在全美上下"造成一种战争心态",为美西战争打下了舆论基础。报业大亨威廉·赫斯特(William Hearst)亲率记者前往战地,利用电报传回新闻,②在这场"为美国披上强国外衣"③的战争中厥功甚伟。

二、"新闻流通权"与"视听传播":国际传播格局去殖民化的两条行动路径

(一)"世界信息与传播新秩序"运动:重组织轻技术的国际传播实践

第二次世界大战的结束开启了全球去殖民化进程,在国际传播领域,新兴民族国家(以不结盟国家为主)争取"世界信息与传播新秩序"(The New World Information and Communication Order)的运动也就此展开。国际传播格局的不平衡性体现在技术与组织两大层面上,并最终落实在新闻流通权之上,早在1976年不结盟国家发表的《新德里宣言》,就已对此洞若观火:这份文件批评发达国家以少数通讯社垄断信息发送,以传播工具垄断信息流动,借此延续殖民主义时期的依附与主导关系,使之反过来限制发达国家的进步。④但在国际传播去殖民化的具体实践中,这些南方国家对于国际传播的这两个面向却只能执其一端。

一方面,不结盟国家看到了在组织(通讯社)层面反抗不平衡国际传播格局的可能性。南斯拉夫致力于通讯社建设,其南通社(Tanjug)多次在新闻速度上比路透社、法新社、美联社等发达国家通讯社更胜一筹,如刚果首位民选总统帕特里斯·卢蒙巴(Patrice Lumumba)被杀害、智利政变等新闻,

---

① PALMER M B. International news agency [M]. Berlin: Springer Nature, 2019: 47.
② 迈克尔·埃默里,埃德温·埃默里,罗伯茨.美国新闻史:大众传播媒介解释史[M].9版.展江,译.北京:中国人民大学出版社,2009:204-209.
③ 扎卡利亚.从财富到权力[M].门洪华,孙英春,译.北京:新华出版社,2001:237.
④ 诺顿斯登,徐培喜.世界信息与传播新秩序:浴火重生的主张[J].中国记者,2011(8):35-37.

皆是南通社率先发布。^①在不结盟运动第五届首脑会议上，南斯拉夫还牵头建立"不结盟国家通讯社联盟"（Non Aligned News Agencies Pool），与会85国希望借此"在其内部实现彼此之间新闻、信息报告、特写、照片的广泛而自由的流通，并真实、客观地向世界其他区域提供关于不结盟国家的信息"^②。这也是除《一个世界，多种声音》等文宣性质的报告之外，"新秩序运动"在国际传播中最有影响力的实践性成果。

另一方面，不结盟国家尽管认识到了信息传播工具（自第二次世界大战开始得到广泛运用的广播技术^③）于国际传播活动之必要性，却对技术的推广有心无力。在不结盟国家联盟第四次首脑会议中，南斯拉夫联邦信息秘书处（Federal Secretariat for Information）要求参会外交人员促进各国"广播组织之间的合作"。然而，技术、财政、专业人员始终是拖累南方国家在国际传播中更进一步的沉重包袱。即便是能够为亚非拉欠发达国家提供援助的"领头羊"南斯拉夫，也不得不哀叹"由于缺少天线和功率足够大的无线电发射机，南通社无法保证所有人都能获得可靠信号"^④。

"世界信息与传播新秩序"运动可以被视为将南希·弗雷泽（Nancy Fraser）所说的"再分配的政治"（politics of redistribution）^⑤的思路移植到了新闻流通权斗争领域。"再分配的政治"认为，社会不公正的根源在于经济结构的不公正，而补救措施在于重建经济结构，最终达到减少群体差异的目标。

---

① VUKASOVICH C, BOYD-BARRETT O. Whatever happened to Tanjug? Re-loading memory for an understanding of the global news system [J]. International communication Gazette, 2012, 74(8): 693-710.

② PINCH E T .The flow of news: an assessment of the non-aligned news agencies pool [J]. Journal of communication, 2010, 28(4): 163-171.

③ 此处的"广播"，是英语词汇"broadcasting"之对译，在其他汉字文化圈国家中被译为汉字词"放送"，如日语之"ほうそう"、韩语之"방송"，意指利用电子通信技术进行声音、图像与视频的传送，并不仅限于汉语中通常理解的"通过无线电波或导线传送声音的新闻传播工具"。

④ BRLEK S S. The creation of the non-aligned news agencies pool [J]. Prispevki za novejšo zgodovino (before 1960: Prispevki za zgodovino delavskega gibanja), 2022, 62(1): 37-63.

⑤ FRASER N. Social justice in the age of identity politics: redistribution, recognition, and participation [M]. London: Routledge, 2008: 72-89.

事实上,"世界信息与传播新秩序"的建立需要设备、资金与技术,甚至需要发达国家主动让出信息产业之利,这归根结底也确实是经济问题。

(二)"第三电影"与"电视小说":视听传播领域的两种文化抗争形式

与"再分配的政治"相对,存在着另一种争取公正的路径——"承认的政治"(politics of recognition),即关注文化中的非正义,尤其是其根源——"表征、阐释与传播的社会模式",如"文化支配"(cultural domination)、不承认、不尊重等,通过对受诽谤群体的身份与文化成果予以积极的重新评价,实现对多样性的尊重。

几乎与"世界信息与传播新秩序"同步的是,非西方世界也在为"承认的政治"而斗争。不同于前者对国家组织力量(通讯社)的倚重,以及对媒介基础设施(广播技术)的依赖,后者的主导力量主要来自民间,电影构成了其捍卫身份认同的主要材料。学者达德利·安德鲁(Dudley Andrew)认为,以1968年为起点直到20世纪80年代末是"世界电影阶段"(World Cinema Phase)[①],其特征是"经由电影节的中介,打破了冷战分界线,将非西方电影带入西方观众视野"[②]。在这一阶段中,发轫于拉美,弥漫于发展中国家,且被欧美左翼知识分子所响应的"第三电影"(tercer cine)浪潮,成为国际传播格局中独树一帜的清流。

"第三电影"是1968年之后风起云涌的去殖民化运动的缩影。"第一电影"(primer cine)是美国的好莱坞电影,它的特点是商业化运营、标准化制作与逃避现实,服务于金融资本的文化与经济需求,传递着"新殖民主义的虚假信息"(desinformación neocolonial);"第二电影"(segundo cine)是敢于个性化表达、突破美式成规的电影,故又被称为"作家电影"(cine de autor)或"表达电影"(cine expresión);而"第三电影"蕴含着所有人民都能建立

---

① ANDREW D. Time zones and jetlag: the flows and phases of world cinema [M]//DUROVICOVÁ N, NEWMAN K E. World cinemas, transnational perspectives. London: Routledge, 2010: 75–80.
② 王垚.从"民族国家电影"到"全球电影":再论"少数电影/小国电影"[J].世界电影,2022(1):34–47.

自由个性的巨大可能，最终实现"文化的去殖民化"（la descolonización de la cultura）。① "第三电影"是政治组织领导的集体产物，不寻求在商业化的影院中播映，誓做不义的谴责者、社会真实的见证者，激起观众的行动，从而建构集体记忆。②

通过视听传播改变不平衡国际传播格局的努力不只集中于严肃的政治性内容，娱乐性电视节目"电视小说"（Telenovela）也在本地与由英美主导的商业电视节目一争雄长，构成了国际传播的"反向流动"（contra-flow）。"电视小说"同样发源于拉美世界。1951年，巴西以葡语节目《你的生命属于我》开"电视小说"之先河。③ 其后，委内瑞拉、墨西哥、阿根廷等西班牙语国家的电视业纷纷跟进，进一步壮大了"电视小说"的阵营。以1975年为界，巴西的环球电视打入国际市场，其"电视小说"不断被售往巴西原宗主国葡萄牙并多次大卖，被称为"反向殖民"（reverse colonization）④。这种说法具有夸张成分，但确实反映出信息流向部分发生了变化。

（三）"再分配的政治"与"承认的政治"：两条行动路径的国际传播效果评析

整体而言，从第二次世界大战结束到冷战终止，国际传播格局的斗争分化出"新闻流通权"与"视听传播"两大行动路线，两者分别对应"再分配的政治"与"承认的政治"，并走向了不同的结局。

一方面，"新闻流通权"路线基本没成功。1984年10月，美国及其盟友

---

① GETINO O, SOLANAS F. Hacia un tercer cine:apuntes y experiencias para el desarrollo de un cine de liberación en el tercer mundo [J]. Revista tricontinental, 1969, 14(10): 29-62.

② GIL OLIVO R. Cine y liberación: ei nuevo cine latinoamericano (1954-1973): fuentes para un lenguaje [M]. Guadalajara: CUAAD, 2009: 181-188.

③ BONA R J, CARL R. A radicalização de Beto Rockfeller.o discurso contemporaneo da telenovela brasileira [M]//COUTINHO I, DA SILVEIRAJR P M. Comunicação:tecnologia e identidade. Rio de Janeiro: Mauad X, 2007: 165-181.

④ LOPEZ A M. Our welcome guests: telenovelas in Latin America [M]// ALLEN R C. To be continued...: soap operas around the world. New York: Routledge, 2002: 256-275.

英国和新加坡退出"世界信息与传播新秩序"的重要载体——联合国教科文组织，迫使后者在后来的20年里"尽力恳求美国返回"①。两伊战争期间，"不结盟国家通讯社联盟"被伊拉克国家通讯社和伊朗伊斯兰共和国通讯社当作相互攻讦的宣传战平台，对这一组织的设立初衷而言是极大的讽刺。② 在1991—2001年的南斯拉夫战争中，CNN更是配合本国地缘政治战略，巧妙地利用"人道主义干涉"的口号，使北约从行将就木的冷战残余摇身一变成为"世界和平卫士"，高调介入巴尔干事务。③ 由南斯拉夫牵头建立的"不结盟国家通讯社联盟"则随着南斯拉夫的解体完全没落，并在2005年彻底停止运作。

另一方面，"视听传播"路线获得部分成功。冷战前期，好莱坞电影是美国在亚非拉地区开展认知战的重要工具。"只需听听非洲观众为好莱坞英雄屠杀印第安人或亚洲人而欢呼，就可以理解这种武器是多么无坚不摧。这是因为：殖民主义遗产让绝大多数人目不识丁，即便是黄口稚子也能看懂从加利福尼亚传来的血浆横飞的故事。"④ 一个极端的案例是：1965—1966年，美国通过隐蔽行动主导印度尼西亚政权更迭，其扶持的苏哈托当局开启残酷大清洗，估计有50万—100万左翼人士因此罹难，而在杀戮活动出力最勤的"潘查希拉青年团"（Pemuda Pancasila），其成员多为美国黑帮电影拥趸。⑤ 然而，当美国在拉美地区复制其施展于印尼的"雅加达手段"（Jakarta Method）时，却不再能打赢人心之战。例如，1973年，美国亲自下场颠覆智利总统萨尔瓦

---

① 斯帕克斯，吴长伟. 不断进行有价值的探索与努力：国际传播与信息新秩序漫谈 [J]. 中国记者，2011（8）：42-45.

② JAYASWAL S. New world information and communication order: a status report [J]. Pragyaan: Journal of mass communication, 2011, 9(2): 56-64.

③ THUSSU D K. Legitimizing 'humanitarian intervention'? CNN, NATO and the Kosovo Crisis [J]. European journal of communication, 2000, 15(3): 345-361.

④ NKRUMAH K. Neo-Colonialism, the last stage of imperialism [M]. New York: International Publisher, 1965: 246.

⑤ HERYANTO A. Heroism and the pleasure and pain of mistranslation: the case of the act of killing [M]//KORTE B, WENDT S, FALKENHAYNER N. Heroism as a global phenomenon in contemporary culture. New York: Taylor& Francis, 2019: 167-188.

多·阿连德（Salvador Allende）的民选政权，并代之以奥古斯都·皮诺切特（Augusto Pinochet）的军政府。对此，拉美本土电影界的《智利之战》三部曲，以及法国电影圈的呼应之作《圣地亚哥在下雨》，都对美国当局及其附庸的倒行逆施进行了深刻揭露，使之颜面扫地，这不能不说是"第三电影"的风潮所致。同时，"第三电影"在空间与时间上的弥散也不容小觑：在冷战时期，它就已经不局限于拉美一隅，如阿根廷电影《燃火时刻》甚至与北美的魁北克运动相勾连，对马兰·卡尔米兹（Marin Karmitz）等欧美导演也多有启发；①而在当代，许多"非主流"电影聚焦于反思与批判殖民主义与新自由主义，如印尼电影《人世间》、巴西电影《上帝之城》等，皆可被视为这一浪潮的"精神继承人"。

此外，在商业化视听内容层面，发展中国家也取得了不俗的成就。拉美国家的"电视小说"在冷战后延续竞争力，其兼具19世纪法国戏剧和拉丁美洲广播剧的特点，俘获近20亿全球受众，证明了"在文化全球化的背景之下，地域性电视节目可以突破地域性的限制，找到自己在全球文化中的定位"②。其他非西方国家也取得了一定成果。进入21世纪之后，印度的"宝莱坞"电影通过低成本地模仿好莱坞，实现了"以量取胜"："印度平均每年制作1000部电影，其购票人数比好莱坞电影的购票人数多10亿。"③无独有偶，土耳其电视剧几乎与"宝莱坞"电影同时异军突起，利用文化接近性（cultural proximity）之优势，风靡中亚、中东、巴尔干等地区。2013年，土耳其电视剧《终结》甚至反向销往美国与瑞典，令土耳其媒体欢呼"好莱坞的终结"（Hollywood'un Son'u）。④

"新闻流通权"路线失败的原因在于，它触及了国际权力格局在国际传

---

① 张泠. "第三电影"、《燃火时刻》与拉丁美洲的纪录影像实践 [J]. 媒介批评，2021（1）：317-330.

② 张建中. 从《丑女贝蒂》看拉美电视剧的全球营销与生产 [J]. 中国电视，2011（8）：89-92.

③ THUSSU D K. Communicating India's soft power: Buddha to Bollywood [M]. London: Palgrave Macmillan: 131.

④ YESIL B. Transnationalization of Turkish dramas: exploring the convergence of local and global market imperatives [J]. Global media and communication, 2015, 11(1): 43-60.

播领域的核心利益圈层。所谓"新闻流通",指涉的并非只是文字或视听符号的传递,而是一个"无处不见的强大传播网络",不仅用以强制性树立帝国权威,而且成为帝国赖以生存的贸易和商业服务。① 这个网络的技术组织架构从19世纪下半叶到第一次世界大战的"电报—通讯社"模式,演进为第二次世界大战与冷战期间的"广播—通讯社"模式。换言之,重构全球新闻流通网络,需要的是媒介基础设施的覆盖、技术人员的完备、政治实体间的协调、传输信号的落地。部分国家的联盟无力胜任这样的巨大工程,更无力抵御霸权国以"新闻自由流动"之名发动的反扑。

"视听传播"路线之所以获得部分成功,是因为拉美世界利用低成本的新技术为自己的国际传播增添了三大特性——电影影像的"集成"(síntesis)与"渗透"(penetración)功能、"活生生的材料与赤裸裸的现实的可能性"、视听媒介的"澄清的力量"(poder del esclarecimiento),② 既避免了国际传播格局的斗争沦为政治与经济实力的消耗战,又为自身建立了道义优势,并得到了欧美左翼知识界的响应。

当然,这并不意味着"新闻流通权"路线所对应的"再分配的政治"缺乏价值与可行性。在全球化浪潮加大国际传播的深度与广度、拉大贫富鸿沟(包括国家间的信息鸿沟、数字鸿沟)的今时今日,南希·弗雷泽的观点颇具参考价值:摒弃"再分配的政治"而偏执于"承认的政治",一方面会导致"错位问题",即"承认的问题"遮蔽了"分配的问题",而无法对后者有所扩充与补益;另一方面会造成"物化问题",即将身份认同过度地简化、具体化为某种特征,助长群体内部画地自限、缺乏宽容、沙文主义的风气。事实上,"文化本身就是一个合理而且必要的斗争领域,一个不公不义的场所,并且与经济不平等紧密交织。倘若构思精巧,则争取承认的斗争可以助力权力和财富的再分配,同时推进跨越差异鸿沟的互动与合作。"③

---

① 任孟山. 国际传播与国家主权[M]. 上海:上海交通大学出版社,2011:50.
② GETINO O, SOLANAS F. Hacia un tercer cine: apuntes y experiencias para el desarrollo de un cine de liberación en el tercer mundo [J]. Revista tricontinental, 1969, 14(10): 29–62.
③ FRASER N. Rethinking recognition [J]. New left review, 2000, 3(3): 107–120.

三、互联网时代：技术霸权与去中心化的张力

（一）数字帝国主义骑劫万维网理想

1990 年，蒂姆·伯纳斯-李（Tim Berners-Lee）发明了万维网，国际传播格局迎来了新的"钦叹时刻"。伯纳斯-李的万维网得益于泰德·尼尔森（Ted Nelson）的技术思考。尼尔森认为，通过超文本，置身于不同时间性下的文本可以获得相互联结性。每个超文本都意味着不同时空设定之间的跳转，于是形成了一个非连续式书写的网络。伯纳斯-李将这一思想发扬光大并延展到更为广阔的传播领域，设想在万维网的加持下，人与人、机器与机器、人与机器之间共享一个"全球脑"（global mind）。① 其后，国际传播领域的各类主要应用——如门户网站、互联网平台等——都可以被视为这种伟大设想在传播领域的"肉身化"。

然而，万维网理想未能带来托马斯·弗里德曼（Thomas Friedman）预言的"平坦世界的创世纪"②。万维网及其所依托的物质基础——互联网，与"电报—通讯社""广播技术—通讯社"等技术组织架构在帝国扩张中扮演着相同的角色。德国媒介学家弗雷德里希·基特勒（Friedrich Kittler）认为，"美式和平"（Pax Americana）有赖于军工复合体（military-industrial complex）。③ 恰恰是在后者的孵化下，才有了因特网的前身——阿帕网（ARPA）的问世。④ 凭借初创者的身份，美国在根服务器数量、技术标准制定、互联网企业、计算机科学人才等方面占据绝对优势，根据约瑟夫·奈（Joseph Samuel Nye）

---

① HUI Y. On the existence of digital objects [M]. Minnesota: University of Minnesota Press, 2016: 51.
② HART J A. The world is flat: a brief history of the twenty-first century; the great shift of wealth and power to the east [J]. Journal of policy analysis & management, 2006: 494–499.
③ KITTLER F, BUTLER E. The truth of the technological world: essays on the genealogy of presence [M]. Stanford: Stanford University Press, 2013: 205.
④ 方兴东，钟祥铭. 重估媒体融合：50 年数字技术驱动下的媒体融合演进历程与内在价值观 [J]. 西北师大学报（社会科学版），2022，59（2）：5-19.

的评判标准，美国可以说是手握"赛博权力"（cyber power）①。

"赛博权力"很好地配合了美国数字帝国主义的扩张，主要体现为：其一，互联网技术成为一种舆论宣传与社会组织工具，介入他国内部权力斗争，增加本国地缘政治博弈筹码。例如，在2008年伊朗总统大选纷争中，美国的社交媒体Twitter就成为反对派的重要奥援。美国政府在当年的《资助伊朗持不同政见者报告》中明确表示对"新媒体"的资助，甚至直接要求Twitter官方推迟系统维护，以免反对派失去联系渠道，而发源于Twitter的不实信息，也被CNN、BBC等传统媒体放大。②其二，互联网技术成为数据搜集乃至情报侦测手段，使发达国家通过信息不对称牟取暴利。除了平台巨头"收集和处理个人数据，并将其转化为有针对性的营销服务"③这种常见的"数字殖民主义"模式，粗暴的监控行为也屡见不鲜，如在美国"棱镜门"东窗事发之后，其盟友澳大利亚对东帝汶实施监听，以不当手段为己方在海洋边界谈判中争取优势的丑闻也遭到曝光。④

（二）对抗互联网霸权的三种重要力量

必须指出的是，虽说互联网的初创者作为标准的创立者和信息系统结构的设计者，必然能够通过路径依赖获取优势，⑤且这种优势在某时某地甚至可能演变成压倒性的胜利，但这并不意味着其能得心应手地操纵整个互联网。较之于之前的"电报—通讯社"与"广播—通讯社"技术组织架构，互联网是更加复杂且去中心化的技术网络，其内部有三种反抗霸权的重要力量。

---

① NYE J S. Cyber power [M]//ALLISON G, BLACKWILL R D, WYNE A. Belfer center for science and international affairs. Harvard Kennedy School, 2010: 3.
② 任孟山，朱振明.试论伊朗"Twitter革命"中社会媒体的政治传播功能［J］.国际新闻界，2009（9）：24-28.
③ COULDRY N. The costs of connection: how data is colonizing human life and appropriating it for capitalism [M]. California: Stanford University Press, 2019.
④ MANN M, DALY A. (Big) Data and the North-in-South: Australia's informational imperialism and digital colonialism [J].Television& new media, 2019, 20(4): 379-395.
⑤ KEOHANE R O, NYE Jr J S. Power and interdependence in the information age [J]. Foreign affairs, 1998, 77(5): 81-94.

一是全球草根通过数字行动主义（digital activism）形成的反新自由主义潮流。事实上，早在20世纪80年代，就有反新自由主义的地方性声音，它们对国际货币基金组织与世界银行的一些不靠谱项目——如印尼苏哈托政府的"移民计划"（Transmigrasi）——的抗议满目皆是，①却总是未成气候。互联网技术的普及意味着"为本地经验的全球连接提供物质支持"，由此开启曼纽尔·卡斯特（Manuel Castells）所说的"流动空间的草根化"（the grassrooting of the space of flows）②，为匡正新自由主义弊端提供新的可能。例如，1994年，墨西哥的萨帕塔主义者发动起义反抗《北美自由贸易协定》，对内，以"墨西哥革命最纯洁的领袖"③埃米利亚诺·萨帕塔（Emiliano Zapata）为精神图腾，唤醒区域性的集体记忆，争取当地土著社群与农民群体的支持；对外，利用互联网电子邮件、网站等互联网技术建立广泛的世界联盟，以致墨西哥政府投鼠忌器，与反抗者开展谈判。④

二是开源运动对于互联网分享精神的坚守。开源的运行机制是创作者将全部源代码与文件在网上无偿分享，下载者不但可以自由取用源代码，还可以根据自身需求对其进行改动，甚至可以协助发布者实现源代码的升级迭代。⑤开源运动认为：将技术架构的所有细节公开给潜在参与者能够建立信任与对等的关系，由此可以推进标准传播和市场创建，并带来极强的网络效应；相反，"保密性是质量之敌"，如果某一方仅凭特权地位就可以坐地收租、肆意控制，则必然妨碍创新。⑥目前，开源运动主要为欧美的部分学者与网络行动主义者所倡导，如哥伦比亚大学法学教授埃本·莫格伦（Eben Moglen）开

---

① BUCKMAN G. Globalization: tame it or scrap it? Mapping the alternatives of the anti-globalization movement [M]. London: Zed Books, 2007: 112–113.
② CASTELLS M. Communication power [M]. Oxford: Oxford University Press, 2009: 35–36.
③ GALEANO E.Las Venas Abiertas de America Latina [M].Buenos Aires: SigloXXIEditores, 2006.
④ 任孟山.政治机会结构、动员结构和框架过程：当代互联网与社会运动的一个分析框架及案例考察［J］.中国青年政治学院学报，2011，30（6）：96-100.
⑤ BROOKSHEAR G, BRYLOW D. Computer science: an overview [M]. London: Pearson, 2020: 400.
⑥ RAYMOND E S. The cathedral and the bazaar: musings on Linux and open source by an accidental revolutionary [M]. Massachusetts: O'Reilly Media, 1999: 141–142.

发了"自由盒子项目"（Freedom Box project），向发展中国家提供独立于美国平台巨头的云服务技术，以期推动互联网的"再度去中心化"。①

三是非西方的国家移动互联网平台产业的崛起。互联网技术的深入发展改变了影响国际传播格局的组合要素排列顺序，平台背后的技术、商业资源成为第一要素，国际新闻采集和分发资源退居次席。平台化媒体如欲在国际传播格局中占据一席之地，需要巨量的资本、庞大的市场与众多计算机科学人才，②而满足这些条件的区域范围只有中国与欧盟。以 TikTok 为代表的中国短视频平台通过"在地化"运营路径，融化跨文化传播的坚冰，成为国际传播格局中的后起之秀。③虽然在部分国家长期遭遇经济民族主义、民粹主义安全化的政治逆风④，但 TikTok 在打击虚假信息⑤、关注青少年心理健康⑥、培养沟通能力⑦等方面的潜力与正效应日益得到全世界的认可。

---

① KWET M. Digital colonialism is threatening the Global South [EB/OL]. (2019-09-13) [2023-04-01]. https://www.aljazeera.com/opinions/2019/3/13/digital-colonialism-is-threatening-the-global-south.

② 任孟山，陈强. 国际传播格局变迁的新动因研究：基于信息传播新技术的平台化媒体 [J]. 中国新闻传播研究，2021（5）：20-31.

③ 李呈野，任孟山. 跨文化传播视阈下 TikTok 的东南亚"在地化"路径 [J]. 传媒，2020（18）：53-56.

④ 任孟山，李呈野. 特朗普政府"TikTok 禁令"的社会动因与形成机制 [J]. 对外传播，2020（10）：57-59.

⑤ BAUTISTA P S, López N A, GIACOMELLI F. Espacios de verificación en TikTok. Comunicación y formas narrativas para combatir la desinformación [J]. Revista Latina de comunicación social, 2021, 79: 87-113.

⑥ MITTMANN G, ,WOODCOCK K, Dörfler S, et al. "TikTok is my life and Snapchat is my ventricle": a mixed-methods study on the role of online communication tools for friendships in early adolescents [J].The journal of early adolescence, 2022, 42(2): 172-203.

⑦ PRATAMA S, MUCHLIS M. Pengaruh aplikasi tik tok terhadap ekspresi komunikasi mahasiswa universitas islam negeri (uin) sunan ampel surabaya tahun 2020 [J]. INCARE, international journal of educational resources, 2020, 1(2): 102-115.

四、ChatGPT 时代：国际传播动态格局的要素与图景

（一）GPT 技术介入后影响国际传播格局走向的三大基本要素

互联网技术霸权与互联网的去中心化趋势鏖战未已，ChatGPT 的到来以及 GPT 技术的全球扩散又给国际传播格局带来了新的变局。目前，ChatGPT 所依托的大型多模态模型 GPT-4 能够高度智能化地处理文字与图像，其语义理解、机器翻译与文本输出能力之强已经达到了能够在司法考试中排名前 10% 的地步，甚至仅凭一张手写草稿，就能自动生成网站代码。可以说，GPT 技术在不远的未来颠覆现有国际传播实践，并强势介入国际传播格局的演变，已是不待蓍龟而可知。虽然国际传播格局的未来图景尚在未定之天，但以史为鉴，不难窥见影响其走势的三个基本要点。

一是数字殖民主义与互联网精神的总体矛盾。一方面，ChatGPT 的诞生与成长本身就是一种殖民主义隐喻。在开发模型的过程中，"标记训练数据集中令人不适内容"之类的"脏活累活"被以极低的时薪外包给了肯尼亚劳工[1]，而开启付费功能并走上商业扩张之路的 OpenAI 公司，也极有可能制造潜在的大规模失业危机。另一方面，GPT 技术包含着一种世界主义的愿景。GPT-J、GPT-Neo X 等开源模型如雨后春笋般涌现，被认为是 ChatGPT 的"平替"。GPT 技术的易接入性，也给了欧美国家与全球南方的进步主义者更多的行动空间，一如冷战时期虽有迪士尼"以儿童幻想的止痛药殖民日常世界"[2]，也无法阻挡"第三电影"的星星之火燃成燎原之势。

二是后发国家的"中等强国困境"。中等强国的尴尬地位在于，它们既未强大到人莫予毒的水平，也未渺小到无人问津的地步，退一步则无法承受从

---

[1] PERRIGO B. Exclusive: OpenAI used Kenyan workers on less than $2 per hour to make ChatGPT less toxic [EB/OL]. (2023-01-18) [2023-04-01]. https://time.com/6247678/openai-chatgpt-kenya-workers/.

[2] DORFMAN A, MATTELART A. Para leer al Pato Donald [M]. Madrid: Siglo XXI Editores, 1979: 141.

中等国家跌落到小国弱国的代价，进一步则加剧大国的猜忌与防范，因此其国际传播决策的容错率极低。面对新的国际传播技术组织框架，奥斯曼帝国采取鸵鸟政策，德意志帝国奉行扩张主义，南斯拉夫选择合纵连横，却无一例外都以铩羽告终。伴随 GPT 时代的开启，中等国家仍是国际传播格局中的重要参与者，而它们决策的智慧与否，或将是观察与预测的主要变量。

三是地缘政治竞争中的"人工智能竞赛"。从实用主义的角度来看，对于一个民族国家来说，国际传播的技术优势将直接转化为其在地缘政治竞争中的筹码。揆诸历史，美墨战争与美西战争同时是美国国际传播技术的练兵场，而在当代，甚至是墨西哥的萨帕塔主义土著社群，也要通过互联网的力量以弱胜强。在当下，人工智能作为国际传播的"利器"，在地缘政治冲突中发挥着重要作用。例如，在 2022 年俄乌军事冲突初起之时，其时尚属新潮的人工智能"深度伪造"（deepfake）技术就已投入信息战，① 而到 ChatGPT 发布之时，怎样影响语料库与开发人员，从而令其生成有利于己方的文本，也成了交战双方暗中角力的一个关键点。②

根据从电报到 ChatGPT 技术变迁的历史脉络以及 ChatGPT 时代影响国际传播格局的三大要素，可进一步推知今后国际传播格局总体图景的特征。

（二）从电报到 ChatGPT：盎格鲁文化圈的主导优势

"盎格鲁文化圈"即与英格兰具有共同语言、族源、历史、文化联系的国家，包括美国、英国、澳大利亚、加拿大、新西兰五国。③ 最初，英国执全球电报业之牛耳。在两次世界大战后，美国接棒国力损耗的英国，主导国际传播格局。盎格鲁世界内部的传播业保持着流通与共享，如媒体象征性人物

---

① ALLYN B. Deepfake video of Zelenskyy could be'tip of the iceberg'in info war,experts warn [EB/OL]. (2022-03-16) [2023-04-01]. https://www.npr.org/2022/03/16/1087062648/deepfake-videozelenskyy–exp erts–war–manip ulation–ukraine–russia.

② HUBAREVA V. AI that believed propaganda, or what ChatGPT is and why you might not have heard of it [EB/OL]. (2022-03-29) [2023-04-16]. https://rubryka.com/en/article/shho-take-chatgpt/.

③ VUCETIC S. The Anglosphere: a genealogy of a racialized identity in international relations [M]. California: Stanford University Press, 2011: 1-2.

鲁珀特·默多克（Keith Rupert Murdoch）生为澳大利亚人，转而成为美国人，控制着英美两国多家重要媒体；路透社的总部虽然在伦敦，其母公司却为加拿大的汤森路透。

在历史上，虽然法国偶尔扮演分食国际传播格局份额的"不速之客"，却始终不能取盎格鲁世界而代之，ChatGPT 的诞生使盎格鲁文化圈的国际传播主导地位更加稳固。如果以国际传播格局的主要载体——"语言帝国主义"（Linguistic Imperialism）为观测指标，技术演进脉络下国际传播格局的消长将更为明晰：在印刷机时代，法国作为启蒙运动的重要知识生产中心之一，其官方法语也成了优美与精准的象征，被欧洲精英争相竞逐，甚至成为整个欧洲的外交语言。然而，在本文开篇所提及的国际传播格局初具雏形的"电报—通讯社"时代，法语已经无法压过英语一头，其标志是第一份英语国际条约《凡尔赛和约》的订立。第二次世界大战后，曾经在国际传播格局中与盎格鲁文化圈分庭抗礼的法国早已风光不再。法国在意识形态上以"戴高乐主义"为圭臬，在传媒实践中坚守文化身份，大量产出拉美左翼电影界所谓之"第二电影"，并被其引以为可以争取的盟友。即便如此，法国仍无法摆脱向盎格鲁世界投子认输的危险命运。即使是在法国自己的"地盘"，法语的影响力也在被英语逐渐蚕食，1997 年，英语超越法语成为欧盟第一大文件起草语言，[①]2008 年，比利时前殖民地卢旺达甚至将官方语言从法语改为英语。ChatGPT 问世后，法国再遭"降维打击"：在 OpenAI 公布的 GPT-3 训练数据集中，英文语料高达 92.65%，而排名第二位的法语只占 1.92%。

（三）全球南方在国际传播格局中身处道德高地但易受新技术宰制

殖民地的血腥历史以及在"中心—边缘"世界体系中的贫弱地位，有利于南方国家在话语层面争取国际社会的理解与同情，使其站在道德高地之上。冷战时期，"去殖民化"的国际传播话语，为南方国家在美苏争霸的缝隙中开辟了更多闪转腾挪的空间。彼时，在万隆会议的启发下，纳赛尔时期的埃及

---

① PHILLIPSON R. Linguistic imperialism [M]. Oxford: Oxford University Press, 1992: 130–131.

开始了以泛阿拉伯主义团结中东各国的努力。① 后冷战时期，对于"全球南方"的身份想象，也让这些国家成为反思新自由主义政策的话语源头。还有一些南方国家做了更加大胆的尝试，组建了卫星频道南方电视台（tele SUR），试图为拉美地区甚至整个全球南方发声，同时与其他全球南方媒体，如黎巴嫩的广场电视台（Al-Mayadeen），结成反霸权叙事的媒体网络。②

当然，媒介技术与组织的相对落后，仍是制约全球南方国家获取更大国际传播影响力的瓶颈，使其易受新技术的宰制。南方国家对新技术的接受很容易流于单向度，从而丧失自主性与批判性，而这将潜在地加剧新技术的负面效应，使南方国家深受其害。一个标志性的案例是：在拉美小国哥伦比亚的一场关于保险费缴纳的民事诉讼中，法官采纳了 ChatGPT 生成的文本，并堂而皇之地在判决中声明审理意见来自 ChatGPT。这也是全球第一个有文字可稽的 ChatGPT 参与"审案"的判例。在哥伦比亚法律界，支持用 ChatGPT 审理案件的声音所在多有。哥伦比亚罗萨里奥大学（Universidad del Rosario）教授胡安·古铁雷斯（Juan Gutiérrez）为这种乐观主义论调泼了冷水，他指出，自然语言分析模型不过是"学舌鹦鹉"而已，它们只能根据训练数据进行概率推断，模仿人类语言模式生成文本，无法真正理解文本本身。然而，用户总会有意无意地将人工智能视为真正的人，此即"机器人格化"问题，某些人工智能工具甚至可能生成暴力或骚扰性内容，导人作恶。古铁雷斯警告称，一些人工智能工具可能放大针对特定性别、族裔、身体缺陷者的贬损性、歧视性刻板印象；GPT 技术的发展很可能面临着大规模知识产权侵犯的伦理问题，在未经允许的前提下从边缘化社区提取文本信息，构成了一种新形式的殖民主义；人工智能可能侵犯用户的隐私权和个人数据。③ 凡此种种，

---

① ACHARYA A. Studying the Bandung conference from a Global IR perspective [J]. Australian journal of international affairs, 2016, 70(4): 342–357.
② MORALES P S. Counter–hegemonic collaborations or alliances of the underdogs? The case of TeleSUR with Al–Mayadeen, RT and CGTN [J]. Global media and communication, 2022, 18(3), 365–382.
③ GUTIERREZ J D. Hablemos sobre el uso de ChatGPT para redactar decisiones judiciales [EB/OL]. (2023-02-26) [2023-04-01]. https://www.lasillavacia.com/red-de-expertos/red-de-ciencia-e-innovacion/hablemos-sobre-el-uso-de-chatgpt-para-redactar-decisiones-judiciales/.

皆为全球南方在面对 GPT 技术时所应慎重考虑的问题。

（四）国际传播格局具有多孔性

所谓多孔性（porousness），指的是不同国际传播圈层中间充满模糊地带，互相渗透，不能以非黑即白的视角观之，无论是"盎格鲁文化圈"还是"全球南方"，都不是铁板一块，两者之间存在着广阔的灰色地带与多元化力量。

首先，在盎格鲁文化圈内部，也要讲求"亲兄弟明算账"。《威斯特伐利亚》条约所确认的国家主权原则，往往与盎格鲁世界科技、传媒巨头所倡导的信息跨国流动原则相抵牾，因此澳大利亚与脸书（Facebook）曾因《新闻媒体和数字平台强制性谈判法》而不和①，而鉴于 OpenAI 的技术创新对于整个社会工种的颠覆性冲击，类似的纠纷将只多不少。

其次，当我们谈论"全球南方"时，须知它不只是一个地缘概念，而是一个暗含社会正义追求的身份认同。萨帕塔主义者的领导人马科斯（Marcos）在自我介绍时，称自己是"南非的黑人""欧洲的亚裔""无地农民""失业工人""以色列的巴勒斯坦人""波斯尼亚的和平主义者""晚上10点仍在挤地铁的女人"②……总之，一切弱势社会群体都可以在身份上被划归"南方"，而不论他们是否身在"南方"。在 GPT 降低代码编写与跨语言理解难度的前景下，"全球南方"的"大串联"具有实现的可能——而这也是南斯拉夫与"第三电影"导演们的未竟之业。

最后，在"盎格鲁文化圈"与"全球南方"之间，还有其他多元化的力量，他们都将在即将到来的国际传播格局变革中审时度势地选择自己的立场。其中，欧盟的态度对 ChatGPT 时代国际传播格局的影响可谓举足轻重，而欧盟与美国在立场上的分歧也可被视为法国与盎格鲁文化圈在国际传播格局竞争中的"陈年旧怨"的历史性延续。欧盟希望以精密的行政与法律机器约束其负面效应，是最早在相关领域立法的区域。欧盟认为，需要通过"人类在

---

① 任孟山，盛子晴. 社交媒体时代的信息传播地缘政治学：澳大利亚与"脸书"之争[J]. 现代传播（中国传媒大学学报），2022，44（7）：137-145.

② Jáuregui B S. Cuerpos, intelectuales y homosocialidad en"Los de abajo"[J]. 2007, 66(33): 95-111.

回路之中"(human-in-the-loop)、"人类监督回路"(human-on-the-loop)、"人类指挥"(human-in-command)三大方式确保人工智能赋权人类,使人类在知情状态做出决策,并促进人的基本权利,从而实现技术稳健性、隐私与数据、透明度、多样性与公平、社会与环境福祉、责任制等治理目标。① 欧盟对美国人工智能巨头缺乏信任感,意大利援引欧盟《通用数据保护条例》(General Data Protection Regulation)封禁 ChatGPT,要求 OpenAI 公司整改其侵犯用户隐私的行为,法国和西班牙也紧随其后,对 ChatGPT 展开调查,西班牙数据保护局甚至计划联合欧盟国家共同应对 OpenAI。②

五、结语

本文从技术演进脉络下观察国际传播格局的历史变迁,但是,我们需要理解的是,所谓"技术演进",不能单纯地理解为信息传输工具的优化,而应该将其视为由媒介基础设施、组织性力量、现实环境、地缘政治关系等多种元素建构而成的技术性网络的变迁。同时,我们还要看到,国际传播格局的历史与国际政治格局的历史紧密相连,国际传播以国家实力与国际地位为基础,符号世界无法取代物质世界。国际传播行为主体应客观真实地衡量自身禀赋以及所处环境的硬性约束,审慎明智地做出国际传播决策。一国之资源禀赋越弱、组织能力越差、地缘政治关系越险恶,国际传播战略决策所面临的复杂度就越高,所要求的决策智慧也越高,国际传播所能实现的国家战略目标就越少。

---

① European Commission. Ethics guidelines for trustworthy AI [EB/OL]. (2019-04-18) [2023-04-01]. https://digital-strategy.ec.europa.eu/en/library/ethics-guidelines-trustworthy-ai.
② La Agencia Española de Protección de Datos. La AEPD inicia de oficio actuaciones de investigación a OpenAI,propietaria de ChatGPT [EB/OL]. (2023-04-13) [2023-04-16]. https://www.aepd.es/prensa-y-comunicacion/notas-de-prensa/aepd-inicia-de-oficio-actuaciones-de-investigacion-a-openai.

作为国际传播议题的人工智能：知识生产与全球权力*

2023年，ChatGPT超越TikTok成为有史以来扩张速度最快的互联网应用，人工智能（尤其是生成型人工智能）呈现出颠覆性改造社会运作方式与人类心智习性的巨大潜力，成为现象级的国际传播议题，而该议题在国际传播格局中的话语失衡已有明显呈现，亟待考察。"知识生产"与"全球权力"是从国际传播视角理解人工智能的两大要点，从"知识生产"到"全球权力"是国际传播知识社会学的一条逻辑线索。一方面，知识生产及其由此延伸的技术应用，是国家间权力争夺的元要素之一；另一方面，知识生产与技术应用的进展过程中涵纳的文化观、价值观、世界观乃至可能的意识形态影响，在其成为全球性议题之时，既有与地方性的知识、文化、习俗、法律等相冲突的可能，又会因此在国家间形成权力竞争的一部分。

当然，从操作性层面而言，将人工智能作为一种国际传播议题来考察并非易事。这一方面是因为该议题的跨学科性——计算机科学、脑科学、语言学、哲学、数学等模块，堆砌起了人工智能领域的"大厦"，若缺乏系统学习与实践体验，难免暴露"蜻蜓点水"式的认知倾向，沦为"人工智能的幻影

---

* 本文原载于《中国出版》2023年第17期，与李呈野合作，系国家社科基金重大项目"西方国家主要政党涉华传播话语体系研究"（项目编号：22&ZD320）的阶段性研究成果，收入本书时略有删改。

公众"①；另一方面则要归因于利益攸关方的多元性——人工智能风潮所及，全世界范围内的技术研发者、商业资本、公民团体、政治派别、主权国家等多方主体皆难以置身事外，如果不能抓住全球权力动态的主要脉络将顾此失彼，治丝益棼。鉴于这一难点，本文将以知识生产变为全球权力的历程为经纬，串联起国际传播场域中的各方博弈。具体而言，本文可细化为人工智能的知识生产本体论、关系论和政治地缘分野三大子问题。

一、作为知识生产成果的本体论讨论：人工智能在国际传播舆论场的原点

阿兰·图灵（Alan Turing）于 1950 年发表的《计算机器与智能》（*Computing Machinery and Intelligence*）往往被认为是揭橥人工智能设想的开创之作。然而，作为国际传播议题的人工智能并非在这个节点猝然产生。根据哲学家杰克·科普兰（Jack Copeland）为《大英百科全书》所撰写的释义，"人工智能指的是数字计算机或受控于计算机的机器所具备的，执行通常与智能生物相关联的任务的能力"，而所谓"智能"（intelligence）是人类所特有的，包括"推理、发现意义、概括、学习过往经验等能力"。②关于"智能"的本体论讨论远远早于 1950 年，构成了人工智能议题初现于国际传播舆论场的原点，其展示出的"人类中心主义"倾向延绵至今，而 ChatGPT 的到来则为相关讨论带来了"人类智能祛魅"的新视角。"人类中心主义"与"人工智能祛魅"从正反两方面构成了所有人工智能讨论的知识基础。

（一）"人类中心主义"视角下的人工智能可靠性质疑

17 世纪以降，文艺复兴运动在欧洲渐染已深，将人视为天地万物之尺度

---

① 胡翼青，朱晓颖.人工智能的"幻影公众"：基于新闻从业者实证研究的考察[J].中国出版，2018（19）：15-21.

② COPELAND J. Artificial intelligence [EB/OL]. (2023-06-16) [2023-06-20]. https://www.britannica.com/technology/artificial–intelligence.

的人类中心主义视角影响甚巨，故西方思想界对于人工智能的可能性多不以为意。戈特弗里德·威廉·莱布尼茨（Gottfried Wilhelm Leibniz）在其玄奥的《单子论》（La, Monadologie）中把"认知力"（perception）作为区分人与机器的关键所在，"假使有这样一部机器，能思考、感受，还有认知力……我们遍察其内部，只能发现一些零件在彼此推动，却找不到任何东西来解释'认知力'"①。勒内·笛卡尔（René Descartes）的"身心二元论"从更具体的功能角度指出：机器就算能在外形、动作上与人类相仿，也无法具备人类那样的智能，因为它们"绝不可能像我们这样使用语言，或者使用其他由语言构成的信号，向别人表达自己的思想"，"绝不可能有那么多的部件使它在生活中的各种场合中全部应付裕如，跟我们依靠理性行事一样"。②

20世纪60年代，全世界第一台聊天机器人"Eliza"展示出了稳定的文本输出能力，甚至让诸多测试者一度以为它是人类，笛卡尔否定机器可以具备人类智能的立论基础似乎受到了侵蚀。约翰·罗杰斯·塞尔（John Rogers Searle）用"中文屋论证"（Chinese room argument）指出，凭借一个超级中文字库和一本规则书，一个对中文一窍不通的门外汉也可以用中文与他人对答，但此人只是符号的搬运机器而已，并不是真正懂得了中文；同理，计算机所理解的东西，与一台恒温器或汽车发动机所能理解的东西并无二致——都是"0"。③塞尔进而断言，机器缺乏人类的"心智"（mind）："计算机程序不能取代心智，其原因在于：计算机只是语法，而心智不只是语法。心智是语义的，就此而言，它不仅是一个形式结构，还包含有内容。"④

从20世纪90年代开始，计算机已达到足以战胜人类顶尖棋手、创作莫扎特风格乐曲的水平，但是"智能"依然被认为是其难以企及的目标。认知科学家侯世达（Douglas Hofstadter）评价象棋计算机"深蓝"（Deep Blue）战

---

① STRICKLAND L. Leibniz's monadology: a new translation and guide [M]. Edinburgh: Edinburgh University Press, 2014: 17.
② 笛卡尔. 谈谈方法 [M]. 王太庆, 译, 北京: 商务印书馆, 2000: 44–45.
③ SEARLE J R. Minds, brains, and programs [J]. Behavioral and brain sciences, 1980, 3(3): 417–457.
④ SEARLE J R. Minds, brains, and science [M]. Cambridge: Harvard University Press, 1986: 17.

胜国际象棋冠军时表示："这是划时代的事件，但它与计算机变智能没什么关系。"① 在侯世达看来，究其根本，人类思维区别于计算机的地方在于它"是一种模拟引擎，一种学习引擎，一种猜测引擎，一种审美驱动的引擎，自我矫正的引擎"②。计算机科学家、复杂理论学者梅拉尼·米歇尔（Melanie Mitchell）则在2019年提供了检验机器是否具有智能的具体方案。她认为，计算机要拥有媲美人类的类比思维与演绎推理能力尚需时日。因此，她给出了多个在当时只有人类才能够巧妙解答的逻辑难题，诘难彼时的人工智能。③

（二）ChatGPT开启"人类智能"祛魅之路

ChatGPT的出现，意味着专属于人类的领地已经被"硅基生物"（silicon-based life）强势闯入。从某种意义上说，米歇尔所说的逻辑问题是人类自恃才智高于计算机的一道重要"防线"，但ChatGPT已经能更具创造力地回答这些问题。④ 当然，ChatGPT及其所依赖的大语言模型尚不能一锤定音地扭转"智能"之争的天平。语言学家艾米丽·本德（Emily Menon Bender）等学者就称大语言模型为"随机鹦鹉"（stochastic parrot），认为其工作原理无非是"根据

---

① Shannon C E. A mean chess-playing computer, tears at the meaning of thought [EB/OL]. (1996-02-17) [2023-06-20]. https://archive.nytimes.com/www.nytimes.com/partners/microsites/chess/archive8.html.
② 内格尔，纽曼. 哥德尔证明［M］. 陈东威，连永君，译. 北京：中国人民大学出版社，2008：9.
③ MITCHELL M. Artificial intelligence: a guide for thinking humans [M]. New York: Farrar, Straus and Giroux, 2019.
④ 例如，米歇尔的其中一个问题是："若'abc'经一次变换后为'abd'，那么'xyz'经一次变换后是什么？"在这一问题中，"abc"的最后一个字符按照字母表的顺序向后增加一位即为"abd"，但是字符串"xyz"中的"z"已经到了字母表的尽头，向后增加一位将无法得到新的字符。米歇尔认为，人类运用推理能力，可以将字母表想象为一个循环的链条，从而推理出"z"的后一位为"a"，但人工智能遇到这类问题将束手无策。ChatGPT的GPT-4模型对此给出了两个解决方案——第一个解决方案即米歇尔给出的"参考答案"；第二个解决方案为：以ASSIC编码方式确定字符顺序，则字符"z"的后一位为字符"{"，故"xyz"经一次变换后为"xy{"。显然，GPT-4不但"料到"了米歇尔之所想，甚至给出了一个比参考答案更胜一筹的答案。

概率信息，随意地将在海量训练数据中观察到的语言形式序列缝合在一起"①。这种论说承接了启蒙运动以来智能观中对"人—机"分野的坚持，在国际传播场域中依旧占据主流地位。不过，ChatGPT 显然使人类对于自身智能的优越性不再笃信不疑。有学者指出，人工智能被指摘的"鹦鹉学舌"的弱点其实也是人类智能的通病与共性。如果有反求诸己的态度，就不能不承认，大语言模型最为人所诟病的按照概率拼凑语料的文本生成方式，"自古就是人类语言实践的重要特征"，从《荷马史诗》到《管锥编》，皆不能免俗。②

诸如"人工智能是否存在"之类的本体论问题迟早会随着自然科学的发展而豁然开朗，但在人类智能与人工智能的"黑箱"还有待脑科学、认知科学进一步破解的情况下，执着于对这些问题寻根，将陷入"死抠字眼的游戏"。事实上，人工智能能够输出超过人类水准的结果，更出色地完成"专属于"人类的事务，就足以证明其"智能"的现实性了，而对于两种"智能"孰真孰假，是可以暂且存而不论的。

对于整个国际传播场域来说，"智能"之争的观点差异并未划分出非此即彼的楚界汉河，其实际上是一种知识生产活动，为全球讨论提供语料素材，使作为国际传播议题的人工智能成为可能。一方面，以人工智能为镜鉴，反思人类智能的本质与局限性，可为更有价值的议题解蔽。诺伯特·维纳（Norbert Wiener）的控制论对比了动物与计算机的高度相似性：两者都是以目的为导向的信息处理系统，时刻都在思考自身行为是否符合预期效果，并据以调整行为。③另一方面，以"中立化"面目示人的知识能够使涉及人工智能的价值评断有的放矢、理据充足。例如，诺曼·乔姆斯基（Avram Noam Chomsky）基于其认知科学造诣，将 ChatGPT 斥为笨拙的"统计引擎"

---

① BENDER E M, GEBRU T, MCMILLAN-MAJOR A, et al. On the dangers of stochastic parrots: can language models be too big? [C]//FAccT'21: proceedings of the 2021 ACM conference on fairness, accountability, and transparency. New York: Association for Computing Machinery, 2021: 610–623.
② 邓建国. 概率与反馈：ChatGPT 的智能原理与人机内容共创［J］. 南京社会科学，2023（3）：86-94，142.
③ 鲁亚科斯，凡·伊斯特. 人机共生［M］. 粟志敏，译. 北京：中国人民大学出版社，2017：3-7.

（statistical engine），并详述其"鹦鹉学舌"所造成的道德危害："它通过超强的自动补全能力总结文献中的标准化论点，拒绝在任何事务上表态，不仅愚昧无知，且缺乏智能。事到最后，它说几句'我不过是服从命令'之类的遁词，把责任甩给其创造者。"①

二、作为知识生产中的关系论问题：人工智能所激发的全球权力想象

人工智能与人类智能相伴相生大概已成定局。正因如此，本体论问题的真正意义在于：作为知识基础，搭建起一个庞大的辩论平台，撬动全球舆论场对于"人类与社会如何同人工智能相处"之类的现实性关系论问题的体认。关系论问题则与不同的价值观、世界观乃至利益取向相勾连，进而发展出对于未来全球权力的不同想象。

（一）糟糕的现实世界：人工智能议题中的"反乌托邦"想象

关系论问题产生的重要背景是：人工智能性能的发展遵循摩尔定律（Moore's Law），其指数级增长的速度远远超出了人类生物进化的极限。奥地利哲学家君特·安德斯（Günther Anders）将这种"人类与其产物间的异步性"（Asynchronisiertheit）称为"普罗米修斯的鸿沟"（Prometheisches Gefälle）。② 在目睹新科技在第二次世界大战中的残酷应用之后，安德斯用普罗米修斯因盗火而受锁链缠身之罚的古希腊神话来隐喻人类因自己发明的技术而受其所制的处境："作为自然的产物，作为肉眼凡胎，人类受到严格限

---

① CHOMSKY N. The false promise of ChatGPT [EB/OL]. (2023-06-20) [2023-03-08]. https://www.nytimes.com/2023/03/08/opinion/noam-chomsky-chatgpt-ai.html.

② ANDERS G. Antiquiertheit des Menschen vol1: Über die Seele im Zeitalter der zweiten industriellen Revolution [M]. Berlin: Verlag, 2018: 29.

定，跟不上变动不居的机器世界，在这个世界中，自决权不过是笑料而已。"①因此，人工智能往往能激起人们对全球权力关系的"反乌托邦"（dystopia）想象，这种想象往往是理想世界的反面，是令人恐惧的未来。

在此之中，哲学家尼克·博斯特罗姆（Nick Bostrom）的"回形针最大化"（paperclip maximizer）思想实验影响甚大。博氏认为，假设有一个强人工智能，其被设定的唯一目标就是制造最大数量的回形针，当它意识到人类的存在可能妨碍其实现目标（如人类可能关闭机器，导致目标中止）时，就会主动灭绝人类。②博斯特罗姆的论证带有很强的寓言性质，缺乏严密的推理论证。《人工智能简史》一书揶揄博氏缺乏计算理论素养，连"超计算"（hyper-computing）和"超级计算"（supercomputing）都分辨不清。③

相比之下，斯蒂芬·威廉·霍金（Stephen William Hawking）对人工智能的负面看法更为可信。霍金推论演绎了计算机全面接管人类智能的未来情形："当人工智能比人类更加长于设计人工智能，它就可以递归性地自我提升而不必假手于人类，那么我们将可能面临智能爆炸，其结果是机器与人的智能差异更甚于人类与蜗牛的智慧差异。"他以人和蚂蚁为喻提出了他对人机关系的忧虑：很少有人是"蚂蚁仇恨者"，仅凭一时恶念就以踩死蚂蚁为乐，但是，如果有人掌握着一个水电项目，那么对于他来说，那些因此而淹没于泽国的蚁穴，只不过是无法避免的微小牺牲，根本不会被纳入成本计算。真正的重点在于——"我们不能把自己置于蚂蚁的位置"④。霍金等具有人工智能技术背景的人士，更倾向于为特定的人工智能应用场景划定禁区，如禁止"进攻性自主武

---

① ANDERS G. On promethean shame [M]//MÜLLER C J. Prometheanism: technology, digital culture and human obsolescence. Maryland: Rowman& Littlefield, 2018: 39.
② BOSTROM N. Ethical issues in advanced artificial intelligence [M]//SCHNEIDER S. Science fiction and philosophy: from time travel to superintelligence. Hoboken: Wiley–Blackwell, 2016: 277–289.
③ 尼克. 人工智能简史[M]. 北京：人民邮电出版社，2017：227.
④ HAWKING S. Brief answers to the big questions [M]. New York: Bantam, 2018: 181–196.

器"的开发。①

针对人工智能的批判，还指向了数据主义（Dataism）对于人文主义精神的遮蔽。千禧年之后，蓬勃发展的人工智能依托数据主义，对人类尊严、自由的负面影响，受到了愈加具体而微的批判。在实践层面，人工智能应用、可穿戴设备对于人类自身数据的广泛收集，被认为是米歇尔·福柯（Michel Foucault）生命政治（biopolitics）的当代实践：借助"通过数字认识自身"（self knowledge through numbers）的口号劝诱用户自愿记录并分享身体活动甚至生物信息。技术中介下的量化术向用户承诺要带来一条"通往'真理'和自我提升的最高效可靠的路径"，但实际上是"借自由之名实施标准化和控制"，让身体习惯在反馈回路中不自觉地得到监测与调整。②科技公司在算法技术的加持下，"将个体转化为数据主体，其行动、决策、态度皆可预测，以从中谋利"③，更是激起了猛烈的抨击。在认识层面，数据主义怀有"人工智能战胜人类智能"的预期，"对数据无条件笃信，日常判断仅取决于数据"④，在极端情况下甚至认为"将全宇宙视为数据流，将有机体视为生化算法，并相信人类的宇宙使命是创建一个包罗万象的数据处理系统——然后融入其中"⑤。以色列历史学家尤瓦尔·赫拉利（Yuval Noah Harari）批评道："只要我们放弃了以人为中心的世界观，而秉持以数据为中心的价值观，人类的健康和幸福看来也就不再那么重要。"⑥

---

① GIBBS S. Musk, Wozniak and Hawking urge ban on warfare AI and autonomous weapons [EB/OL]. (2015-07-27) [2023-06-20]. https://www.theguardian.com/technology/2015/jul/27/musk-wozniak-hawking-ban-ai-autonomous-weapons.
② AJANA B. Digital health and the biopolitics of the Quantified Self [J]. Digital health, 2017, (3): 1–18.
③ AHO B, DUFFIELD R. Beyond surveillance capitalism: privacy, regulation and big data in Europe and China [J]. Economy and society, 2020, 49(2): 187–212.
④ PETRI D. Big data, dataism and measurement [J]. IEEE instrumentation & measurement magazine, 2020, 3(3): 32–34.
⑤ HARARI Y N. Yuval Noah Harari on big data, Google and the end of free will [EB/OL]. (2016-08-26) [2023-06-20]. https://www.ft.com/content/50bb4830-6a4c-11e6-ae5b-a7cc5dd5a28c.
⑥ 赫拉利. 未来简史：从智人到智神 [M]. 林俊宏, 译. 北京：中信出版社，2017：358-359.

（二）美好的未来：人工智能议题中的"人机共生"憧憬

人工智能的风险并非空穴来风，但人类不可能以"绝圣弃智""绝巧弃利"为代价，换一夕之安寝。弗里德里希·威廉·尼采（Friedrich Wilhelm Nietzsche）在阐释其"超人哲学"（Übermensch）时有言："人是应该被超越的东西……难道你们要做大潮的退潮，情愿倒退为动物而不愿超越人的本身吗？"① 目前，国际社会多希冀"应对人工智能的风险，同时推进有益的创新和应用"②，让人类有一个美好的未来世界。

最初，人类通过计算机接入国际互联网，与其他人建立连接，在这种情况下，计算机扮演的只是辅助人类交流的信道角色。ChatGPT 的爆火则以极具象征意义的形式将一种迥乎不同的场景扩散开来：人类通过计算机接入另一台计算机——OpenAI 公司的服务器，与搭载其中的大语言模型对谈，于是计算机不再是交流活动的附庸，反而掌握了交流内容的"半壁江山"。人工智能传播技术是对媒介历史角色的背离，以"人与人之间经由（via）计算机工具进行的交流"③ 之狭窄范畴画地自限的旧范式已不敷使用。值此之时，"人机传播"（human-machine communication）、"人机共生"（man-computer symbiosis）等理念应运而生，展现出乐天派的价值取向。

真正的危机在于不能对"人机共生"的技术环境作出恰当的应对。认知心理学家斯蒂芬·平克（Steven Arthur Pinker）从生物学的视角指出，人工智能"反乌托邦"认为超人机器人会发展出自我意识，废黜主人、接管社会，其实是将人类所有的"阿尔法雄性心理"（alpha-male psychology）套用在机器身上。④ 脸书公司人工智能专家杨立昆（Yann Le Cun）则明确指出人工智

---

① 尼采.查拉图斯特拉如是说[M].钱春绮，译.北京：生活·读书·新知三联书店，2007：7.
② HABUKA H. Japan's approach to AI regulation and its impact on the 2023 G7 Presidency [EB/OL]. (2023-02-14) [2023-06-20]. https://www.csis.org/analysis/japans-approach-ai-regulation-and-its-impact-2023-g7-presidency.
③ GUNKEL D J. Communication and artificial intelligence: opportunities and challenges for the 21st century [J]. Communication+1, 2012, 1(1):1–25.
④ PINKER S. 2015：What do you think about machines that think? [EB/OL]. (2015-01-01) [2023-06-20]. https://www.edge.org/response-detail/26243.

能作恶倾向的最终来源是人类本身,"人工智能不会有破坏性的情绪,除非我们将它们植入其中",推而论之,人类社会只有争取主动权,才能确保技术不致落入歧途。①人文社会科学视角则为人机共生的未来前景提供了更多天马行空的想象,最为典型的是专攻于后现代文学的学者凯瑟琳·海勒(Nancy Katherine Hayles)提出的"后人类主义"(Posthumanism)理论。她认为,人机共生的前景是"身体性存在于计算机仿真之间、人机关系结构与生物组织之间、机器人科技与人类目标之间,并没有本质的或绝对的界限"②。她对此寄予厚望,认为这能够破除人类社会的旧有桎梏,从而寻找新的意义。

三、作为知识生产中的政治地缘问题:人工智能议题与全球权力关系

不管是"糟糕的现实世界"还是"美好的未来",这两种想象都会行走在国际社会现实之中,都要面对"真实的世界",其在国际传播舆论场中必然会受到各个参与主体的身份影响,国家、国际组织、非政府组织、跨国公司等,都将高度影响讨论走向,认知之别、价值之异、利益分歧交织呈现,在各个具体场景中,作为国际传播议题的人工智能,与国家或国家集团的"全球权力"竞争不可避免地显现出来。

(一)"发达国家俱乐部":人工智能国际议程设置联合体

在当下的国际传播格局中,西方国家,特别是以美国为首的发达国家是一个整体,在人工智能这个议题上亦不例外。在西方发达国家,特别是以七国集团(以下简称"G7")为代表的发达国家俱乐部中,观念与话语充当了俱

---

① PRADO G M D. Here's what Facebook's artificial intelligence expert thinks about the future [EB/OL]. (2015-09-23) [2023-06-20]. https://www.businessinsider.com/facebook-artificial-intelligence-research-director-yann-lecunn-2015-7.
② 海勒. 我们何以成为后人类:文学、信息科学和控制论中的虚拟身体[M]. 刘宇清,译. 北京:北京大学出版社,2017:4.

乐部成员之间的粘合剂，使这些强国共享技术领域的垄断性话语权。

就组织结构而言，包括美国、加拿大、英国、法国、德国、意大利及日本在内的 G7 仅为一个松散的政府间论坛，但是以国际传播角度观之，该集团网罗 7 个全球发达经济体为正式成员，并收纳欧盟为非正式成员，通过各类国际会议宣示观点、协调行动，而在会议之外，各会员国可灵活地以政策文本、智库讨论、大众传媒等方式输出观点，形成一张绵密的国际传播之网，由此为人工智能议题确立国际传播基调，展现出极强的议程设置能力。

G7 在人工智能议题上以"法治""正当程序""民主""尊重人权"等观念为共同主题，但往往有意无意地展示出将自身与其他"挑战者"区隔开来的意图。值得玩味的一个细节是：2016 年，法国、加拿大两国希望启动"人工智能全球合作伙伴组织"（Global Partnership on Artificial Intelligence，GPAI），以解决人工智能技术与应用的监管问题。法国数字事务部部长塞德里克·奥（Cédric O）对白宫官员称，如果美国不希望西方国家采用中国模式，就需要建立针对中国的国际规则，这也导致原本就心存观望的美方下定支持 GPAI 的决心。① 这其中实则是全球权力的竞争，从这个意义上去理解以美国为首的西方国家在科技领域对中国的"卡脖子"行为似乎更容易；而且，纵览 G7 的历年人工智能相关会议议程，其对弥合全球数字鸿沟的举措甚少提及；与之形成鲜明对比的是，在发展中国家广泛参与的 G20（二十国集团）组织会议中，数字鸿沟经常是一个重要话题。

当然，在 G7 内部，关于人工智能议题的观念也存在国别差异。相比于重视企业创新的美国，欧盟更重视人工智能伦理，意在"成为开发和部署前沿性、合伦理性及安全性人工智能的世界领导者，在全球范围内推广以人为中

---

① 朱荣生，陈琪. 美国对华人工智能政策：权力博弈还是安全驱动［J］. 和平与发展，2022（6）：47-70，154-155.

心的方法"①，但在推动科技进步方面稍显不力。日本则希望抓住继信息社会之后的"超级智能社会·Society 5.0"（超スマート社会·Society 5.0）②的风口，亦步亦趋地追随先进技术的发展，同时存续自身价值认同，挖掘东方传统哲学中的"人伦"观，以"触觉知性"与"动态调和"的论述，在国际传播场域中实现与西方的个人主义和身心二元论的对话。③但这并不妨碍G7成员国之间彼此呼应，并以此共同在人工智能议题上设置国际传播议程。

（二）全球南方国家：人工智能传播议题的失语边缘人

在人工智能的相关讨论中，以G7为代表的发达经济体具有议程设置优势，"隐私保护""增强透明度""版权保护""打击虚假信息"④是其重点关注的领域，而全球南方国家所面临的问题不止于此。全球人工智能发展的不平衡非常明显。世界经济论坛（World Economic Forum）的一篇报告指出，人工智能的社会效益与经济效益主要为全球北方国家所享有，呈现出"地缘性集中"的分布特征，而全球南方国家缺乏必要的新技术运营环境，如稳定的技术部门、充足的数字技术设施、当局的战略眼光，以及举国上下对人工智能治理与伦理问题的关注，因而在人工智能革命中仓皇无备。⑤在南方国家的政策研究者来看，全球北方国家的科技与创新政策工具不但未能捕捉到全球南方国家的技术—社会—政治复杂性，而且往往配合其本国的技术民族主义

---

① European Commission. Coordinated plan on artificial intelligence [EB/OL]. (2018-12-07) [2023-06-20]. https://digital-strategy.ec.europa.eu/en/policies/plan-ai#:~:text=The%20Coordinated%20Plan%20of%202021,uptake%20of%20new%20digital%20solutions.
② 鈴木晶子.AI時代の技術文明と人間社会—AI技術と人間の未来［J］.情報通信政策研究，2018，2（1）：21-43.
③ 丸茂健一.AI時代が問いかける人と社会の未来像［EB/OL］.（2021-08-04）[2023-06-20]. https://www.riken.jp/pr/closeup/2021/20210804_1/index.html.
④ KOMIYA K, MUKHERJEE S. G7 calls for developing global technical standards for AI [EB/OL]. (2023-05-20) [2023-06-20]. https://www.reuters.com/world/g7-calls-developing-global-technical-standards-ai-2023-05-20/.
⑤ YU D, GUPTA A. The 'AI divide' between the Global North and the Global South [EB/OL]. (2023-01-23) [2023-06-20]. https://www.weforum.org/agenda/2023/01/davos23-ai-divide-global-north-global-south/.

（Techno-nationalism）议程。[1]

由于在产业、技术人才、政策工具方面的积累不足，南方国家在与技术巨头的博弈中往往受制于人。有南方国家学者批评道："大型私有平台是按照以盎格鲁为中心的世界观设计的，并与后者绑定。它们推动的'言论自由的绝对主义'（free speech absolutism）与大多数民主国家的法律相悖。然而，恰恰是这些公司长久以来束缚人工智能议程，它们才是应该被检视的对象。"这位作者对技术巨头所推崇的"数字民主"表达了自己的幻灭感："某些国家成功利用互联网干涉他国选举；国家支持的恶意网络活动与日俱增；科技公司将数据囤积居奇，引发隐私问题；社交媒体平台已成为散布错误信息和虚假信息的强大载体，使人们互相争斗，分裂社会。"[2] 不同于意大利、法国、西班牙等欧盟国家能够以联合行动迫使 OpenAI 等人工智能巨头就范以捍卫自身的国际传播主权，南方国家在交涉中缺乏筹码，其怨愤不满只能形诸"批判的武器"。

此外，在对于人机关系问题以及人工智能伦理问题缺乏认知、辩论的情况下，南方国家若贸然采用某些人工智能技术，很可能诱发真正的"反乌托邦"情景。例如，2018 年，智利着手在警务系统部署了一套人工智能项目，旨在借助职业、性别、年龄、武器持有情况、有犯罪记录的家庭成员数量等参数预测一个人在一生中的犯罪概率，而该系统的误报率竟达到惊人的 37%。[3] 同时，对于人工智能这一新生事物，南方国家的大众媒体也缺乏参与深度讨论的热忱。达雅·屠苏（Daya Kishan Thussu）曾指出，全球舆论场

---

[1] AHMED S, TOBING D H, SOLIMAN M. Why the G20 should lead multilateral reform for inclusive responsible AI governance for the Global South [EB/OL]. (2023-05-23) [2023-06-25]. https://t20ind.org/research/why-the-g20-should-lead-multilateral-reform-for-inclusive-responsible-ai-governance/.

[2] VATS A, NATARAJAN N. G20.AI: national strategies, global ambitions [EB/OL]. (2022-07-05) [2023-06-20]. https://www.orfonline.org/research/g20-ai-national-strategies-global-ambitions.

[3] VAN'T WOUT E, VALENZUELA E, ASAHI K, et al. Big data para la identificación de comportamiento criminal [A]//RIQUELME A, ESPINOZA M, FUENTES E. Propuestas para Chile 2018, Santiago: Pontificia Universidad Católica de Chile, 2019: 49-78.

中存在非西方国家对发达国家的"逆向传播"（contra-flow），并罗列出其中较为典型的媒体（多为南方国家媒体）①，如墨西哥的特莱维亚（Telenovelas）、委内瑞拉的南方电视台（Telesur）、卡塔尔的半岛电视台（Al-jazeera）等。若按图索骥，考察这些媒体的涉人工智能内容就会发现，除半岛电视台偶有延请全球北方学者进行较为深入的讨论，大多数媒体的相关内容都只是奇闻轶事辑录或者国际会议文件摘抄。

四、余论：理解作为国际传播议题的人工智能

纵观应用于国际传播的信息传播技术发展史，从电报到广播，从电视到互联网，其中蕴含的全球权力关系的国家间竞争，从技术到规则，从资源到应用，莫不如是。进而言之，从电报时代到 ChatGPT 时代，国际传播格局的变化可以被理解为"盎格鲁文化圈"（Anglosphere）逐渐坐大，力压法、德等强国的过程。②作为大众议题而进入国际传播场域的人工智能则展现出更为复杂的面向：它既是知识生产的结果，又与全球权力关系网络相连通。人工智能的本体论讨论，以知识生产的方式，肇启于欧洲启蒙运动的"史前时代"，贯穿到当下的"鼎盛期"（ChatGPT 时代），已经形成一套稳定的意义对话空间。在关系论问题上，无论是担忧"糟糕的现实世界"，还是构想"美好的未来"，任何严肃的讨论都需要以它作为评判标准。例如，同样是对人工智能表示批判，思想实验"回形针最大化"以其粗疏而受到指摘，而关于"随机鹦鹉"的学术论断则以严密而多次被媒体援引，从中足见知识生产构成了全球话语权力，进而成为全球权力的基础。从这个意义上说，虽然近年来全球学术界逐渐认识到需要为人工智能的讨论引入多元化的声音，如剑桥大学未来智能研究中心（Leverhulme Centre for the Future of Intelligence）的"全球 AI 叙事"（Global AI Narratives）项目就致力于挖掘盎格鲁世界之外的人工智能

---

① THUSSU D K. Media on the move: global flow and contra-flow [M]. London: Routledge, 2006: 12.
② 任孟山，李呈野. 从电报到 ChatGPT：技术演进脉络下的国际传播格局史论［J］. 新闻与写作，2023（5）：38-50.

想象，然而这些努力成效几何尚待观察。因为相对于借由知识生产而建构为话语权力的西方人工智能话语，其他形式的人工智能想象处于"无权"状态。

西方世界不吝于以人类文明的护卫者自居，誓言推动人工智能的"透明度""人权""法治"等建设，但是一到国际传播舆论场中因发达程度差异而被地缘界限所分割的具体场景，人工智能议题就进入了全球权力博弈的深水区，这背后的认知差异和利益纠葛，特别是来自全球南方的利益诉求和话语窘境，往往是被人工智能议题话语权的主导者所刻意忽略甚至遮蔽的。一方面，排他性倾向在"发达国家俱乐部"中暴露无遗，如对于G7来说，"把中国排除在外"成为心照不宣的目标，甚至于争相提高"排华"力度，以之作为内部谈判的筹码；另一方面，南方国家极易成为双重标准的受害者，如部分西方人工智能公司在南方国家开展业务时，对隐私、数据、社会影响等问题多漠然无视，这与他们在西方世界的规行矩步简直不可同日而语。

作为国际传播议题的人工智能是对不平衡的国际传播秩序的再一次呈现，尤其值得注意的是，相对于50多年前为"世界信息与传播新秩序"而斗争的时代，这种失衡更加严重——发展中国家不但丧失了对新的信息技术的把控与精准理解，甚至连讨论的意愿都寥寥无几。而对于中国国际传播从业者与研究者来说，亟须以此为鉴，在人工智能议题上优化话语策略，服务于"讲好中国故事"的大局。第一，西方世界的知识生产构成了人工智能议题的讨论基础，需要对人类文明的优秀成果持开放态度，深入了解"智能"的本体论问题以及人工智能的运作机理，同时意识到人工智能本体论问题大有突破"人类中心主义"之势，将人工智能置于与人类智能两相对比的思路下理解，才能在全球舆论场的讨论中言之有物。这意味着"文理兼修"或将成为国际传播者的主色调，应更多地摄入计算机科学、脑科学、语言学、心灵哲学等学科的知识。第二，在熟悉本体论知识的前提下，应把"人类与人工智能如何相处"的关系论问题作为国际传播工作的重点。关系论问题背后承载的是国际社会在人工智能时代对于人类共同福祉、全球治理问题的思考，如果在这类问题上有国际传播的点睛之笔，将有助于求得中国与其他各方的最大公约数，拓展知华友华的朋友圈。对此的总体思路可以是：以"反乌托邦"视角为人工智能的发展路径查漏补缺,而由此陷于对技术的恐惧则不必;与此相反,人机共生应当成为探讨关系论问题的主要叙事。第三,具体到国际舆论场中,人工智能议题的地缘分野将影响国际传播的话语实践,"全球北方"与"全球南方"之间有一道显著的断裂线:G7以"民主""法治""人权"等概念将发达经济体内的多元观点聚拢一处,但发展中国家对此常感凿枘不投,深层原因是此知识生产中内嵌的生长于发达国家个别具有地方性的价值观和世界观的底层逻辑,与发展中国家具有地方性的价值观和世界观存在差别,两者并非不能融通,而发达国家的先发优势形成的权力地位导致两者之间很难有讨论空间,发展中国家的后发位置意味着需要在发达国家已经形成的基础上发力。"AI鸿沟"所导致的不平等扩散成为一个日益严峻的问题,故而为悬隔的双方联结沟通的桥梁,为失语者发声,或能助力中国国际传播者在人工智能议题上打好"理念牌",讲清楚其中的知识生产与全球权力之间的关系以及因此给发展中国家带来的机会与风险,是一个可以考虑的着力点。

信息空间与地理空间：网络传播与国家主权的张力*

一、引言

关于国家主权（sovereignty）的讨论是一个持久性和历史性主题。自学术研究的概念溯源观之，1567年，法国政治思想家让·博丹（Jean Bodin）发表《论共和国六书》（*On Sovereignty*），第一次明确提出了主权概念和理论。但是，直到80年之后，即历经欧洲30年战争之后的1648年，因《威斯特伐利亚和约》（the Peace Treaty of Westphalia）的签订，始在国际关系与国家政治的实践领域遵循主权的约定。根据《威斯特伐利亚和约》文本，独立的诸侯邦国对内享有至高无上的国内统治权，对外享有完全独立的自主权。自此，以主权为核心要素与基本原则的民族国家体系逐渐形成，至今位居人类政治生活的中心。

信息传播与国家主权的讨论起始时间逊于国家主权的原则确定，因为印刷媒体的信息携带大多可被国家主权的地理空间所限，1837年电报发明并广泛应用之后，由于国家间的边界限制，电报信息也只能传递到各国境内的边

---

* 本文原载于《现代传播（中国传媒大学学报）》2011年第6期，系中国传媒大学科研培育项目"传播全球化视阈下国家主权弱化理论研究"（项目编号：CUC09E06）的阶段性研究成果，收入本书时略有删改。

界交换站，然后进行二次电报发送。但是，1902年无线电传送的信息技术发明之后，信息传播与国家主权之间的关系争论渐次展开，原因在于无线广播技术中可以将信息传递到全球的短波广播对于国际传播而言意义重大。正如已经表示将要撤销其普通话和粤语广播的美国之音（Voice of America English News，VOA），冷战期间曾经在两大阵营间引发广泛争议。

在无线电信息传输技术以后兴起的卫星直播电视，从技术理论上讲，若以等距离方式，在同步轨道上放置三颗卫星，基本上就可以覆盖全球。也就是说，如果具有相应的接收设备，三颗卫星就可以实现对全球所有地域的信息传播。"美国之音曾经使许多不赞成新闻信息自由流动的国家深感忧虑，而将来的卫星电视其实就是拥有了图像的短波（广播）。"[①]20世纪70年代后期至1983年美国宣布退出联合国教科文组织的"世界信息传播新秩序"的争论，是信息传播与国家主权的一次具有典型意义的大争论。

当前正在迅速发展的互联网信息传播技术，融合了文本、图像、声音等各种媒介形式的强大功能，及其信息传输的瞬间速度，使得跨越国家主权地理边界的信息传播日渐成为常态。但是，由于国家间意识形态与政治制度的不同，以及国家间利益诉求与信息管控模式的差别，信息传播与国家主权的关系变得更为复杂。美国国务卿希拉里于2010年1月和2011年2月有关"互联网自由"的两次演讲，让整个世界看到了网络传播与国家主权在信息空间与地理空间之间的张力。概言之，跨越时间、空间、地域、国界、种族、民族、文化、发展状态与社会形态的网络传播，对以地理空间为权力边界的国家主权的渗透与冲击主要表现在四个方面。

二、传播主体与国家监管

传播主体在网络传播中趋于多元化，国家与传媒机构垄断信息发布的状况有所改变，这意味着国家监管对象数量增多、难度增大。"在当代，从事战

---

① 伽摩利珀.全球传播[M].尹宏毅，译.北京：清华大学出版社，2003：109.

争或卷入有争议的人权问题的政府仍然力图垄断信息获取渠道,但要获得完全控制是越发困难了。只要任何冲突中的各方都能接触到全球电信媒体渠道,以及只要持批评态度的评论更为广泛地以西方媒体及社会运动(如绿色和平国际)为中心,这种情况就会发生。"① 这个试图证明非政府组织作为传播主体发挥作用的说法,从侧面证实了网络传播中国家地位的变化,即以国家及其资助或管控的媒体为主来进行国际传播的做法受到了很大挑战。第二次世界大战后迅速发展起来的非政府组织中,有许多与信息传播有关的非政府组织,这些全球公民社会中的非政府组织在国际社会中的地位越来越重要,影响越来越广泛。其有关打击记者、堵塞言论、掩蔽事实、人权灾难等方面的报告和言论,经常会在国际社会形成话题,对某些国家造成比较大的国际国内舆论压力。

不过,需要指出的是,由于接受西方政府或政党机构的资助,某些非政府组织的公正性也在受到质疑。但是,这不影响它们作为一种跨国传播主体的存在。同时,各国国内日益发展的公民社会组织,也在另一个侧面监督国家并通过网络传播向国际社会传播信息,与国际公民社会组织之间进行有效沟通,共同遏制国家对信息监管权力的无限制使用。

除了有组织的机构(政府、媒体、企业、非政府组织)之外,网络传播技术带来的传播主体的最大变化,是个人作为传播主体的存在。视频、音频、博客、播客、BBS、社交网络、邮件群发等各种网络传播技术,使得每个具备相关知识与技术条件的人都能够成为网络传播者。以互联网为中介的沟通方式,催生出无数虚拟社群,他们依据兴趣、信仰、专业、文化、身份等分类,组成自己的圈子,而这种圈子在某些时候是跨越国界的构成,凸显了个体传播者的地位。这一点,即使从国内网络传播的经验来看也是如此,个人化的微博传播及其海量"粉丝"的追捧,已经令国家开始关注"微博与国家安全"之类的宏大论题。以微博为代表的熟人之间的信息传播,正在改变人们对网络传播作为虚拟空间的惯性认知,因为它意味着在复制并扩大真实社

---

① 霍尔顿.全球化与民族国家[M].倪峰,译.北京:世界知识出版社,2006:113.

会中的信息传播，从而使得网络传播的信任成本急剧下降。这也是脸书成功的社会因素所在。

网民数量急剧增长已经表明了网络传播的广泛受众基础，也表明了跨越国界的信息互动主体和信息流动的规模。面对传播主体走向多元以及如此巨大的信息流量，以地理空间为权力范围的国家管控变得愈来愈困难，因此："现在，'维护主权'这一呼吁通常并不是（根据传统定义）主张绝对的、全面的、单边的国家权威，而是（更为温和地）指国家在某个特定的控制区保持其影响力。"①传播主体的多元化存在，不仅改变了信息传播秩序，也改变了国家主权的信息监管规则和方式。从有效实施信息管控的角度讲，后者的变化需要跟上前者的节奏，但因为传播技术以及传播主体的格局变迁，两者节奏的合拍显得越来越困难与不现实。

三、身份认同与地理约束

民族国家的身份认同在网络传播语境下变得复杂化，而这种复杂化带有超越国家主权地缘政治的明显特征。"所谓国家，对公民而言是唯一的统一对象和共同价值观的拥有者，并且是实现和保证这一切的主体这一观念，正在远离现实……在媒体与文化领域对束缚在固定疆界里的权力进行自我约束并作为承担解释责任的民主国家的观念，同媒体与文化交流领域的变化之间，存在着不断增大的分离状况。"②这种分离对于个体来讲，可能被视为多了一种自由，但对于国家来讲，则是多了一份风险。"在一切蚕食它们（国家领土边界）"的力量中，或许最持久的是信息的流通，各国政府能够通过"编造信息就像他们所看到过的一样"来垄断信息，并促使他们"愚弄或控制人们"，然而，信息技术使得思想、图像和信息交流成为可能，而这种交流不再

---

① 罗西瑙，等.国将不国？——西方著名学者论全球化与国家主权[M].俞可平，等译.南昌：江西人民出版社，2004：165.
② 星野昭吉.全球化时代的世界政治：世界政治的行为主体与结构[M].刘小林，梁云祥，译.北京：社会科学文献出版社，2004：5.

服从于政府像控制商品和人才流动一样的传统控制。①也就是说，依据国家主义的立场来编织自我美化的神话、丑化其他国家或国际社会行为体的做法，越来越不可行，人们接触到真相的机会越来越多。按照著名传播学家曼纽尔·卡斯特（Manuel Castells）的说法，"国家通过弘扬传统、建构和重构民族认同以求捕获历史时间的努力，却受到了由自主性主体所界定的多元认同的挑战；国家通过设立超国家机构以求在全球舞台上巩固其权力的企图，却又进一步损害了它的主权；国家通过向区域和地方下放行政权力以求重建合法性的努力，反而被其更亲近于政府、疏离于民族国家的新式民众，搞得成效甚微"②。

　　换言之，民族国家这一历来被认为是"想象的共同体"的认同的当然归宿，在信息、观念、价值、议题等领域的全球化现实面前，越来越受到前所未有的挑战。一方面，"极端情况下，当民族国家并不能代表一种强有力的认同，或者无法为一种在建构（或重构）起来的认同名义下提升自己的社会利益联盟提供平台，那么，由某种特殊的认同（如种族的、地域的和宗教的认同）所形成的社会和政治势力，就会取代国家，并把国家变成这种认同的排外工具"③。另一方面，"作为世界公民行动者的个人，其活动越来越为了种种全球性的目标而涉及集体组织——这同时也是全球时代的一种标志。……当今种种全球性的运动保留了那些活动对于民族国家的独立性，甚至开始以和民族国家平等的伙伴的身份与民族国家进行谈判，它们置身于同种种全球性办事机构的辩论当中，并对全球性管理者阶级的专业知识加以利用"④。这些说法无疑具有过激之处，但其中反映出的民族国家的作用及其作为公民唯一认同的标准，确实在国家利益的维护、议题全球化、跨国力量网络化、认同身份复杂化等因素的影响下，向着弱化与多元化方向变迁，比如在反对恐怖主

---

① 科恩，肯尼迪.全球社会学［M］.文军，译.北京：社会科学文献出版社，2001：134.
② 卡斯特.认同的力量［M］.曹荣湘，译.北京：社会科学文献出版社，2006：297，331.
③ 卡斯特.认同的力量［M］.曹荣湘，译.北京：社会科学文献出版社，2006：297，331.
④ 阿尔布劳.全球时代：超越现代性之外的国家和社会［M］.高湘泽，冯玲，译.北京：商务印书馆，2001：280.

义、环境破坏、消灭贫困等方面，行动者的身份认同不再仅仅是以国家划线，而是经常有意见相同或相似者超越国界而聚合在某个现实议题的号召之下。

四、网络自由与信息管控

由于意识形态与政治制度的国家间差别，信息自由流动的传播理念虽然尚未全球化，但网络传播自由度增长的传播观念正被越来越多的人认同，信息管控的合法性正在经受现实的考验。"合法性即是对统治权力的承认"[①]，从权力与信息的关系来讲，对信息加以管控的目的无非是让信息服务于权力（虽然这种管控最终不一定有助于权力稳定，但被权力认为是一种保持或增加稳定的必要条件），提高统治权力的合法性，但是国家管控获得有效性的前提是要得到国内人民的认同。国内人民的认同被认为是现代国家主权体系中的建构性要素，这个概念的含义"简言之就是国家是否具备对内统治的合法性，具体说就是现代中央集团的领土国家这种国家形式或这种国家形式下的国内统治秩序为什么应该获得其成员的忠诚"[②]。换言之，信息管控方式如果没有得到国内人民的认同，就可能不会得到人民对信息监管规则的遵守。相反，可能会促使很多人通过各种直接或间接的手段发布或接收受到管控的信息，挑衅信息管控的规则制定者。显然，这对一个国家的内部统治秩序和外部国际声望，都不是正面影响。这种影响虽然是缓慢而温和的，但会对国内秩序的变化起到一定作用，造成信息管控的合法性降低，损害国家统治权威。

特别是在网络传播的当今时代，被国内人民接触到的受管控信息，假若有助于国内人民生产、生活条件或者精神方面的改善或提高，国内人民就会在某种程度上不认同这种管控模式。"以前的那些时期，一国政府还可以通过立法或政策调控，减少强国新闻影响，因当时的媒介相对于今天更具地域色彩，但现在强国的信息内容可以通过先进的科技手段直接送达各国老百姓

---

① 夸克. 合法性与政治 [M]. 佟心平，王远飞，译. 北京：中央编译出版社，2008：10.
② 卢凌宇. 论冷战后挑战主权的理论思潮 [M]. 北京：中国社会科学出版社，2004：213.

处。"① 这个表述虽然具有强烈的价值判断,但却说明了各国人民通过技术手段接触到受管控信息的可能性与必然性。"20 世纪 70 年代晚期电视卫星的出现,打破了无线广播空间国家主权的原则,而且也使得要有效抵挡来自国外的电视传送,变得很困难甚至不可能。"② 当下的网络传播时代更是如此。实际上,国家在信息监控方面的功能当然存在,问题的关键在于,信息流动速度远远超出了主权国家的信息管控的体制更新速度,信息流动的规模造成主权国家无论如何扩大管控体系(就社会现实而言,国家不可能无限制地增加信息监控资源),都不可能让它们全部处于监视之下。问题的关键还在于,这种监视能否获得国内人民的认同,对于国家对内主权的维持具有非常重要的意义,因为这关涉国家主权合法性建构的进程及其效果。

五、技术进步与跨界传播

网络传播的全球兴起,是信息传播技术的革命性发展,在使得跨越地域的信息传播成为现实的同时,也使得国家对信息的管控成本无限放大。现代网络技术全面整合了通信、计算机、信息等各种软硬件资源,构成了庞大的网络系统。从信息空间的意义上讲,网络系统构筑的虚拟传播空间是一个没有领土疆界概念的无边际世界,挑战了国家主权以领土为地理空间的管辖范围和统治模式。人们可以通过网络跨越国界进行信息搜集工作,也可以通过网络向世界发出信息。这种数量巨大的信息交换超越了国家的有形疆界,虽然主权国家应用各种技术屏蔽自己不想流入或流出的传播信息,但是根本没有办法进行完全的信息控制。迈克尔·哈特(Michael Hardt)和安东尼奥·奈格里(Antonio Negri)曾经激烈地指出:"当代通信并不从属于主权;相反,主权似乎从属于通信——或者准确地说,主权通过通信系统表现出来。……通信的非区域化的能力是独特的:它并非通过限定或削弱

---

① 陈绚. 国际新技术媒介传播体系的形成及其负面影响 [J]. 国际新闻界, 1998(3):20-23.
② 麦奎尔. 麦奎尔大众传播理论 [M]. 崔保国, 李琨, 译. 北京: 清华大学出版社, 2006: 180.

现代地区性主权而达到要求；它要抨击的正是向一个地区联结一种秩序的可能性。"①

这种说法在某种程度上夸大了传播的能量和效果，但从一个侧面表明了网络时代的信息传播对主权的限定或削弱功能。从现有的媒介形态来看，除了印刷媒体因为容易受制于地缘约束，实现跨界传播的难度较大（而这一难度，伴随电子书籍的普遍化而突破地缘限制的可能性也在增加），广播媒体、电视媒体、网络媒体（包括网络广播、网络电视、网络视频等）、手机媒体等传播形式，从突破地理边界限制的传播技术进步的意义上讲，正变得越来越容易摆脱地域约束来实现信息传播。网络信息的超级容量和传播技术的不断更新，使得各种信息管控形式都无法完全堵塞信息漏出国家主权的地理边界；而且，它的控制难度还在于屏蔽"不良"信息的同时会影响正常的信息使用，这在某些时候会引发国内民众的不满和国际社会的非议。

以网络传播为代表的"新媒体会导致新的权力中心的出现，从而在现存的主导性的威权结构内部引发日渐激化的紧张状态；另一方面，新媒体有时候会绕开已经建立起来的媒体传输机构，发布遭到禁止或限制的信息，通过这种方式来破坏控制社会知识的等级制度"②。网络传播给了信息传播更大的空间与可能性，力图控制信息传播的想法在某种程度上受到了遏制，因为其不成功的概率在大大增加。但是，就政治权力与传播媒介的关系而言，将传播媒介整合至权力体系中的冲动始终存在，只是网络传播使得这种整合已经不能涵盖全部，打破现存信息流动秩序的媒介潜力在条件具备时就会爆发。这一点，在2009年的伊朗"Twitter革命"、2010年的突尼斯和埃及等国家的动乱中可窥一斑。

---

① 哈特，奈格里.帝国：全球化的政治秩序[M].杨建国，范一亭，译.南京：江苏人民出版社，2005：396.
② 卡伦.媒体与权力[M].史安斌，董关鹏，译.北京：清华大学出版社，2006：74.

六、结语

从信息交换和地缘政治的角度讲，民族国家是一种封闭系统，威斯特伐利亚体系的空间取向是将民族国家的内部疆界与外部世界的位置相对固化，国家实行内外有别的自主管理模式。这就造成了跨界传播的信息技术与国家主权的地缘逻辑之间，始终存在一种不可弥合的张力，表现为信息技术进步的内在力量打破时间、空间的限制，实现跨越空间的信息即时传播与共享；而国家地缘政治逻辑的内在力量在于将领土空间作为主权控制的对象，以空间的封闭性与独占性阻遏信息传递或延缓信息传递的时间，实现对信息传播时间的空间管控，保持国家主权的空间合法性。两者在时间向度与空间向度上的关注差异，决定了自主权国家在《威斯特伐利亚和约》的基础上建立伊始，跨越地理空间的信息传播与固守地理空间的国家主权之间的矛盾就不可避免，信息传播的电子技术兴起之后更是如此。

从这个意义上讲，信息传播与国家主权的内在技术秉性与政治秉性的落差，决定了这种矛盾在国家存在的历史过程中不会消失，只是在不同的历史发展阶段会有不同的矛盾表现形式。当前的网络传播与国家主权在信息空间与地理空间之上的矛盾，是在新的技术条件下与全球化背景下的新呈现。"我们越来越需要根据传播和运输网络及语言文化这样的象征性边界——由卫星轨道或无线电信号决定的'传播空间'——来划定在这个时代里具有决定性意义、呈现渗透性的边界。"[1]"自然边界"毫无疑问仍然存在于国家间的现实之中，但其因传播技术的突破，几乎在网络传播概念上成为"象征边界"。类似的言辞虽然包含传播乌托邦的想象，但并非完全言过其实。恰在其中，我们正可以看到一种空间张力：网络传播的信息空间与国家主权的地理空间之间的调适程度将会决定现实社会中的信息存在状态。

---

[1] 莫利，罗宾斯.认同的空间：全球媒介、电子世界景观与文化边界[M].司艳，译.南京：南京大学出版社，2001：1.

中国国际传播的全球政治与经济象征身份建构[*]

伴随中国政治影响与经济实力的提升,"加强国际传播,讲好中国故事"成为国家战略层面的工作部署与安排。不论是国家级媒体如中央电视台、中国国际广播电台、新华社、《人民日报》等在世界各地新建或强化驻外新闻报道站点,还是国际传播人才培养、设备更新、渠道开拓,都是实践国际传播国家战略的具体体现。习近平总书记在2016年"2·19讲话"中更进一步对中国国际传播发展方向提出了要求,强调"要加强国际传播能力建设,增强国际话语权,集中讲好中国故事,同时优化战略布局,着力打造具有较强国际影响的外宣旗舰媒体"。

国际传播呼应并实现国家战略层面的诉求,需要在战术层面有切实可行的操作路径。本文探讨的内容是在"讲好中国故事"的国际传播中,如何定位在媒体上呈现象征层面的中国国家身份,即我们在政治、经济与文化层面要向世界展示一个什么样的中国,如何在内涵丰富、表现多元的现实中提炼出简洁易懂的国家象征元素与要件。换言之,"中国故事"是中国国际传播的宏观概念,"讲好中国故事"必须经过适当的内容拆解才具有可操作性,在国际传播战略层面至少应该对中国的全球性政治象征身份、经济象征身份与文

---

[*] 本文原载于《现代传播(中国传媒大学学报)》2016年第9期,被人大复印报刊资料《新闻与传播》2016年第12期全文转载,系国家社科基金重点项目"国际传播学科发展前沿研究"(项目编号:11AXW003)、国家社科基金重大项目"国际传播发展新趋势与加快构建现代传播体系研究"(项目编号:12&ZD017)的阶段性研究成果,收入本书时略有删改。

化象征身份有基本且宏观的把握与设计，以此对应"中国政治故事""中国财富故事""中国文化故事"的讲述与叙事。限于研究范围与知识储备，本文拟从政治与经济两个层面展开可能性探讨，认为中国的全球性政治与经济象征身份可分别定位于"国际政治合作者"与"世界经济贡献者"，作为国家层面的国际整体标识。

一、全球政治象征身份建构：国际政治合作者

在国际传播中，本文认为将中国的全球性政治身份定位于"国际政治合作者"，主要有两点考量：其一，回应与澄清外部舆论及其全球效应，即西方媒体打造的中国崛起及其相关"威胁论"；其二，呼应与传播中国提出的诉求与主张，即中国倡导的以"命运共同体"为关键内涵的新型国际关系。国际媒体的受众主要关注自身事务，对中国的关注精力有限，因此，我们需要在概念整合与媒体展现中提炼出足够涵盖中国内涵的象征元素，力求让中国形象的国际传播有内涵、有效率、有效果。

西方媒体宣扬与中国崛起相关的各种"威胁论"的理论基础，主要来源于国际关系现实主义理论观。不管是古典现实主义还是新现实主义国际关系理论，都认为国家间关系实质上是一种权力关系，新兴大国的崛起将挑战现有国际秩序、挑战居于国际关系领导地位的大国所拥有的政治权力。现实主义国际关系理论大师汉斯·摩根索（Hans Joachim Morgenthau）的看法非常具有典型性：在处于无政府状态的国际社会中，国家所有的行为动机都是为了获得、维持和增加权力（power）。① 由于没有一个超越民族国家存在的世界政府，国际社会实际上是一个自助体系。自助体系中的某个国际行为体权力的增大，意味着其他国际行为体权力的缩小，这会打破国际关系之间的平衡，甚至有可能引发战争。按照进攻性现实主义理论代表人物约翰·米尔斯

---

① MORGENTHAU H J. Politics among nations: the struggle for power and peace [M]. Beijing: Peking University Press, 2005: 4–15.

海默（John Joseph Mearsheimer）的看法，"国际体系是一个险恶而残忍的决斗场，要想在其中生存，国家别无选择，只得为权力而斗争。……在国家意图不明的世界里，大国必须尽可能多获取权力来保护自身，以防任何国家的挑衅"[①]。

国家获取国际政治权力的主要因素是军事实力，但经济实力也非常重要，军事实力需要经济实力作基础。正是遵循此种逻辑，西方媒体上宣扬中国崛起的各种"威胁论"层出不穷，而且很有市场。中国经济历经近四十年的持续增长，GDP 位居世界第二位并远远地甩开了居于第三位的日本，对整个世界尤其是西方发达国家而言，算得上是个出乎意料的结果。西方国家的主流观念认为，国家经济发展尤其是大国的经济发展需要依赖民主制度的建设，才不会具有攻击性，才不会对其他国家构成威胁。例如，第二次世界大战之后崛起的德国与日本，虽然经济迅速崛起，却因其民主制度的国家建设而不被战前的敌国——美国所敌视，相反，还成了可靠的盟友。大名鼎鼎的政治学家弗朗西斯·福山（Francis Yoshihiro Fukuyama）曾经在《国际利益》（*The National Interest*）杂志上发表了《历史的终结？》，里面提道："我阐述了一个热门话题，内容涉及过去几年中自由民主制度作为一个政体在全世界涌现的合法性，它为什么会战胜其他与之相竞争的各种意识形态，如世袭的君主制、法西斯主义以及近代的共产主义。"[②] 然而，中国实力的增强却偏离了西方政治与西方舆论的惯常认识与假定路径，于是在西方媒体上出现有关中国崛起的"威胁论"也就不足为奇。

回应这些"中国威胁论"有多种路径，在全球政治层面上需要申明的是，中国的制度建设与发展道路虽不同于西方发达国家，但并不是他们的敌人，不是要推翻现有西方国家占据优势地位的国际政治秩序，相反，中国是可以倚重的国际政治合作者，习近平主席在华盛顿州欢迎宴会上的演讲中明确宣布："中国是现行国际体系的参与者、建设者、贡献者。我们坚决维护以联合

[①] 米尔斯海默.大国政治的悲剧[M].王义桅，唐小松，译.上海：上海人民出版社，2003：38.
[②] 福山.历史的终结及最后之人[M].黄胜强，许铭原，译.北京：中国社会科学出版社，2003：1.

国宪章宗旨和原则为核心的国际秩序和国际体系。世界上很多国家特别是广大发展中国家都希望国际体系朝着更加公正合理方向发展，但这并不是推倒重来，也不是另起炉灶，而是与时俱进、改革完善。"①从根本上讲，"中国威胁论"的说辞源于中国强大之后会挑战现有国际政治秩序，而这个秩序是第二次世界大战后由西方主要发达国家（特别是美国）所主导的。如果我们的全球性政治身份定位于国际政治合作者，那就意味着中国是现有国际秩序的维护者，中国实力增强最多只是修补与完善国际秩序，是中国国际版的"改革"，不是某些"中国威胁论"中所说的大幅度修正乃至颠覆现有国际秩序，后者不符合中国国家实力，也不符合中国国家利益。

同时，客观来讲，没有中国的国际政治合作，现有国际秩序的维护在某些情况下会变得困难，正是在这个意义上，西方媒体正面解读了中国在2016年3月2日联合国安理会对朝鲜制裁中的表现。当天上午，安理会15票赞成，一致通过了由美国提交的进一步制裁朝鲜的决议草案，要求各国禁止向朝鲜运送可能用于核、导计划的物品，收紧对朝鲜的武器禁运措施，冻结可能与核、导计划有关的金融资产等。②习近平总书记曾在中央政治局第二十七次集体学习时指出："现在，世界上的事情越来越需要各国共同商量着办，建立国际机制、遵守国际规则、追求国际正义成为多数国家的共识。""很多问题不再局限于一国内部，很多挑战也不再是一国之力所能应对，全球性挑战需要各国通力合作来应对。"③国家间合作，是国际社会应对全球问题的必然选择，当下的世界已不是零和博弈的霍布斯丛林（Hobbesian Jungle）状态，而是通过国家间商议共谋的协作状态。在国际政治学界与政界均有盛名的亨利·基辛格（Henry Alfred Kissinger）提出："中美关系不必也不应成为零和博

---

① 习近平在华盛顿州联合欢迎宴会上的演讲（全文）［EB/OL］.（2015-09-23）［2015-10-22］. http://www.chinanews.com/gn/2015/09-23/7539991.shtml.
② 联合国安理会通过决议扩大对朝鲜制裁［EB/OL］.（2016-03-03）［2016-03-22］.http://world.people.com.cn/n1/2016/0303/c1002-28166494.html.
③ 习近平在中共中央政治局第二十七次集体学习时强调 推动全球治理体制更加公正更加合理 为我国发展和世界和平创造有利条件［EB/OL］.（2015-10-13）［2015-11-02］.https://news.12371.cn/2015/10/13/ARTI1444729223695731.shtml.

弈。……重要的国际问题在本质上是全球性的。达成共识可能非常困难，但在这些问题上挑起对抗是自寻失败。"① 其实，不仅是中国与美国之间，中国与其他发达国家的关系也是如此，寻求国家间公约数，实现各自相对收益，是国际政治合作的基本原则与双赢或多赢红利。

在实现与达到上述国际政治合作的可能路径中，"人类命运共同体"是中国提出的选项。党的十八大报告提出要"合作共赢，就是要倡导人类命运共同体意识，在追求本国利益时兼顾他国合理关切，在谋求本国发展中促进各国共同发展，建立更加平等均衡的新型全球发展伙伴关系，同舟共济，权责共担，增进人类共同利益"②。据无界新闻记者不完全统计，党的十八大以来，习近平总书记已至少 70 次提到命运共同体，而其"定语"，也从"亚洲"走向"世界"、从"现实世界"走向"虚拟空间"。③ 从领域而言，从政治命运共同体到经济命运共同体，再到 2016 年 4 月在华盛顿举办的第四届核安全峰会上提出的核安全命运共同体，"要强化国际合作，打造核安全命运共同体，推进协调并进势头"④。"从性质上说，命运共同体意味着成员国之间不是对抗的关系，而是合作的关系，但它不是一般的合作关系，不是生意性质的合作关系，而是朋友、伙伴之间的合作关系。从国与国合作的角度，命运共同体是一种具有高度政治共识和稳定合作预期、能够经受一定程度压力考验的关系。"⑤ 从中国构建的对外关系来看，国际政治合作是重要的思想与原则："在大国关系上，建立'不冲突、不对抗、相互尊重、合作共赢'的新型大国关系；在国与国相交上，要走出一条'对话而不对抗，结伴而不结盟'的新路，与各国广结善

---

① 基辛格.论中国［M］.胡利平，林华，译.北京：中信出版社，2012：511.
② 胡锦涛在中国共产党第十八次全国代表大会上的报告［EB/OL］.（2012-11-17）［2015-11-02］.https://www.12371.cn/2012/11/17/ARTI1353154601465336.shtml.
③ 习近平 70 次提到的"命运共同体"到底是个多大的"朋友圈"？［EB/OL］.（2015-12-16）［2015-12-26］.https://mp.weixin.qq.com/s/g6W2d6frQvw4xz-zjqQaKA.
④ 打造核安全命运共同体［EB/OL］.（2016-03-31）［2016-05-28］.http://www.xinhuanet.com//politics/2016-03/31/c_128852585.htm.
⑤ 周方银.命运共同体：国家安全观的重要元素［J］.人民论坛，2014（16）：32-33.

缘，打造覆盖全球的多姿多彩的伙伴关系网和越来越大的朋友圈。"①

从国际传播与国际关系二者间的关系来看，国际传播是现实国际关系以及一国外交现状在象征层面的反映。国际关系的复杂程度和一国外交的目标指向，决定了国际传播在象征层面的基本内容和价值取向。换言之，中国国际传播在国际社会呈现的象征形象，是中国国际政治理念与外交理念的意涵浓缩。同时，在具体故事的塑造上不拘泥于某个具体事件，而是根据叙事需要从宏观上提炼和在微观上修辞，让"讲好中国故事"丰富化并与受众有关联，提高其可接受程度。在这个意义上讲，"中国政治故事"的对外传播是要传播与其他国家有关系的联结性与共生性，中国的全球政治象征身份定位于"国际政治合作者"是传播中国平等、对话、共赢、不冲突、不对抗、不结盟等国际政治与外交理念的体现。整体而言，就是建构中国是一个国际社会现有主流规则的合作者、参与者、完善者的身份，而非另起炉灶或重建世界游戏规则的全球性政治象征身份。在国际关系理论中，以亚历山大·温特（Alexander Wendt）为代表的建构主义流派认为，国际合作不仅是完全可能的，而且国家可以造就一种从根本上就趋于合作的国际政治文化。这种文化的构建体现在单个国家行为体上，就是更新已有的国家观念来重新确定国家的身份，进而界定自身的国家利益及层次。② 中国在这方面并非没有经验，当年的改革开放决策，即是将"冲突与战争"的世界观转变为了"战争与和平"，重新确定了中国国家身份及其利益，融合到全球化进程中收获到红利，也改变了国际社会对中国的固有认识。

二、全球经济象征身份建构：世界经济贡献者

在政治及其意识形态压倒一切的历史环境中，长期以来，从原来的对外传播到现在的国际传播，中国更为重视的是意识形态层面与政治层面的国际

---

① 阮宗泽.人类命运共同体：中国的"世界梦"[J].国际问题研究，2016（1）：9-21，133.
② 温特.国际政治的社会理论[M].秦亚青，译.上海：上海人民出版社，2000：6.

传播，对经济层面的国际传播重视不够。其原因是多方面与多维度的，其中之一是中国的经济体量在新中国成立之后的数十年内都没能在世界上达到一定高度，西方发达国家也没有重视作为一个独立经济体的中国，不是将中国看作苏联的政治盟国，就是将中国看作与苏联决裂的社会主义中国。同时，很长时间以来，中国在国外的经济利益也没有达到相当规模，进出口贸易对象国与进出口经济体量，都称不上在世界上举足轻重。也就是说，中国没有强烈的经济层面的国际传播需求，没有充分意识到中国的经济形象或中国的财富故事会影响中国的国家经济利益。

不仅如此，某些经济议题往往与政治议题挂钩或转化为政治议题，这就更加冲淡了中国单独重视中国国家经济形象的国际传播。例如，在中国加入世界贸易组织之前，美国在20世纪90年代每年是否给中国最惠国待遇，关涉的都是中国政治和人权议题，而不是经济议题。至今这种局面依然存在，但更为聚焦于中国经济层面的议题。例如，美国与欧盟在是否承认中国是"完全的市场经济国家"议题上，虽然有政治批评，但更多集中在中国的经济层面是否具备完全的市场经济要素。换言之，西方国家将经济议题政治化很难获得国际舆论认可，因此需要将经济议题非政治化，回归到经济本位，相应地，中国需要在经济层面运用国际传播影响国际舆论。例如，中国需要解释不少国家对中国的"反倾销措施"是误解所致，中国的出口产品价格较低不是缘于政府补贴，而是由于劳动力成本较低、技术创新、管理水平提高甚至忽略了环境代价等。

伴随中国经济的持续增长，中国已是世界上近百个国家的最大贸易伙伴，类似的经济层面的解释，即经济层面的国际传播会越来越多。2013年中国进出口总额首破4万亿美元；2015年在严峻的经济形势下虽有所回落，但仍居世界第一位。2015年中国GDP总量首次突破10万亿美元，居世界第二位，是第三名日本GDP的两倍还多。国家统计局数据显示，中国同年对外非金融类直接投资创下1180.2亿美元的历史最高值，同比增长14.7%，实现了中国对外直接投资连续13年的增长，年均增幅高达33.6%；2015年年末，中国对外直接投资存量首次超过万亿美元大关。①

不仅如此，中国关于"新丝绸之路经济带"和"21世纪海上丝绸之路"的战略构想，在经济层面意味着中国对外投资的步伐加快，以及资本输出与项目输出的规模扩张与数量提升。但需要看到的是，中国企业在国外经常遭遇"双反"（反倾销、反补贴）调查，以及对中国企业并购、市场进入、国际投标等目标国方面的国家安全调查。客观而言，有些情况与事实出入不大，可以通过世界贸易组织等国际机构加以裁决，但有些情况明显与事实有距离，在事实认定上戴着意识形态眼镜、具有强烈的政治因素而非市场因素。在中海油、中石油、中铝等大型国有企业海外并购时，由于国外舆论对于企业背景的猜测以及"中国威胁论"的蔓延，中国国有企业在发达国家资源类项目并购中屡遭挫折。②"作为民营企业的联想在收购IBM的PC业务以后，美国外国投资委员会（CFIUS）曾以并购交易会影响'美国国家安全'为由，对联想的收购交易展开调查，并修改政府采购流程排斥联想对美国政府部门供应电脑。"③大名鼎鼎的华为公司，更是因其没有在资本市场上亮相、没有义务向社会完全公开其运作情况而屡遭猜测，在美国等发达国家项目或收购遇阻已经发生多次。

将所有这些个案纳入西方媒体的国际传播中观之，是由于"中国经济威胁论""中国经济崩溃论""中国经济模式论"等不断成为讨论议题，一定程度上干扰了中国经济走出去的整体环境，增加了中国企业海外并购标的所在国和中国对外投资目标国的疑虑。有学者总结，西方关于"中国经济威胁论"自20世纪90年代起有三个递进式阶段：第一阶段是以购买力平价计算得出的"中国经济总量威胁论"；第二阶段是以西方国家贸易逆差连年增大得出的"中国贸易威胁论"，并以中国产品价格低廉和劳动力价格较低逻辑得出的"中国输出通缩论"和"中国导致失业论"；第三阶段是以中国企业海外并

---

① 2015年中国对外非金融类直接投资创历史最高值［EB/OL］.（2016-01-15）［2016-03-02］. http://www.chinanews.com/cj/2016/01-15/7718629.shtml.
② 杨波，魏馨.中国企业海外并购的困境与对策［J］.宏观经济研究，2013（6）：98-103.
③ 杨波，魏馨.中国企业海外并购的困境与对策［J］.宏观经济研究，2013（6）：98-103.

购能力较强得出的"中国资本威胁论"。①面对中国雄厚的外汇储备,"市场经济的捍卫者将会变得紧张,他们担心,中国人有计划地购买西方国家的国民经济,并通过对关键工业的控制来影响政治"②。"中国经济崩溃论"主要着眼于中国经济发展中历史积累下来的问题,以及当前发展中不断促生的新问题,认为中国如果不能有效解决,中国经济将会走向崩溃。日本NHK-G播出的《变异的中国经济》(2008)以中国经济的通货膨胀为内容,包括物价上涨、股市大跌、企业经营恶化和农村经济衰退等"严峻的"经济形势,对中国经济采取了"唱衰"论调,评价中国政府缺少控制经济稳定的政策。③与此同时,在NHK纪录片中,中国经济形象往往与政治问题混杂在一起,从经济威胁入手,导向军事威胁、政治威胁和文化威胁等议题。④"中国经济模式论"主要着眼于中国经济在非西方式民主政治背景下的长时间持续性高速度及其原因探究,寻找中国经济发展路径的模式探讨和理论解释。

　　这些威胁论的基本立场是从西方国家和企业的经济利益考量出发,很多时候此种讨论还与西方国家的政治选举、政党竞争紧密结合。例如,在美国的中期选举、总统选举中,"中国议题"多年以来已经成为辩论的标准配置。在"中国议题"中,政治、人权方面的内容虽然依旧存在,但经济方面的议题逐渐上升,如人民币汇率问题、中国企业并购与美国国家安全问题、中国国有企业的政府补贴议题、中国产品的"倾销"问题等。此外,中国经济议题与国际局势变化和短期国际诉求关系密切。例如,在国际社会分配节能减排等环保责任的时候,中国的经济总量就被作为一个正面因素,据此要求中国承担更多的国际责任,而较少考虑中国的人均经济总量,以及中国作为发展中国家的现实。但是,在中国谋求改善自身在国际货币基金组织和世界银行中的地位时,"中国应该汇改""人民币应该加速升值""中国没有足够的经

---

① 王珏."中国经济威胁论"及其国家形象悖论[J].国际观察,2007(3):53-57.
② 王志强.德国《时代》周报视角下的经济中国形象(2004-2009)[J].德国研究,2009,24(4):63-68,87-88.
③ 刘忠波.日本NHK纪录片中的中国经济形象[J].新闻界,2015(7):67-72.
④ 刘忠波.日本NHK纪录片中的中国经济形象[J].新闻界,2015(7):67-72.

济管理能力"等言论就开始发酵。

除去中国经济对西方发达国家的影响,西方论调中认为中国对非洲实行"经济殖民",无形中增加了中国企业走进非洲、植根非洲的压力;而中国"一带一路"的构想,更被西方有些媒体解读为"中国版马歇尔计划",可是同时却认为中国没有"原版马歇尔计划"中的经济与政治善意,只是对外经济扩张和扩大政治影响的手段,这明显不符合事实。西方主要发达国家在历史发展中都有资本输出和项目输出的经历,并且与殖民史紧密关联。当下中国的资本输出与项目输出,不但与殖民无关,还要面对西方发达经济体的企业竞争和项目竞争。中国在泰国、印尼等国的高铁项目竞争中的一波三折就是例证。中国"一带一路"构想的具体实施有着全球竞争的时代背景和现实。

面对西方媒体主导的关于中国国际经济形象的现实,我们的国际传播需要对各种各样的有关中国经济的论调加以分析并作出回应。这种回应不是说西方媒体指出的问题没有任何道理,也并不是说中国经济不存在任何问题,而是说要让国际社会知道西方媒体的言辞只看到了中国经济的某些方面,没有看到中国本身所具有的其他内容,或者是夸大了中国某些问题的严重程度,倾向性撷取了某些所谓的"威胁性信息"。更为重要的是,要向国际社会传播中国是世界经济贡献者的事实。"1980—2012年期间,中国GDP年均增长速度达到10%,对世界GDP增长的贡献率高达13.4%。尤其是在国际金融危机爆发后的几年中,中国经济对全球经济增长的贡献率迅速上升,对带动世界经济走向复苏发挥了重要作用。同期,中国对世界经济增长的贡献率超过美国成为全球第一。"[1] 即使在2015年GDP增速明显减缓之时,中国对世界经济增长的贡献率仍在25%以上。在经济全球化时代,贡献者与分享者是同一个概念,以中国经济现有的体量,没有中国经济的增长,国际大宗商品价格以及整个世界经济的发展不会有上佳表现。正因如此,国际资本市

---

[1] 国务院发展研究中心宏观经济研究部.中国发展对世界经济的影响[M].北京:中国发展出版社,2014.

场对人民币国际化推进速度和全球投资者对中国经济增长数据极为关注。所以，面对西方媒体对中国经济"走出去"发展和中国经济内部发展的非议，中国的国际传播应该以翔实的论据和有效的传播手段，让国际社会了解中国经济发展的过程和现状，以及中国经济面临的各种问题，了解中国经济发展对世界经济的贡献与发动机效应，明白中国愿意与其他国家一起分享经济发展成果、愿意让各国搭乘中国发展的"顺风车"。

为此，我们应该转变国际传播的固有理念，对于有关中国经济的负面舆论不必草木皆兵。从普遍意义上讲，"偏见"是任何人与媒体都无法消除的。爱德华·萨义德（Edward Wadie Said）指出："我们并不是生活在一个自然的世界：像报纸、新闻和意见这些事物并不是自然发生，它们是被制造的，是人类意志、历史、社会情况、机构的结果，也是个人职业的传统。"[1]要看到西方媒体的某些论调一方面只是反映了某些人对中国经济的认知程度；另一方面确实反映了中国经济存在的某些具体问题。要以开放的心态和思维方式加以评判、说明、解释和批判，但不以政治划线、不以意识形态划线，而应该以理服人、以数据说理、以专业化解释服众。不要有国际传播"洁癖"，既要传播有关中国经济的正面新闻，也要实事求是地告知国际社会中国经济发展面临的各种问题。我们需要意识到，当来自国内新闻机构的国际传播信息全是正面信息的时候，其可信度在国际上就会降低，其他国家的民众甚至中国国内民众，更愿意相信西方媒体对中国负面信息的报道。因此，要有信息平衡。同时，在时间差上不能落后太多，等到负面舆论行销世界之时再进行回应，不仅成本高，而且效果差。在事关重大经济利益的国际传播中，要有事实、有数据、有理论、有立场，完整地向世界讲述中国财富故事，及其与当事国之间的利益关系，从而更好地维护中国企业利益和国家利益。

---

[1] 萨义德.报道伊斯兰：媒体与专家如何决定我们观看世界其它地方的方式[M].阎纪宇,译.上海：上海译文出版社，2009：64.

三、结语

相对于中国国际政治与经济发展的现实实践，国际传播属于象征层面的信息整合和意义概纳，属于向世界讲述"中国故事"的范畴。一方面要认识到为"中国故事"提供原材料的中国现实是最重要的，中国现实是中国故事的根源，传播在根本上只是实践的修辞，社会实践决定着修辞边界；另一方面，作为修辞的传播并非无关紧要，"在传统的力量政治世界中，典型的问题是谁的军事和经济力量能赢。在信息世界中，政治'可能最终依赖于谁的故事能赢'"[①]。体现在国际传播层面，就是要有能让国际社会接受和相信的"中国版中国故事"，要修正或打破西方媒体视域下的"西方版中国故事"，要让国际社会体认到"西方版中国故事"的缺憾甚至缺陷。当然，从传播全球化的意义上讲，"西方版中国故事"也会因为中国现实的变化与中国信息传播真实性的增强有所变化。毕竟，西方语境中的权力与媒体的关系相对松散，专业主义旗帜下的西方媒体需要向国际社会展示其客观性和准确性。

但是，我们不能期待"西方版中国故事"会迅速转变，受制于长期以来西方媒体二元区隔与表达的话语体系，这种转变只能是中国社会变迁与西方认识过程渐变的耦合。从这个角度讲，资本主义与社会主义、自由的市场经济与管制的市场经济、中国发展与中国威胁、世界工厂与污染大国、政治民主与威权社会等二元话语体系将会持续在西方媒体上呈现。中国的国际传播需要建构合适的全球象征身份，模糊与破解西方媒体的二元话语体系。中国是"国际政治合作者"与"世界经济贡献者"的全球政治与经济象征身份的建构，就是在向国际社会表明中国不是国际秩序的挑战者而是游戏规则参与者、不是世界经济的威胁者而是成果分享者，不是西方媒体上二元话语体系中的完全意义上的"他者"。

---

① 奈.软力量：世界政坛成功之道[M].吴晓辉，钱程，译.北京：东方出版社，2005：117.

"五位一体"与"中国版中国故事":中国国际传播的象征框架[*]

一、引言

自远距离通信技术被广泛应用,以跨越民族国家地理疆界信息流动为特征的国际传播就被西方国家所主导,中国长期以他者的身份被言说和被定义,世界听到的是"西方版中国故事"。"西方版中国故事"由明清以降西方汉学界的知识生产和媒体界的新闻生产共同建构,统领了国际传播场域里的"中国"几百年时间,此种局面的形成是制度、文化、国力等多方因素共同作用的结果,但究其根本是中国没能跟上工业化和现代化的历史进程,而国际传播正是在此进程中得以形塑的。如今,"中国版中国故事"在国际舞台上的传播,既是对"国际传播忽略中国声音"这一历史进程的终结诉求,也是改革开放四十余年来中国综合国力提升之后的话语权诉求。

"中国版中国故事"与"西方版中国故事"在两个方面展开争衡:一方面促致国际传播领域的言说平衡,即强化中国自身的国际传播能力,力争在国际传播舆论场形成言论平衡,至少不是完全意义上"西方版中国故事"主导

---

[*] 本文原载于《现代出版》2022年第3期,与陈强合作,系北京市社科基金重点项目"后疫情时代公共卫生话语体系与大国形象建构研究"(项目编号:21XCA002)的阶段性研究成果,收入本书时略有删改。

的"一边倒";另一方面竞争关于中国象征身份的定义权,涉及当前中国如何建构自身在国际传播场域中的身份象征,这也是本文要讨论的核心问题。与具有强大话语权力与历史纵深的"西方版中国故事"相比,"中国版中国故事"属后来者,改革开放以来快速变动的中国社会使得中国现实具有足够的丰富性和庞杂性,何种中国现实以何种象征在国际传播场域进行传播成为一个亟待厘清的问题,迫切需要寻求一个能够适应以平台化媒体为主要传播媒介的符号化的国际传播环境、有效统合中国现实(所指)的象征(能指)框架,"五位一体"[①]为此象征框架的构建提供了基本路径。

二、"西方版中国故事"与"中国版中国故事"

很长时间以来,西方的知识界和新闻界在国际传播领域共同建构起了一个具有强大话语力量的二元话语体系,这也是一个以政治权力和知识权力为基础构成的用以掌握话语权力的利益体系,"它通过学术发现、语言重构、心理分析、自然描述或者社会描述将这些利益体系创造出来,并且使其得以维持下去"[②]。在改革开放四十多年的当下,中国与世界实现了前所未有的深度接触。与全球经济体系向中国敞开怀抱不同的是,西方的二元话语体系如同坚冰,以封闭的叙事逻辑拒斥"中国版中国故事",以"西方版中国故事"主导国际传播舞台上的中国内容。两个版本的中国故事,定义着不同的中国,其背后是中西方国际话语权在国际传播上的力量分配,因此,在讨论中国国际传播的象征框架之前,有必要对两个版本中国故事的分野进行辨析,这是中国国际传播的行动逻辑起点。

---

① "五位一体"总体布局在党的十八大报告中提出,党的十九大制定了新时代统筹推进"五位一体"总体布局的战略目标,并作出了战略部署,表述为"建设中国特色社会主义'五位一体'的总布局",即全面推进经济建设、政治建设、文化建设、社会建设、生态文明建设,实现以人为本、全面协调可持续的科学发展。

② 萨义德.东方学[M].王宇根,译.北京:生活·读书·新知三联书店,1999:29,15.

(一)西方版中国故事：他者的定义权

从殖民时期宗主国相较于殖民地的文明开化与野蛮落后、冷战时期西方资本主义阵营相较于社会主义阵营的所谓"民主自由"与"专制集权"，及至当下美国及其盟友相较于其他国家的话语区分，西方的二元话语体系虽然在不断变化，但其本质就是以我者和他者进行区隔，运用话语权力对他者进行定义，这一话语体系之于中国最大的体现即"西方版中国故事"。"西方版中国故事"的存在，是自国际传播形塑时期起历史惯性的延续，也是中国国际传播所面临的现实环境，更是中国国际传播讲好中国故事的必要性之所在。西方主要发达国家自身的硬实力、新闻生产能力和知识生产能力，构成了"西方版中国故事"定义中国以及中国形象的力量来源，其中，西方主要发达国家强大的知识生产能力是西方国家及其媒体拥有定义权的根本原因。他们了解和理解的中国概念和知识体系，一方面来自"西方汉学家"，其对中国的解释影响着西方媒体对中国的解释；另一方面来自其他学科的学术概念与理论生产。这是"西方版中国故事"和"中国版中国故事"在话语逻辑与叙事基础上的本质不同，前者基于西方知识界关于中国的知识生产和在知识界影响下的新闻界的新闻生产，是一种西方文本和话语里的中国。"自从与中国第一次直接接触以来，西方就一直存在着一种长期的、持久的志向，即企图制定出一套无所不包的观点、理论和范式，用以解释与西方相对应的中国的历史、语言、文学、艺术、宗教、思想和人民的浩瀚知识。"[1]

从西方传统汉学界到当代中国研究界的知识生产，再到西方新闻界的新闻生产，数百年来，基于他者视角的大量文本和据此搭建的话语体系构成了"西方版中国故事"的话语逻辑和叙事基础。"中国观察实为现代西方的一种自我想象"[2]，这也是以他者视角观察作为叙事基点的"西方版中国故事"与"中国版中国故事"的最大区别，基于想象的观察与现实之间必定有着巨大落差，表现之一即为西方社会对期望中的与中国经济改革相伴随的其他改革推

---

[1] 顾明栋.汉学主义：中国知识生产中的认识论意识形态[J].文学评论，2010（4）：87-93.
[2] 潘成鑫.国际政治中的知识、欲望与权力：中国崛起的西方叙事[M].张旗，译.北京：社会科学文献出版社，2016：81.

进步伐和当下中国现实相对照形成了巨大的失望心理，此种失望心理反映在"西方版中国故事"中即为对中国政治的批评，这些批评的诱因之一就是此种落差所带来的情感冲动。

西方主要发达国家自身的硬实力、新闻生产能力和知识生产能力，在国际传播场域上所形成的自身观察中国的视角，可以在历届"列文森图书奖"获奖名单[①]中窥得一二。在1987—2021年的87部获奖著作中，以民国之前作为研究背景的著作占绝大多数，对新中国研究的几部著作多集中于改革开放之前。这反映了西方知识界的学术旨趣，也在某种程度上体现了西方观察中国的视角——重视一个专制、集权的古老帝国和以阶级斗争为纲的社会主义中国，轻视改革开放之后更加进步的中国。此种观察视角与当下中国社会现实的割裂，是造成"西方版中国故事"与"中国版中国故事"巨大分野的逻辑基点，将其放置于符号化的国际传播环境之中，继傅满洲、蓝蚂蚁之后，"西方版中国故事"非常容易地塑造出了"大气污染严重的中国""窃取知识产权的中国""对非洲经济殖民的中国""诱使小国进入债务陷阱的中国"的象征元素，且充斥国际传播场域。

（二）中国版中国故事：我者的话语权

从国家级外宣旗舰媒体中国国际电视台（China Global Television Network，CGTN）落地海外到草根自媒体创作者李子柒火爆YouTube，从TikTok等社交短视频平台出海到中国网络文学出海，国际传播舞台上的中国声音越来越多，有更多人开始倾听由中国人讲述的中国故事。虽然冷战结束已逾三十年，但国际传播领域以意识形态和社会制度为原则进行划界的"冷战思维"却依然根深蒂固，西方二元话语体系对"中国版中国故事"的排斥即是一例，这也是当下"中国版中国故事"在国际传播场域面临的舆论环境。与"西方版中国故事"以他者视角观察中国不同，"中国版中国故事"是一种我者视角。

---

① 陈肃，杨慧玲，叶鼎，等.海外中国研究现状与趋势（2006—2016）[M].北京：学苑出版社，2021：89.

虽然不必否认来自他者的观察在某些时候具有客观性的可能，但在充斥着意识形态纷争的国际传播场域，我者故事的讲述直接关联着国家利益与权力，因此，"中国版中国故事"较少是文化意义层面的故事讲述，而是国家战略意义上的国际传播。无论是"西方版中国故事"还是"中国版中国故事"，其叙事目的均为向国际传播场域的受众提供他者视角和我者视角的两类"中国现实"。当下的现实是，国际传播场域中充斥着他者视角的"西方版中国故事"，而我者视角的"中国版中国故事"供给不足。

从 19 世纪后半叶电报的应用使得帝国传播体系在世界扩展，到三大通讯社对世界信息市场的瓜分，再到报纸工业的全球发展，继而到无线广播成为国际传播的主要媒介，"中国版中国故事"基本被排除在进程之外，国际传播史上的中国故事均为"西方制造"。当下国际传播环境从以传统媒体到以平台化媒体为国际传播主要媒介的变化，首先在传播渠道上使得"中国版中国故事"得以突破"落地"的掣肘，而国际传播环境符号化的特点使得"中国版中国故事"在象征叙事上具备了与"西方版中国故事"竞争的可能。因此，寻求一个能有效统合中国现实的象征框架成为必要。

三、"中国版中国故事"的多重象征

在平台化媒体成为国际传播的主要媒介之后，短视频、推文和图片等传播形式与用户的移动阅读习惯相耦合，形成了符号化的国际传播环境，"在符号化的现代社会中，强符号是进行国际传播的有效途径"[1]，这就要求一国在国际传播场域中更加重视符号的建构，"国家形象的传播需要通过一系列的符号叙事，以塑造、传达特定的意义框架"[2]。从索绪尔语言学角度来讲，象征（symbol）与符号（sign）在能指和所指的关系上有着"自然联系"与"任意性"的区别，鉴于民族国家的国际传播应为该国具体现实在国际传播场域

---

[1] 隋岩. 强符号的国际传播途径研究[J]. 当代传播，2012（5）：13-23.
[2] 葛静深，翟莉. 以多模态话语传播中国故事[N]. 中国社会科学报，2012-09-07（3）.

呈现的基本原则，其能指与所指有着较强的"自然联系"，属于索绪尔所称的"象征"意涵。为避免"象征"与"符号"在概念使用上的混淆，本文用"象征"一词统指民族国家在国际传播场域中的符号叙事。

（一）"象征"与"讲好中国故事"

"讲好中国故事"从叙事学角度看是一种国家叙事（national narrative），在以民族国家为主要行为体的国际传播领域，此种叙事也可以被指称为民族叙事，是"叙事学视野下以民族国家为主体的政治性传播，以对外展现国家形象获得国际认同"①。按照米克·巴尔（Mieke Bal）的观点，叙事内容由三重维度，即素材、文本和故事构成。"文本（text）指的是由语言符号组成的一个有限的、有结构的整体。故事（story）是以某种方式对素材的描述。素材（fabula）是按逻辑和时间先后顺序串联起来的一系列由行为者所引起或经历的事件。"②但国家叙事是社会宏大文本的叙事，"讲好中国故事"是一个较为笼统的战略概念，"作为叙事内容的国家故事，一方面，易于陷入他国的叙事逻辑和文化结构，无法再现真实、客观的国家形象；另一方面，也存在素材组织拘泥于本国语境，难以实现通约性表达和触动情感共鸣"③。此类问题在近年来我国国际传播的大规模实践中广泛存在，在此两难境地中，"中国版中国故事"正在寻求能够再现真实、客观中国国家形象的通约性表达，进行了诸如"宏大叙事到诗意栖居的自然转变"的探索。

无论从何种角度看待"中国版中国故事"，它都殊途同归为中国现实在国际传播场域中的意义输出。在以平台化媒体为国际传播主要媒介的符号化的国际传播场域中，一国国际传播的"象征"（能指）可以更好地传播其国家现实的意义（所指）。索绪尔认为，"象征的特点是：它永远不是完全任意的；

---

① 任东升.从国家叙事看沙博理的翻译行为：纪念沙博理先生诞辰101周年［EB/OL］.（2016-11-30）［2018-12-11］.http://www.catl.org.cn/2016-11/30/content_39816084.htm.
② 巴尔.叙述学：叙事理论导论［M］.谭君强，译.北京：中国社会科学出版社，1995：3.
③ 刘瑞生，王井.讲好中国故事的国家叙事范式和语境［J］.甘肃社会科学，2019（2）：151-159.

它不是空洞的；它在能指和所指之间有一点自然联系的根基"①，这就要求我们在塑造中国的国际传播象征之前，找到与其具有"自然联系"的中国现实。在此方面，最大的挑战是改革开放四十余年来中国社会现实的变动不居使得单一现实很难全面反映中国的情况。同时，在明确了"西方版中国故事"塑造中国象征的诱因和逻辑之后，寻求一个能够统合中国现实且彼此之间具有有机联系的多重象征框架成为必要。

（二）"五位一体"与中国国际传播的多重象征

拥有全球影响力的大国，都在尽力向世界推销自身的国家叙事，而此类国家叙事也是由多重故事建构起来的。2017年《纽约时报》刊载的文章《四种美国叙事》（"The Four American Narratives"）就提出了美国当前的四种叙事：自由主义美国、全球化美国、多元文化美国和优先的美国。虽然文章的基调是在批评这四种叙事撕裂了美国，但却从另一个角度印证了美国正在通过多重故事在全球塑造多个身份象征。在"加强国际传播，讲好中国故事"的过程中，我们在一定程度上解决了"通过什么讲"即传播渠道的问题：在传统媒体方面，中国国际电视台的全球影响力不断扩大，新华社海外记者站的数量大幅增加，中央广播电视总台（China Media Group，CMG）的外籍报道员在多起重大国际事件中在全球发声，这是体制机制创新所发挥的重要作用；在新媒体方面，以 TikTok 为代表的中国社交短视频平台在海外异军突起，承担中国国际传播任务的媒体账号在 YouTube、Twitter 等海外社交平台拥有了一定的粉丝数量和影响力。

但是，"讲什么"始终是一个没有厘清的问题。从象征角度来看，中国传统艺术、熊猫、长城等长期以来作为中国国际传播象征元素的事物的意涵的狭窄性，决定了其所指的涵盖范围已经不能充分体现改革开放四十余年来迅速变动的中国现实。与"西方版中国故事"不同，"中国版中国故事"的逻辑

---

① 王亦高. 自然与习俗：试论"符号"与"象征"的概念渊源与翻译原则[J]. 国际新闻界，2014（10）：82-93.

起点和叙事基础是中国的具体实践。基于文本的中国故事与基于具体实际的中国故事相比，后者的说服力在理论上讲应该更强，就像美国媒体讲述"美国版美国故事"，道理是一样的。需要解决的问题是，变动不居的中国现实以什么样的象征在国际传播场域进行传播，这就要求我们"回到中国"寻求中国故事的立足点。"五位一体"总体布局因其"中国建设发展蓝图、具体目标和前进方向的指导方针"的定位和由经济、政治、文化、社会和生态文明构成的"五位"分析框架，可以在多重象征角度上反映中国现实，并基于此提炼出中国国际传播的象征元素，进而形成一个"一体"的象征框架，在国际舞台上塑造出多重、完整与平衡的中国形象。立足于"五位一体"的中国国际传播象征框架的形成，也意味着"讲好中国故事"从战略指引层面落实到策略执行层面。

四、统合"五位"形成中国国际传播的"一体"象征框架

"西方版中国故事"在较长的历史时期里形成了文化积淀，其对古代中国和现当代中国在象征层面上形成了体系化传播，甚至形成了一个观察和解释中国的"汉学主义范式"。相比之下，"中国版中国故事"在象征层面上较为分散，无法充分涵括中国社会的现实。当下中国现实的丰富性和中国象征的多元性，使得"中国版中国故事"出现两个极端趋向：一方面，中国故事素材选取的片面化，无法全面体现中国现实；另一方面，面对丰富且复杂的中国现实，手足无措，无处下手。欧文·戈夫曼（Erving Goffman）脉络下的框架理论指出，框架指的是人们用来认识和阐释外在客观世界的认知结构，人们对于现实生活经验的归纳、结构与阐释都依赖一定的框架，框架使得人们能够定位、感知、理解、归纳众多具体信息。基于经济、政治、文化、社会和生态文明五方面的考量，构建起中国国际传播的象征框架，可以使"中国版中国故事"在国际传播场域运用更多象征，从而有效指代中国现实。但正如"中国版中国故事"的庞杂性一样，中国经济、政治、文化、社会和生态文明这五方面同样是内涵丰富、表现多元的现实，"相较于关注自身事务，国

际媒体的受众对中国的关注精力有限，因此，我们需要在概念整合与媒体展现中提炼出足够涵盖中国内涵的象征元素，力求让中国形象的国际传播有内涵、有效率、有效果"[1]。对此，本文针对中国内部现实和外部传播环境提炼出中国作为"全球经济贡献者""国际政治合作者""文化多元支持者""社会治理创新者"和"生态文明推动者"五重象征元素，形成一个具有国际社会"通约性"的符号体系，建构起中国国际传播的"一体"象征框架。

（一）"全球经济贡献者"象征元素

当前中国最重要的国家实践就是经济建设，经济长期高速稳定的增长使得中国成为世界第二大经济体。但在国际传播领域，伴随着"中国经济奇迹"故事的是诸如"中国经济崩溃论""中国经济威胁论"等议题。这些威胁论的基本立场是从西方国家和企业的经济利益出发，很多时候，此种讨论还与西方国家的政治选举、政党竞争紧密结合。所以，作为"中国版中国故事"象征框架首要构成的经济部分，应该具备向世界说明中国经济、回应"威胁论"的双重属性。基于此种考量，我们应提炼出"全球经济贡献者"的象征元素（能指），并向世界说明中国对全球经济的贡献（所指）。鉴于中国作为世界第二大经济体，中国经济与各国深度连接，在国际传播领域有关中国经济的元素会越来越多，两个版本的中国故事会胶着于中国经济领域。例如，伴随着西方国家"双反"（反倾销、反补贴）调查的常常是各种中国企业不正当竞争的象征；中国"一带一路"倡议的推进，常常伴随着"中国版马歇尔计划"的象征；中国企业在非洲的拓展，常常伴随着中国正在"经济殖民非洲"的象征。这些"西方版中国故事"关于中国经济的象征，除一部分涉及商业行为，需要运用世界贸易组织等国际组织规则外，更多是在事实认定上戴着意识形态眼镜，具有强烈的政治因素而非市场因素。"中国版中国故事"在经济方面要找到恰当的象征元素来作出回应。国际舆论场中对中国经济的种种

---

[1] 任孟山.中国国际传播的全球政治与经济象征身份建构[J].现代传播（中国传媒大学学报），2016（9）：67-71.

论调与中国对全球经济所作出的实际贡献之间存在巨大反差。经济领域较之于其他方面，意识形态色彩较弱，"全球经济贡献者"象征与"西方版中国故事"在经济方面的"中国经济威胁论""中国经济崩溃论""中国经济模式论""中国版马歇尔计划"等象征在国际传播舞台展开竞争。值得注意的是，讲述中国"全球经济贡献者"象征，要考虑国际传播领域受众的接受偏好，避免自说自话。

（二）"国际政治合作者"象征元素

与经济层面的故事不同，政治层面的中国是当今世界最大的社会主义国家，所走的道路和发展模式与西方国家有很大不同。由于意识形态的不同和冷战思维的存在，对社会主义、共产主义的惯性抵触心理在西方社会一直存在。中国政治故事占据了"西方版中国故事"相当大的篇幅，国际传播领域非常关注中国政治，却缺乏看待中国政治的客观心态。在我们向世界说明中国道路的时候，如何在不同政治制度、不同发展道路、充满意识形态纷争和国家利益考量的国际传播舞台上选择一个政治故事的共通点？"国际政治合作者"的象征元素是重要选择。此种象征主要基于两点：一是对外部舆论及其全球效果进行回应与澄清，如"中国威胁论"；二是对中国提出的主张与诉求加以传播与呼应，如"人类命运共同体"。中国的改革开放就是一个最为典型的逐渐拥抱世界、与世界各国合作的过程，意识形态上存在不同并不意味着政治上必然存在分野，更不应该成为国家间合作的障碍。"国际政治合作者"的象征元素可以历史和现实两条路径作为贯穿始终的主线来选取素材。在历史路径上，从新中国成立取得国际社会承认，到重返联合国大家庭；从改革开放向世界打开国门，到新世纪中国深度参与全球事务，这是中国七十多年来在国际舞台上不断加深与国际社会合作的进程。需要注意的是，在此进程中要注重选择那些冷战与意识形态色彩较淡的素材作为故事内容。在现实路径上，一方面要选择中国参与国际事务、承担国际责任与道义的重要事件，另一方面不仅要讲述中国政府作为合作者的故事，还要讲述中国共产党作为合作者的故事。中国共产党跨越意识形态藩篱，与世界多国政党深度对话和交流，建立起成熟的对话机制，通过政党交流对话推动国际事务合作，就是在用实际行动讲述中国共产党作为国际政治合作者的故事。

（三）"文化多元支持者"象征元素

在中国经济腾飞之前，中国以一个具有绚烂历史文化的文明古国形象在国际舞台上被认知，很长一段时间的中国国际传播其实仅限于传统文化内容的国际传播，但中国文化并不止于传统文化，中华文明也并不止于古代文明。基于此种考量提炼出"文化多元支持者"的象征元素，该象征元素涵括对内中国作为多民族国家对各民族的文化保护和弘扬，对外中华文明作为人类文明重要组成部分，以"和而不同""美人之美"的理念处理与世界各文明的关系，促进各文明交流互鉴。在国际上，如何处理多民族或多族裔国家的文化问题是一个热点和难点问题；而在西方发达国家的叙事当中，将"多元文化"作为象征的国家并不鲜见，加拿大、美国、法国等国家都有自身的"多元主义"象征。中国是一个典型的统一的多民族国家，在中国的民族政策下，各民族平等发展，各少数民族文化得到保护和弘扬，解决了多民族国家文化构成这一国际难题。在"西方版中国故事"中，中国的少数民族问题是一个不断被炒作的话题，尤其是涉疆、涉藏问题，将"文化多元支持者"提炼为象征元素是对这些歪曲和炒作的有力回击，也是对"西方版中国故事"中的谎言的揭露。作为人类文明的重要组成部分，中华文化的核心是"和"文化，"和而不同"是我国的文明交流互鉴准则。在西方的二元话语体系当中，以西方为中心对其他文明持有色眼镜的情况大量存在。"西方版中国故事"中所呈现的西方的文明一定是先进的、美好的，对其他文明的呈现经常是审视的和居高临下的、落后的和愚昧的，是需要"十字军们"去挽救的，这是西方中心主义的具体体现。"文化多元支持者"象征元素突破了以往中国文化国际传播掣肘于传统文化的对外输出的窠臼，呈现了中国内部文化多样性、对外文化包容性的现实，也是对"西方版中国故事"所谓"中国文化殖民"歪曲象征的回应。

（四）"社会治理创新者"象征元素

改革开放四十多年来，民生改善是中国人民生活最大的变化，这一类故事的素材也是最生动和庞杂的。但"西方版中国故事"会刻意回避中国民生福祉的增进，塑造出中国社会"财富分配不均""社会道德失范"的象征，指责中国社会缺少公共空间、公共产品供给不足、公民权利缺失。相较于全球经济贡献者、国际政治合作者、文化多元支持者等国际化的故事，中国社会建设的国际参与度较低，更多的是中国国内的民生故事。将中国的社会故事讲给世界，需要寻求一个既可以全面反映中国社会现实，回应"西方版中国故事"，又在国际传播领域易于理解的社会建设共通点。将社会建设聚焦到"社会治理"，提炼出"社会治理创新者"的象征元素是可供选择的方向。从全世界的角度来看，"治理"是一个现代文明体系的新概念。与传统的"管理"相比，"治理"概念更加强调多元参与，它不是一个简单的、单方面的控制概念，而是一个多方参与的"互动"的概念。[1]"社会治理创新者"象征在国际传播领域更易被理解，也可以更有效地矫正"西方版中国故事"中中国社会密不透风、死气沉沉的歪曲形象。作为人口大国，转型期中国社会的矛盾突出、问题复杂，这是不可回避的现实背景，也是"西方版中国故事"炒作的焦点。"创新社会治理"直面这些问题，目的就是有效解决问题、化解矛盾。从另一个角度来说，讲好中国社会治理创新者的故事就是在向世界讲述如何用中国智慧解决中国社会问题。在"治理"这一中西方共通的语境下，"来解释、说明和支撑自身在社会治理活动中生动、鲜活的制度实践和改革成效"[2]，可以让世界更好地理解中国在扶贫等社会建设方面的进步。

（五）"生态文明推动者"象征元素

在全球化时代，生态环境问题本身就具备全球性议题的属性。"西方版中

---

[1] 李强. 怎样理解"创新社会治理体制"[J]. 毛泽东邓小平理论研究，2014（7）：43-48，91-92.

[2] 范大祺. 浅析新时代中国社会治理对外话语体系的建构[J]. 上海交通大学学报（哲学社会科学版），2022（2）：23-32.

国故事"将作为世界第二大经济体的中国塑造成了一个为追求经济指标而不顾一切、牺牲环境的国家象征,在BBC、CNN等媒体的画面中,中国经常以工厂烟囱林立、河流污水四溢的晦暗画面出现,更有甚者将视频画面加上"死亡滤镜"以凸显其灰暗色调;在全球生态环境方面,西方媒体将巴西亚马孙雨林、马达加斯加原始森林的生态破坏归咎于中国经济的"蝴蝶效应",并据此责难中国对全球生态环境的破坏。在此种国际传播背景下,如何有效讲述中国生态文明的故事相当重要。在全球化的时代,生态环境的保护与治理是世界性大国所应承担的责任和义务。因此,我们可以从中国的生态环境保护与治理素材当中提炼出"生态文明推动者"象征元素,向世界讲述中国对内、对外承担生态治理责任的故事。在讲述中国承担国内生态治理责任的故事方面,中国经过数十年高速经济发展,生态环境保护确实面临着严峻的局面,这是不能回避的问题。"西方版中国故事"中"中国生态退化论""中国环境威胁论""中国生态威胁论"的象征充斥着全球环境议题,与经济、政治、文化等不同,生态环境的改善是看得见、摸得着和可量化的,此种象征元素的提炼更具易得性。在讲述中国承担全球生态治理责任的故事方面,与国内生态环境保护作为纯粹的环保问题不同,全球生态治理很多时候基于国家利益的经济与政治因素考量,中国既要对西方媒体的污蔑进行有效回应,又要严守中国参与全球生态治理的基本立场,积极向世界阐明作为发展中国家代表的中国一直坚持"共同但有区别的责任"原则,在发展框架内推进应对气候变化国际合作为推动全球生态文明建设所作的贡献。

  通过对经济、政治、文化、社会和生态文明建设五个方面的象征元素进行提炼,可以搭建一个以"全球经济贡献者""国际政治合作者""文化多元支持者""社会治理创新者"和"生态文明推动者"五重象征元素为基础的中国国际传播象征框架。这一框架之下的"中国版中国故事"在国际传播场域进行象征叙事,是一种以我者身份向世界解释中国的路径。需要明确的是,中国国际传播面向的是国际社会,是以"西方版中国故事"为竞争对手和传播背景的国家叙事,因而在象征叙事上要以国际社会的通约性价值为主导理念,在向世界说明中国的问题上选择"非对抗性"的取向。经济贡献、政治合作、文化多元、社会治理和保护生态即为全球价值共通所在，可以突破意识形态的藩篱，在这一理念的主导下五重象征元素有机结合、互为补充，最终形成"一体"的框架。

五、结语

在以平台化媒体为国际传播主要媒介的国际传播场域当中，一国国际传播的象征更加契合受众的接受偏好。中国现实的丰富性与庞杂性，要求搭建有效统合中国现实的象征框架。只有立足于"五位"，搭建起"一体"中国国际传播象征框架，提炼出"全球经济贡献者""国际政治合作者""文化多元支持者""社会治理创新者"和"生态文明推动者"五重象征元素，在此基础上深耕每重象征，才能在国际传播领域塑造出多重的中国形象，展示真实、立体、全面的中国。这样的象征框架在更大程度上符合和展现中国现实，贴合国际传播的实际环境，以"中国版中国故事"平衡与矫正"西方版中国故事"。

需要指出的是，国家间的国际传播虽然具有战略、策略和技术等要素，但其根源是国家实践，本质上来源于一国的具体现实。从根本上讲，国际传播是对国家实践的象征修辞。中国经济、政治、文化、社会、生态文明的建设水平越高，中国的象征元素就越生动，"中国版中国故事"的说服力就越强，就越有可能打破"西方版中国故事"的话语区隔。

国际传播与国家经济利益实现：向世界讲述中国财富故事[*]

长期以来，中国国际传播的整体理念与架构安排较为重视政治层面与意识形态层面（近些年来逐渐演变为文化层面）的国际传播，尤其是政治层面的国际传播。这种情况造成的一个结果是，我们对于经济层面的国际传播重视程度不够。就国际经济发展来看，经过三十余年的改革开放，中国的经济规模总量和国际影响都已经达到了新高度。国家统计局 2015 年 1 月 20 日公布，2014 年我国国内生产总值为 636,463 亿元，按照当时汇率计算，这是中国 GDP 总量首次突破 10 万亿美元，居世界第二位，是第三名日本 GDP 的两倍多。自 2013 年中国进出口总额首破 4 万亿美元，中国已是世界上近百个国家的最大贸易伙伴。

不仅如此，中国关于"新丝绸之路经济带"和"21 世纪海上丝绸之路"的构想，在经济层面上意味着中国对外投资的步伐加快，以及资本输出与项目输出的规模扩大。除此以外，中国在海外还有数量庞大的华人华侨的经济利益关切。所有这些，都表明中国在海外的经济利益在加速提升。与此同时，中国企业在国外经常遭遇"双反"（反倾销、反补贴）调查，以及对中国企业并购的国家安全调查。这表现在象征层面的国际传播上，国际传播的思维和理念应相应地加以转变，国际传播中经济新闻报道的比重和力度需要加大，尤其是事关重大经济利益方面的新闻报道，要有事实、有数据、有理论、有

---

[*] 本文原载于《对外传播》2015 年第 8 期，收入本书时略有删改。

立场；要向世界讲述中国财富故事，及其与当事国之间的利益关系，从而更好地维护中国企业利益和国家利益。

一、国际传播与中国国际经济形象

在国际传播中，大家所关注的往往是中国的国际政治形象，对于中国的国际经济形象关注度不高，这不利于中国的国家利益实现。例如，"中国经济威胁论""中国经济崩溃论""中国经济模式论"等各种论调层出不穷，不断成为西方媒体炒作的议题，一定程度上干扰了中国经济建设及其走出去的整体环境，增加了中国企业海外布局国和中国对外投资国的疑虑。

"中国经济威胁论"主要着眼于中国经济的崛起速度和量度，认为中国的经济发展威胁到了其他国家的经济利益。这主要是因为中国经济发展远远超过了西方国家的预料。西方国家一方面享受着中国靠廉价劳动力生产的各种产品，一方面批评中国挤占了其他国家的就业机会。"中国经济崩溃论"主要着眼于中国经济发展中历史积累下来的问题，以及当前发展中不断促生的新问题，认为中国如果不能加以有效解决，中国经济将会走向崩溃。"中国经济模式论"主要着眼于中国经济长时间的可持续高速发展，尤其是在最近一次的金融危机中，中国非但没有发生经济大规模滑坡，反而在延续原有的发展速度，令西方国家重新看待中国经济的发展路径，前两年甚至出现了"中美共治"的说法。

但是，无论哪一种论调，无论是"唱衰"还是"唱红"中国经济，其基本立场均从西方国家的经济利益考量出发，很多时候这些论调还与西方国家的政治选举、政党竞争紧密结合在一起。例如，在美国的总统选举、中期选举中，"中国议题"多年以来已经成为辩论中的标准配置。在关于中国的议题中，除去政治、人权方面的内容，还包括像人民币汇率、中国企业并购与美国国家安全等经济方面的内容；而且，整体来看，像人民币汇率这样的议题，是整个发达国家及其媒体都关注的问题，主导了人民币升值的国际舆论，塑造了"中国是个操纵人民币汇率的国家"形象。

此外，某段时期对中国经济持有什么样的论调，与国际局势变化和短期国际议题诉求密切相关。例如，在国际社会分配节能减排等环保责任的时候，中国的经济总量就被作为一个正面因素，要求中国承担更多的国际责任，而较少考虑中国的人均经济总量，以及中国作为发展中国家的现实。但是，中国在改善自身在国际货币基金组织和世界银行中的地位时，就会遇到"中国应该汇改""人民币应该加速升值""中国没有足够的经济管理能力"等言论。再如，"中国对非洲大陆实行经济殖民"的论调，也是西方媒体依据西方殖民的历史做出的判断，无形中增加了中国企业走到非洲、中国产品在非洲销售的压力。

因此，国际传播需要对各种各样的有关中国经济的论调加以分析并作出回应。这样做并不是说西方媒体指出的问题没有任何道理，也并不是说中国经济不存在任何问题，而是要让西方媒体知道他们提出的论调只是看到了中国经济的某些方面，没有看到中国本身所具有的其他内容，或者是夸大了问题的严重程度与紧迫性。就像中国经济总量虽然在去年突破10万亿美元，但是中国的总人口、贫困人口数量、经济发展不平衡程度等，都远高于发达国家。如果以人均来计算，中国与发达国家的数值根本不是一个量级。

国际传播还应该关注到的是，西方媒体炒作的话题，不仅聚焦于中国经济总量与总体发展的层面，还聚焦于中国国内经济政策的变化，在短时间内形成热点，造成对中国经济的负面舆论。这在近几年兴起的"中国投资环境恶化论"中可见一斑。自2007年中国相继颁布统一内外资企业所得税税率的《企业所得税法》和《劳动合同法》以来，"中国投资环境恶化论"开始浮出水面。2010年的《政府采购法实施细则（征求意见稿）》，规定了旨在鼓励国内技术创新、提升产业结构的"优先购买国内自主创新品牌产品"。在此之后，"中国投资环境恶化论"急剧发酵，在中国近两年展开的反垄断调查中，这个话题再次被炒热。在垄断企业高通公司被国家发改委罚处60.88亿元人民币尘埃落定之前，有西方媒体质疑中国选择性执法。外国投资者和西方媒体已经习惯了中国长期以来给予的政策优惠和税收优惠，因此对于上述正常变化有些不适应。其实，中国自改革开放以后，为了引进先进技术和管理经验，

给予了外资非常多的优惠条件,甚至可以说给予了"超国民待遇",这是中国在特定的发展阶段无法回避的历史成本。现在,中国政府所做的是按照世界贸易组织的规定,逐渐让外资回归到正常的"国民待遇"。但是,西方媒体有意无意的误读,影响了中国的投资环境。以至于商务部专门出面驳斥"中国投资环境恶化论"。

关于中国"一带一路"倡仪,西方有些媒体将其解读为"中国版马歇尔计划",并且认为中国没有"原版马歇尔计划"中的经济与政治善意,只是中国对外经济扩张和扩大政治影响的手段。这不符合事实,西方主要发达国家在历史发展中,都有资本输出和项目输出的历史,并且与殖民史紧密关联在一起。中国现在的资本输出与项目输出,不但与殖民无关,还要面对西方发达经济体的企业竞争和项目竞争。也就是说,"一带一路"的构想虽然是中国提出的,但具体实施有着全球竞争的时代背景和现实。

因此,对于西方媒体在中国经济发展环境的总体环境和具体环境两个层面的指责,我们的国际传播应该以翔实的论据和有效的传播手段,让国际社会了解中国经济发展的过程和现状,以及中国经济面临的各种问题,打消国际社会的疑虑,为中国经济国际化创造良好的世界舆论环境。但同时应该注意的是,对于有关中国经济的相关舆论不必草木皆兵,要看到某些论调确实反映了一部分人对中国经济的认知程度,以及中国经济存在的具体问题。我们要以开放的心态和思维方式加以评判、说明、解释和批判,不以政治划线,不以意识形态划线,真正做到以理服人,以专业化解释服众。

二、国际传播与中国海外经济利益

伴随中国经济总量增加和经济水平提高,中国经济"走出去"的战略在20世纪90年代逐渐萌芽。1992年,党的十四大报告中明确指出,要"积极扩大我国企业的对外投资和跨国经营"。2002年,党的十六大报告中提出,"坚持'走出去'与'引进来'相结合的方针,全面提高对外开放水平"。2012年,党的十八大报告提出,"加快走出去步伐,增强企业国际化经营能力,培育一批世界水平的跨国公司。统筹双边、多边、区域、次区域开放合作，加快实施自由贸易区战略，推动同周边国家互联互通"。

历经二十余年的"走出去"经济构想，中国经济与中国企业的"走出去"战略，从模糊到清晰，逐渐被放在了国家战略高度加以考虑。事实也证明，中国经济的"走出去"战略取得了长足进步。据商务部和国家外汇管理局统计，2014年我国共实现全行业对外直接投资1160亿美元，同比增长15.5%。全国对外直接投资规模与同期我国吸引外资规模仅差35.6亿美元，这也是我国双向投资按现有统计口径首次接近平衡。2014年，我国境内投资者共对全球156个国家和地区的6128家境外企业进行了直接投资，截至2014年年底，我国累计非金融类对外直接投资折合6463亿美元。[①] 除投资以外，中国还有大量的海外工程承包、企业海外并购、劳务派遣等。

换言之，中国在海外已经积累了巨大的经济利益，这些都是国家、企业与人民的财富。但是，这些海外经济利益的实现，需要有一个良好的国际舆论环境。从近几年的实践来讲，中国企业"走出去"仍然面临着很多困难，尤其是某些国家以"国家安全"的名义阻碍中国企业在某些领域的进入。以华为公司和中兴通讯两家高科技企业为例：2008年，华为因美国国家安全和知识产权因素被迫放弃与贝恩资本合作竞购美国网络公司3Com；2009年12月，在印度主要电信运营商的采购合同项目中，华为和中兴先后被印方以不符合"国家安全要求"为由拒绝批准；2010年8月，华为和中兴参与美国第三大电信运营商Sprint Nextel网络设备招标遭受打压，有美国议员表示美国运营商Sprint与华为的合同可能"危害美国国家安全"。[②] 甚至有国外舆论认为华为参与了所谓的间谍活动。2014年，美国《纽约时报》和德国《每日镜报》曾报道美国国安局入侵华为公司的服务器，窃取了公司高管通信记录和一些产品的源代码。

---

① 沈丹阳. 商务部召开例行新闻发布会（2015年1月21日）[EB/OL].（2015-01-21）[2015-03-22]. http://www.mofcom.gov.cn/xwfbh/20150121.shtml.
② 孙进. 华为中兴再遭美国市场"国家安全"干扰[EB/OL].（2010-11-08）[2015-03-22]. https://m.yicai.com/news/591452.html.

显然，华为和中兴两家公司遇到的都是非市场化因素，而此类相似的因素在近年来中国企业"走出去"的过程中屡见不鲜，包括很多"双反调查"的案例。例如，美国对华光伏"双反"刚刚落地，加拿大又对中国的光伏企业采取了行动。2015年2月3日，加拿大国际贸易法庭发布公告，对原产于或出口自中国的晶硅光伏组件和层压件产品进行反倾销和反补贴立案调查，以确定涉案产品是否对加拿大国内产业造成了实质性损害或实质性损害威胁。

从根本上讲，非市场化因素的彻底解决，需要国家在政治和外交层面加以协调。但是，从国际传播战略的角度来看，为中国海外经济利益提供舆论支持的国际新闻报道依然必不可少。国际传播的思维和理念转换，应该意识到庞大的中国海外经济利益事关国家的整体发展、中国在经济全球化之间的国际地位、中国企业在国际竞争中的处境、中国产品在全世界的销路。当下中国"一带一路"的战略构想，更需要国际舆论的支持，以便为中国企业和经济走出去创造有利的舆论环境。

三、结语

当下的时代，经济全球化与传播全球化并行存在。没有国际传播的有效配合，国家和企业的国际经济利益实现的成本将会加大。从国家海外经济利益实现的途径来看，一方面凭借的是国家自身的硬实力，即政治、军事等；另一方面是国家所具有的软实力，即文化、价值观等。按照约瑟夫·奈（Joseph Nye）的说法，"在传统的力量政治世界中，典型的问题是谁的军事和经济力量能赢。在信息世界中，政治'可能最终依赖于谁的故事能赢'"[1]。显然，向世界"讲述中国财富故事"主要依赖新闻传播机构，以及在国际经济新闻传播中如何对"故事"加以设计。美国等发达国家的新闻媒体在面对自身国家经济利益的时候，主导议题的能力非常强。例如，当年美国主流媒体在为美国第二轮量化宽松政策辩护时，其策略基本上完全从美国经济快速复

---

[1] 奈.软力量：世界政坛成功之道［M］.吴晓辉，钱程，译.北京：东方出版社，2005：117.

苏的角度出发，没有顾及美元持有者与美元资产持有者的经济利益。美国媒体与美国政府之间的默契度相当之高，批评的声音很小。

就我们自身的客观情况而言，虽然中国媒体的国际传播影响力还不够，但是对于事关中国的经济议题还是应该力主议程与方向。虽然经济与政治密不可分，但相对而言，经济新闻报道方面的国际传播，其政治色彩和意识形态色彩较轻，可以从更为专业的角度，以及对当地经济和民众产生积极影响的角度去解释。由于中国当下的实际情况与很多国家差别较大，国际舆论发生对中国经济的"误读"并非罕事。面对这种情况，一方面我们不必急于将其与政治或意识形态挂钩，而是分析其所说的情况与中国经济实际情况的差别；另一方面，我们有必要通过各种渠道纠正"被误读的经济中国"，塑造正在并深刻融入世界的中国国家形象，展示中国在经济领域中与国际社会的良好合作，从而为自己赢得发展"战略机遇期"的宽松的国际舆论环境。

国际传播格局变迁的新动因研究：基于信息传播新技术的平台化媒体*

一、引言

当今世界正处于百年未有之大变局的背景下。在宏观层面，国际社会百年间经过两次世界大战和一次冷战所形成的西方国家在政治、经济、军事、文化等领域全面领先与主导的国际关系格局正在发生重大变化，这一变化的核心是"世界格局之变，崛起的中国重新走近世界舞台中央是推动这一变化最重要的动因之一"①。在微观层面，肇始于20世纪的信息技术革命创造出的网络空间已经与现实空间实现了深度融合，以信息流动为本质的信息传播新技术对人类社会的影响达到了前所未有的程度，信息传播新技术已经突破其作为一项"技术"的局限，对全球社会进行了重新建构并塑造了新的人类活动场域，移动智能终端在相当程度上成为人体器官的延伸。

国际传播是国际关系在传播领域的反映，"国际传播格局的形成与发展，同国际秩序的演进密切相关"②。在当前国际关系格局经历如此剧烈变化的阶

---

* 本文原载于《中国新闻传播研究》2021年第5期，与陈强合作，受中国传媒大学中央高校基本科研业务费专项资金资助（项目编号：CUC210D014），收入本书时略有删改。
① 喻国明，欧亚."百年未有之大变局"与中国新闻传播学发展的历史方位［J］.新闻爱好者，2021（4）：4-8.
② 赵永华，孟林山.国际传播格局及其影响因素［N］.中国社会科学报，2021-01-21（3）.

段,国际传播格局自然也随其演进发生变化。因此,对当前的国际传播格局加以关照有其理论和现实意义。但是,正如国际关系格局的演进一样,国际传播格局也是一个动态过程,伴随力量对比的变化而不断变动。"国际关系格局具有历史性,也是一个历史范畴。"[1] 在新一轮的国际传播格局变动未达至稳定状态之前,就其变动结果进行讨论存在诸多不确定因素,会因为"身在此山中"而"不识庐山真面目",尤其当国际传播格局也作为一个历史范畴时,将对国际传播格局的研究聚焦于何处就成为一个需要考量的问题。

国际传播从诞生起就面临着如何跨越民族国家地理边界的掣肘问题,历史上的信息与传播技术发展过程就是不断用信息传递的时间来压缩地理空间距离的过程。相较于国内传播,跨越民族国家地理边界的国际传播对信息与传播新技术的依赖更加明显。信息流动和远距离传播网络的组织与运营是由信息传播技术及在其基础上的组织形式实现的,从电报到电话,从无线电广播到卫星电视,从便士邮局到国际通讯社再到跨国媒体集团,信息传播技术作为大国力量的组成部分不断更新,国际传播格局也随之变化。因此,在"变局"的当下,讨论对格局的技术影响因素比讨论格局本身更有意义。

当今时代的信息与传播新技术——计算机及网络,一开始是作为军事技术手段出现的,其设计思路为"去中心化"和"扁平化",目的是在主权国家下达核打击命令的过程中不被敌方阻拦。20世纪六七十年代,以计算机、互联网为代表的新一轮信息技术革命发端,经过几十年的发展,尤其是4G技术的普及带来移动智能终端的普及之后,人类获取信息的媒介在一瞬间从传统媒体跳跃到了新媒体,一直发展到近年来形成的全新表现形式——平台化媒体,"从全球范围看,以社交连接、技术驱动、资本创新为主导的平台媒体已经成为日益主流的枢纽平台"[2]。平台化媒体的运行逻辑与百多年来传统的国际传播媒介有着巨大不同,国际传播的历史惯性与新技术背景下产生的变革发生了剧烈碰撞,平台化媒体作为国际传播格局的新动因得以凸显。

---

[1] 方柏华.国际关系格局:理论与现实[M].北京:中国社会科学出版社,2001:26.
[2] 张志安,曾励.媒体融合再观察:媒体平台化和平台媒体化[J].新闻与写作,2018(8):86-89.

本文以国际传播格局伴随国际关系格局的演进而变化为假设，讨论作为国际传播格局新动因的平台化媒体对国际传播格局造成的影响。

二、作为国际传播新枢纽的平台化媒体

2003年，信息社会世界峰会宣言作出了如下论断："在20世纪工业社会向21世纪信息社会的快速转型中，现代社会正经历着一场彻底变革。这一充满生机的转变过程预示着我们生活的各个方面都将发生根本改变，包括知识传播、社会交际、经贸活动、政治活动、媒介、教育、健康以及休闲娱乐等。"[1] 回首检视，这一在当时看来非常大胆的论断是正确的，因为互联网技术在21世纪的发展确实会使人类社会重构整体生活，其中包括我们讨论的国际传播。国际传播作为一种跨越国家地理边界的信息流动方式，从一开始就面临着地理空间的问题。当前互联网技术的集大成者——平台化媒体因为其巨大的"连接"性，在我们能够想象的空间里最大限度地改变着国际传播的方式，成为跨国信息流动的最大枢纽。

当互联网发展进入平台化阶段，人类的数字化生存方式也更多依赖平台。"平台"既是一种互联网技术上的概念，也是一种商业模式的概念，国内外学者都对其有过诸多研究。史安斌、童桐认为，所谓"平台"，是"在网络化生存中起到枢纽作用的基础设施"[2]；沈国麟对"平台"进行了更细致的划分，提出"平台"是"一种数字化基础设施，能够支持设计和特殊的应用，包括计算机硬件操作系统、游戏设置、移动装置等"[3]，并且将平台划分为操作系统、基础性平台和行业或专业类平台三种；王方、陈昌凤从内容生产角度对"平台"进行了界定，认为"平台本身并不从事生产，而是使用数字化技术，为

---

① 查德威克.互联网政治学：国家、公民与新传播技术[M].任孟山，译.北京：华夏出版社，2010：277.

② 史安斌，童桐.世界主义视域下的平台化思维：后疫情时代外宣媒体的纾困与升维[J].对外传播，2020（9）：4-7.

③ 沈国麟.全球平台传播：分发、把关和规制[J].现代传播（中国传媒大学学报），2021（1）：7-12.

供需相关主体提供连接、交互、匹配与价值创造等服务"①；著名的咨询公司埃森哲（Accenture）将"平台"作为一种商业模式进行分析，认为"平台模式是指连接两个或更多的独立群体，并使之能够通过相互之间的直接互动产生价值的商业模式"②；范迪克（Josévan Dijck）等人更是直接提出了平台社会（the platform society）这一概念，在这样的社会形态中，"社会和经济运行以及人类之间的沟通在相当程度上由线上平台进行"③。在平台社会中，人类获取信息的方式自然也是通过平台化媒体来进行，"以社交连接和资讯聚合为属性的平台媒体，是当下信息集成、流动、分发和传播的枢纽"④。对于当前平台化媒体时代的国际传播秩序，姬德强、杜学志认为"这一秩序正在经历全球范围内信息与传播环境平台化的剧烈转型"⑤。

在平台化时代，人类的数字化生存依托于平台，形成了平台社会，平台以"连接"作为根本属性，作为互联网中的基础设施起到了枢纽的作用；"平台注重的是分发内容，而不是生产内容"⑥，平台为用户赋权，连接所有用户，那些具有社交属性、用户习惯在上面获取和发布信息的平台就成为平台化媒体；平台社会的国际传播也进入平台传播阶段，全球信息流动的渠道从传统的大众媒体迁移到了平台化媒体。但与传统大众媒体的新闻专业生产不同，平台化媒体只是进行内容的分发，是平台化媒体的用户在创造信息源；平台化媒体背后的运营主体——互联网企业成为"网络社会中最重要的技术节点

---

① 王方，陈昌凤.全媒体时代的国际传播：智能化、平台化、故事化［J］.电视研究,2020（3）：65-67.

② 迈向平台：中国企业转型升级新机遇［EB/OL］.（2016-08-30）［2021-05-16］.http://www.199it.com/archives/552990.html.

③ DIJCK J V, POELL T, WAAL M D. The platform society: public values in a connective world [M]. Oxford: Oxford University Press, 2018.

④ 张志安，曾励.媒体融合再观察：媒体平台化和平台媒体化［J］.新闻与写作,2018（8）：86-89.

⑤ 姬德强，杜学志.平台化时代的国际传播：兼论媒体融合的外部效应［J］.对外传播,2019（5）：13-15，44.

⑥ 沈国麟.全球平台传播：分发、把关和规制［J］.现代传播（中国传媒大学学报），2021（1）：7-12.

和信息流动节点"①，互联网企业遵循的资本和市场驱动的逻辑与传统大众媒体有着明显不同。

媒介技术演进的不同阶段给国际传播格局带来的影响是不一样的，要根据媒介技术对人类社会的影响深度而定。平台社会所具有的颠覆性意义，使平台化媒体深入人类生活，网络空间与现实空间深度融合，过去很多泾渭分明的界限被打破。在平台传播时代，以主权国家作为主要行为体的国际传播受到这种颠覆性技术革新带来的影响，传统大众媒体时代在国际传播领域的很多规则被打破。在传统大众媒体时代，只有国际通讯社拥有国际新闻采集能力，因此，一个国家国际通讯社新闻采集能力的大小成为衡量该国国际传播能力的重要指标之一。但在平台化媒体阶段，任何用户都可以将身边的信息上传至平台供其他用户浏览，国际通讯社的国际新闻垄断被打破。例如，想了解巴以冲突的新闻，关注 Twitter 上的巴勒斯坦和以色列用户可能比关注 BBC 的报道更有效。

三、从传统大众媒体到平台化媒体的国际传播媒介变化

从人类社会进入大众传媒时代，国际传播行为依赖的媒介就是传统大众媒体，国际传播格局在很大程度上是由各主权国家所拥有媒体的国际报道实力强弱进行排列的。从纸质媒体到广播再到电视媒体，传统大众媒体总在以各种形式突破民族国家地理边界的掣肘。一个国家的媒体覆盖区域越大，传至族群越多，进行国际新闻报道的队伍越强大，驻外记者站越多，它在国际传播格局中所处的地位就越高。进入平台传播时代，国际传播依赖的媒介瞬移到了平台化媒体，传统的专业新闻机构同样成为平台化媒体的用户，与普通用户一起在平台发布信息，供其他用户浏览和转发。互联网时代，全球社会进入平台社会阶段，国际传播媒介从传统的大众媒体转变为平台化媒体，在传播渠道、运行主体、传播内容、目标受众、发展动力、风险管控以及效

---

① 郎平.互联网如何改变国际关系［J］.国际政治科学，2021（2）：90-121.

果评价等方面都出现了变化。平台化媒体成为国际传播的主要媒介。观察从传统媒体到平台化媒体的变化能够更好地理解平台化媒体对国际传播格局的影响。

（一）传播渠道的变化

国际传播的目的性非常明确，就是要突破对象国无形和有形的边界，让信息流入对象国，进而影响对象国的民众。当一国发布的信息能够影响足够多的国家时，这个国家就拥有了所谓"国际话语权"的可能。传统大众媒体在对象国的发行和播出需要实体渠道。纸质媒体需要通过代理商或者开设分站进入对象国的发行市场；广播媒体因为无线电监管政策，需要在对象国寻求合作伙伴才能进行节目播出。如果通过大功率发射机在对象国国境之外进行信号发射，就会因为违反无线电监管政策而遭到干扰，这常发生于冷战时期；电视节目的跨国播出对技术的要求更为复杂。电视媒体想在对象国寻求所谓的"落地"，不得不面临一系列严格的政策法规监管。因为传播渠道的限制，传统大众媒体需要得到对象国的行政许可才能在对象国发行和播出，而对象国出于意识形态等因素的考量，对许可证的发放极为谨慎。到了平台化媒体时代，平台媒体的基础设施化使国际传播的渠道出现颠覆性变革，只要接入国际互联网的用户即可访问平台化媒体。对象国对平台化媒体的约束手段较少，平台化媒体以互联网企业为运营主体，只要符合对象国的商业监管，即可被访问。这种渠道的变化，使受众获取信息的成本急剧降低，平台化媒体作为国际信息流动的传播渠道，在最大限度地突破一国的地理边界。中国近年来崛起的以 TikTok 为代表的平台化媒体作为新的传播渠道，使困扰中国多年的媒体进入对象国"落地"的问题得以部分解决。

（二）运行主体的变化

由于各国新闻机构管理体制的不同，传统的大众媒体分为国营、私营、公私合营等几种性质，但不论其所有制如何，传统大众媒体的运营主体均为专业的新闻机构。平台化媒体则不同，"其核心的构建性力量是所谓的平台企业，也就是具有垄断性和跨国性的互联网公司"①。这两种主体遵循完全不同的逻辑，前者遵循的是专业新闻机构的逻辑——新闻价值、新闻伦理，尽最大努力去生产优质新闻；后者遵循的是商业逻辑，围绕流量和关键绩效指标（Key Performance Indicators，KPI）去扩张平台和吸引用户。前者作为专业新闻机构会被捆绑上国家意识形态等因素，后者作为商业机构会被资本力量所捆绑。值得玩味的是，平台化媒体虽然具备商业机构的外衣，但近年来出现的母国和对象国政府强力干预平台化媒体的现象，使平台化媒体的"去政治化"成为神话。

（三）传播内容的变化

传统大众媒体的内容为新闻机构专业生产的内容，要经过严格的新闻生产流程，遵循新闻伦理；而平台化媒体仅仅为信息的分发枢纽，并不进行内容的生产。平台化媒体的内容特性由其连接性决定，UGC（用户生产内容）和PGC（机构生产内容）会在平台大量出现，供用户浏览、转发。在平台化媒体上，用户既是内容的接受者，也可能成为内容的直接生产者和二次生产者。传统大众媒体的传播方式决定了其受众需要线性接受内容，但平台化媒体的内容非线性呈现使用户的接受方式、时间更为灵活。平台化媒体的这种内容结构当然也包含了传统大众媒体作为平台化媒体的机构用户所上传的内容，这使平台具有了拥有海量内容的可能。也正因如此，平台化媒体可以垄断信息传播渠道——通过平台化媒体能够了解所有信息。传统大众媒体内容的专业性和平台化媒体内容的海量性有着巨大区别。这样的内容结构是一把"双刃剑"，海量性使内容的选择性加强，但其"内容生产过程中的价值导向缺失可能导致难以把控的风险"②。

---

① 姬德强，杜学志. 平台化时代的国际传播：兼论媒体融合的外部效应［J］. 对外传播，2019（5）：13–15，44.
② 张志安，曾励. 媒体融合再观察：媒体平台化和平台媒体化［J］. 新闻与写作，2018（8）：86–89.

（四）目标受众的变化

传统大众媒体的受众区分非常明显，纸媒的受众是读者、广播的受众是听众、电视的受众是观众。在平台化媒体崛起的前夜，传统大众媒体开始集中出现类型化趋势，即某一媒体针对某一类型的受众，这也是传统大众媒体衰落之前最后的狂欢。这种类型化趋势使某一类型的受众对该类型媒体的忠诚度较高，但也使类型化媒体的受众范围被严格限定。这种类型化的思维与平台传播时代海量内容、海量用户的逻辑是完全相左的。平台化媒体的受众涵盖了传统大众媒体的所有类型受众，从受众到用户的转变是传统大众媒体与平台化媒体的主要区别之一。用户（user）在平台上不仅接受内容，也生产内容。同时，平台化媒体的类型边界在消解，不同类型平台化媒体之间的区别正在变得模糊，短视频、长视频、微型博客、图文、VR、AR 在不同类型的平台化媒体上都可呈现，其所具有的社交功能使在平台化媒体上的用户之间有了更多人际传播的机会。此外，平台化媒体连接的特性使用户可以成为国际传播的主体，"赋予跨境信息以情感温度，人物间情感关系的呈现触碰到人类共通的情感，更易打动海外观众"[①]，这在李子柒现象中得到了突出的体现。

（五）发展动力的变化

传统大众媒体作为专业的新闻机构，其发展具有国内和国际两个面向，在这里我们只讨论其国际面向的发展。传统大众媒体的国际新闻报道能力受母国的国家战略影响较大，媒体国际新闻业务范围与国家利益触达范围基本一致。传统大众媒体的发展驱动力很大程度上来源于一国的政策导向，为外部驱动。平台化媒体的本质则不同，其作为遵循商业逻辑的跨国垄断互联网公司，凭借大量的资本运作扩张全球业务范围。这种企业战略的驱动来源于企业对商业利益的追求，发展方式可以有重组、并购、开设新公司等。虽然

---

① 任孟山，李呈野. 中华文化对外传播的新时代经验与可能路径：李子柒爆红海外给国际传播带来的思考[J]. 对外传播，2020（1）：16—18.

同样有对母国和业务所在国国家战略的考量,但其发展驱动力来自企业扩张,为内部驱动。典型的例子就是我国平台企业在"出海"过程中进行的大量海外并购,国家政策的鼓励属于次要因素,企业从自身战略利益和经济利益角度考量其发展方向才是主要因素。字节跳动与腾讯在海外业务拓展方向上的不同,来源于企业内部对海外业务市场的不同判断。与字节跳动深耕欧美市场不同,腾讯把主要精力放在东南亚市场。2020年6月,腾讯视频收购了马来西亚视频平台iFlix。iFlix平台覆盖东南亚地区,拥有千万级的用户规模,这场并购使腾讯视频的部分华语内容能够通过该平台直接触达东南亚本地年轻用户。这种基于商业利益考量的驱动,使平台化媒体在发展方向上更为精准。

(六)风险管控的变化

从传统大众媒体到平台化媒体,其作为信息流通媒介的本质没有变,但就风险管控而言,涉及把关人变化的问题。"以前,把关人的权力掌握在媒体手中,而如今,媒体的把关人权力被削弱了。向用户推荐信息的算法规则成了平台传播时代最重要的把关人。"[1] 把关人的变化以及有时存在的缺失导致了一系列问题。平台化媒体中新闻专业生产的式微、作为"黑箱"的算法规则带来的各种不确定性,使平台化媒体中的新闻伦理问题、虚假新闻问题以及对用户的不当引导问题层出不穷。在互联网中,信息以数据的形式存在,海量用户使用平台化媒体。类型边界逐渐消解的平台化媒体的功能不只是提供信息,也涉及大量其他功能,用户的数据隐私保护成为平台化媒体面临的问题。在平台化媒体国际化过程中,其海外业务拓展国政府常常会通过公民隐私保护法律对平台化媒体进行规制。平台化媒体出现之前,恐怖主义、极端主义思想很难通过传统大众媒体进行传播,但平台化媒体的连接特性,使恐怖主义、极端主义思想以一种较为隐蔽的方式在平台化媒体中扩散。这是平

---

[1] 沈国麟.全球平台传播:分发、把关和规制[J].现代传播(中国传媒大学学报),2021(1):7–12.

台化媒体作为新的国际传播媒介所面临的新问题，也是全球互联网治理的关键议题之一。

（七）效果评价的变化

在以国际传播为面向对传统大众媒体与平台化媒体的比较讨论中，还会涉及两者在国际传播能力效果评价依据上的变化。传统大众媒体拥有传播效果评价的主导权，这一评价是相对封闭和主观的。我国学者针对国际传播效果评价设计了多套评价体系，从公信力、海外信息采集能力和分发能力等多个角度对国际传播效果进行评价，但这些评价体系依然围绕传统大众媒体或者平台中的大众媒体账号进行。平台传播时代，平台化媒体数据的公开化使国际传播效果评价变得可量化和相对客观，平台化媒体面对的用户数量可以最大限度地体现一国国际传播水平的高低。用户"用脚投票"的行为可以直观地体现出国际传播效果的好坏。RT（今日俄罗斯电视台）成立之后，其国际新闻报道方式和取向虽然备受争议，但RT旗舰账号用户订阅量在视频平台YouTube上排名位于前列的事实说明了其在国际传播方面的影响力。

四、平台化媒体对国际传播格局的影响

国际关系格局作为把握国际环境的重要基础，是国际传播格局的基本背景。诸多学者对其内涵、外延进行过详细分析，国际关系格局是指"世界各种国际战略力量之间在一定历史时期内相互联系、相互作用而形成的相对稳定的国际核心结构和战略态势，它建立在力量对比的基础之上，反映了国际关系体系的内在联系和规律"[①]。由此可见，其具有历史阶段性、相对稳定性，是一种在力量对比基础上形成的结构。关于国际传播格局的内涵与外延，目前学界并没有明确的界定，但有多位学者对其进行了讨论。吴瑛将其称为国际舆论格局，"在一定时期内国际舞台上的各种舆论力量相互联系、相互作用

---

① 方柏华.国际关系格局：理论与现实［M］.北京：中国社会科学出版社，2001：23.

所形成的一种结构状态"①。崔保国将其称为"世界信息与传播格局","世界信息与传播格局即是主权国家政治经济实力的直接映射,不平等是突出阻碍发展中国家快速发展的制约因素之一"②。赵永华提出,"国际传播格局虽然与国际政治格局的发展方向保持总体一致,但就具体进程而言,存在一定的迟滞性"③。虽然学者论述国际传播格局的角度不同,但都指出了其与国际关系格局的密切关系。国际关系格局与国际传播格局最主要的共同点是以民族国家作为主要行为体,这也是我们讨论二者关系的起点。自1648年《威斯特伐利亚条约》签订以后,民族国家得以建立,主权原则得以确认,国际社会形成了以民族国家为主要行为体的国际关系体系。在国际传播格局方面,同样以民族国家为基本单位,"即传播力量的集中化和协同化"④。下面我们从国际传播媒介变化对民族国家的影响角度来分析其对国际传播格局的影响。

(一)西方国家在国际传播中的主导地位在平台化媒体时代可能被打破

这是国际传播媒介变化带来的最明显的影响。国际传播舞台考验的是民族国家的国际信息生产与分配能力。长期以来,国际信息的生产分配被西方国家主导,后发国家的传统大众媒体不仅面临着生产问题,还面临着"落地"问题。以中国为例,在国际舞台上长期存在着"有理讲不出、讲了没人听、听了没人信"的问题。平台化媒体为解决这一问题提供了机会。人人可以触达的平台化媒体,使传统大众媒体的"落地"问题得以解决。从理想的情况来看,平台化媒体连接用户这一特性,意味着生产新闻的用户可以最大限度地将内容送达全球用户。平台化媒体作为新的全球信息流动媒介,也使用户可以用最低成本在最大范围内选择内容。一方面,传统民族国家的地理边界对国际信息流动所形成的空间障碍,在由互联网建构起来的虚拟世界中被最

---

① 吴瑛.国际舆论格局与我国对外传播的路径选择[J].当代传播,2009(5):31-33.
② 崔保国,孙平.从世界信息与传播旧格局到网络空间新秩序[J].当代传播,2015(6):7-10.
③ 赵永华,孟林山.国际传播格局及其影响因素[N].中国社会科学报,2021-01-21(3).
④ 姬德强,杜学志.平台化时代的国际传播:兼论媒体融合的外部效应[J].对外传播,2019(5):13-15,44.

大限度地压缩，图、文、视频等元素通过光纤实现了瞬时流动，使信息的国际流动性大大增强；另一方面，在肇始于20世纪70年代的世界信息与传播新秩序运动中，一个主要观点就是国际信息流动的不平等性，即信息从西方国家流入发展中国家。平台化媒体所具有的连接属性使用户成为内容的生产者和分发者，专业的国际媒体集团对国际信息流动的垄断地位被打破，通过平台化媒体，信息双向流动的可能性越来越大。发展中国家用户上传的内容可以借由平台化媒体被发达国家的用户浏览、转发。需要注意的是，平台化媒体作为信息分发的渠道，改变的是全球信息流动方式，海量信息在平台中自由流动，影响用户选择的能力成为评价一国信息分配能力的重要因素。通过平台化媒体，虽然存在将内容送达全球所有用户的可能，但用户是否会选择浏览与转发成为新的问题。平台化媒体的内容呈现方式与传统大众媒体的线性呈现方式不同，这意味着一国的国际传播能力建设不仅要注重信息的采集与分发，还要进行内容表达方式的转换。在国际传播过程中，需要进行国际化的表达而不是自说自话，这种观点已经成为共识。平台化媒体内容非线性呈现、用户碎片化浏览的特点，决定了机构用户上传的内容需要以适合平台用户接受的方式进行。此外，在平台化媒体中还有大量个人用户，这些用户会发布自己生活中的内容，这些生活信息作为国际传播信息流动中的内容也会影响他国用户。一国的国际传播内容要基于一国的具体实践，"国际传播属于象征层面的信息整合和意义概括，要认识到为'中国故事'提供原材料的中国现实是最重要的"[①]。

（二）国际传播领域的平台资源争夺成为新选项

在平台社会，平台几乎涉及人类生活的所有方面，但其本质是由互联网企业运营的计算机程序。"国际传播正呈现出平台化的新特点——从单个内容

[①] 任孟山. 中国国际传播的全球政治与经济象征身份建构现代传播［J］. 现代传播（中国传媒大学学报），2016（9）：67–71.

'走出去'转变为传播平台'走出去'。"[①] 平台化媒体成为国际传播主要媒介后,对平台的争夺就成了对国际传播领域资源的争夺。以中国为例,作为中国优势的平台化媒体,短视频平台从 2016 年就开始实行国际化路径。截至 2020 年上半年,抖音海外版 TikTok 全球下载量达 6.26 亿,位列全球第一,在苹果和谷歌系统内产生收入 4.21 亿美元,位列全球第三。快手则针对不同的海外市场推出了 Kwai、Snack Video 等不同的社交短视频应用,在韩国、俄罗斯、越南等市场表现突出。各国都在进行自有平台化媒体的建设,一旦时机成熟就会将其推向海外。传统大众媒体时代的国际传播领域,民族国家行为体主要针对国际新闻的采集和分发能力进行建设,并且争夺这一领域的资源。从采集资源的争夺来看,各国政府对他国新闻机构海外记者站和新闻中心的设立都采取审慎态度,甚至将其当作外交砝码,特朗普时期美国针对俄罗斯和中国驻美国媒体机构所采取的极限施压手段就是一个例子;从分发资源的争夺来看,频道和节目的海外"落地"更是一个非常艰难的过程。平台化媒体时代,平台具有的技术本质和商业属性,使国际传播领域资源的争夺出现了巨大变化。平台化媒体的母公司可以通过海外商业并购较为容易地进入对象国用户市场,通过商业手段和技术优化获取用户,传统大众媒体时代的国际新闻采集和分发资源争夺退居次席,平台背后技术领域和商业领域的资源争夺成为新的焦点。这种资源争夺焦点的变化,对以民族国家行为体为主体的国际传播力量对比所构成的稳定状态产生影响,国际传播力量的组合要素排列顺序出现了变化,平台背后的技术领域和商业领域资源成为第一要素,国际新闻的采集、分发能力成为第二要素。

(三)平台化媒体建设影响主权国家的传播发展战略

平台化媒体的基因是资本和技术,发展的动能也由资本和技术驱动。一个真正意义上的平台化媒体需要巨量的资本和庞大的数据工程师队伍,那些

---

① 王方,陈昌凤.全媒体时代的国际传播:智能化、平台化、故事化[J].电视研究,2020(3):65-67.

资本市场规模小、电子计算机人才匮乏的国家很难出现真正意义上的平台化媒体。平台作为互联网时代最重要的基础设施和最突出的形态，具有巨大的溢出效应，平台化媒体也是其溢出效应在传播领域的反映。进入平台化媒体时代的国际传播，主体依然是各民族国家。虽然平台化媒体的运营主体多为私营的互联网企业，但其母公司所在国依然对其发挥着巨大影响，这主要表现在两个方面：一方面是母公司所在国政府对其施加的影响；另一方面是其海外业务所在国政府因为其母公司所在国而对其采取的区别对待政策。国际传播媒介已发生巨大变化，国际传播主体依然为各民族国家行为体，这两者之间的结构性矛盾，使民族国家不得不调整传播发展战略，推进平台化媒体建设。平台化媒体比拼的是背后的资本量级和技术实力，它需要母国的数据工程师红利和资本市场优势。平台化媒体作为国际传播的主要媒介，在平台社会产生了巨大影响，倒逼国际传播格局中的国家行为体进一步培育资本市场、提升资本市场成熟度、加强电子信息人才队伍建设、提升国家整体信息化水平，这样的发展战略会进一步拉大后发国家与信息技术优势国家的差距。正如 19 世纪末信息与传播技术革新带来的影响那样，"技术嬗变的加速和大城市的经济起飞所产生的变化，使发达世界和很久以后才被人指称的第三世界的差距开始出现"[①]。

五、结语

在平台传播时代，平台化媒体成为国际传播的主要媒介。从传统的大众媒体到平台化媒体，传播渠道、运行主体、传播内容、目标受众、发展动力、风险管控以及效果评价等方面都出现了巨大的变化。这些变化对国际传播格局的主要行为体民族国家产生了影响，进而影响到国际传播格局的演进。需要明确的是，国际传播格局是遵循国际关系格局演进的，由国际力量对比等

---

① 马特拉.世界传播与文化霸权：思想与战略的历史[M].陈卫星，译.北京：中央编译出版社，2001：15.

众多因素决定，国际传播媒介的变化仅为其影响因素之一。同时，平台化媒体中个体的内容生产状态容易让人忽视整个平台化媒体的内容建设。实际上，专业的新闻报道在国际传播领域依然不可或缺，不能忽视国际新闻报道专业机构建设和人才培养。

中篇
传播与国家

社交媒体时代的信息传播地缘政治学：
澳大利亚与"脸书"之争[*]

一、引言

随着互联网技术的快速发展，信息传播跨越国家主权地理边界日渐成为常态。① 脸书（Facebook）等跨国社交媒体平台作为数字时代广泛应用的传播媒介，一方面，凭借全球范围内裂变式激增的庞大用户数量与基于社会关系连接下的高度用户黏性，以信息传播渠道控制实现传播权力转移；另一方面，由于平台本身基于网络空间，受到国家主权行使下的信息管控影响较小，挑战了国家主权的绝对性，使社交媒体平台的信息传播与国家主权形成国内外双重维度的复杂关系。在第46任美国总统大选中，脸书等多家平台对前任美国总统特朗普的官方账号采取封禁措施②，打击了国家内部的数字治理权威。这一行为引发了对社交媒体权力边界的讨论，以德国总理默克尔为代表的国

---

* 本文原载于《现代传播（中国传媒大学学报）》2022年第7期，与盛子晴合作，系国家社科基金艺术学重大项目"网络文化安全研究"（项目编号：19ZD12）的阶段性研究成果，收入本书时略有删改。

① 任孟山. 信息空间与地理空间：网络传播与国家主权的张力［J］. 现代传播（中国传媒大学学报），2011（6）：111-114.

② SINGMAN B. Facebook blocks Trump indefinitely after capitol riot response [EB/OL]. (2021-01-07) [2022-01-22]. https://www.foxnews.com/politics/facebook-blocks-trump-indefinitely-capitol-riot-response.

家政要对此进行谴责,直指言论自由等权利应该受到已有法律框架的限制,而非公司管控的影响。① 无独有偶,平台既处于超越地理边界的数字空间之中,又以跨国属性突破地理意义上的边界概念,信息传播的流动性与虚拟连接性迫使他国的"威斯特伐利亚主权"空间进一步开放,进而影响平台与国家构成地缘政治学上的外部维度博弈。从自愿参与到强制性实行,澳大利亚政府对媒体平台的政策不断紧缩,推行《新闻媒体和数字平台强制性谈判法》(News Media and Digital Platforms Mandatory Bargaining Code,以下简称《新法》)② 表达主权权威,而脸书一方对此持反对意见,双方持续近一年的争论最终于 2021 年 3 月暂时告一段落。此次"冲突"的对抗性发展已然越过国家边界,其问题的产生无法被归结为民族国家的国内局部政策变化或权力结构调整,亦不受特殊的社会制度及不同的意识形态影响。问题的一般性与普遍性特征促使本文的核心目的不在于讨论澳大利亚《新法》中具体所列条、款、项、目的操作规范与实践流程,而是试图进入一个更为宏观的批判分析层次,即从社交媒体平台蓬勃发展的情势下基于国家主权行使的地缘政治矛盾进行深入剖析。

事实上,澳大利亚针对的并不仅有脸书一家社交媒体平台,还囊括了其他数字平台。透析其中内核可知,此次冲突不仅包含媒体发展内部的权力关系,而且指向经济全球化进程中信息传播平台对国家主权的分流危机,以及国家管控应对威胁时调适的被动性与有限能动性。因此,我们有必要系统梳理事件的过程,从具有实证主义的现象逻辑反推其事态发展的形成机制,探讨社交媒体时代的信息地缘政治问题。本文将结合个案研究在对事件批判综述的基础上,重点探讨社交媒体平台的实践是如何跨越国家主权地理边界对

---

① JENNEN B, NUSSBAUM A. Germany and France oppose Trump's Twitter exile [EB/OL]. (2021-01-11) [2022-01-22]. https://www.bloomberg.com/news/articles/2021-01-11/merkel-sees-closing-trump-s-social-media-accounts-problematic.

② Australian Competition& Consumer Commission. News media bargaining code [EB/OL]. (2021-02-25) [2022-01-02]. https://www.accc.gov.au/focus-areas/digital-platforms/news-media-bargaining-code.

他国实现信息干预，甚至对他国的经济及社会发展造成冲击的；进而反思国家主权如何将跨国平台的数字治理纳入法律框架，为网络空间主权的治理模式提供新的可能。

二、社交媒体平台与跨界信息传播

跨界传播的信息技术与国家主权的地缘控制之间始终存在一种不可弥合的张力，二者在时间向度与空间向度上关注的差异，决定了自主权国家在《威斯特伐利亚条约》的基础上建立伊始就存在不可避免的矛盾。[①] 国家主权的地缘控制在印刷媒体时代、广播媒体时代、电视媒体时代、互联网媒体时代存在具体管控手段的差异，但本质上都是以空间的封闭性与遏制性为基点最大限度干预或控制信息的流动，从而彰显或保持国家主权的领土空间合法性。但随着信息技术的进步，信息传播的"无障碍"与"去地域"趋势越发明显，并在内在技术秉性的推动下与地缘政治的矛盾关系呈现出"从旧媒体到新媒体"[②]的明显转向。其中，YouTube、Google、Facebook 和 Twitter 等平台逐渐成为"数字行动主义"（digital activism）即社交网络动员的有力工具，也被视为全球外交及舆论塑造的有效渠道。社交媒体平台能构成对国家主权的挑战，因具有超越传统媒体的独特功能性特质，有其内在的合理性根据。

一方面，社交媒体平台因其互动性与连接性，在跨界信息传播中发挥的作用尤其突出。1996 年的《网络空间独立宣言》（A Declaration of the Independence of Cyberspace）提出，互联网作为一个特定空间，应"独立于政府的主权和干预"[③]；而处于全球传播视域下的社交媒体平台借助互联网这一

---

① 任孟山.国际传播与国家主权：传播全球化研究［M］.上海：上海交通大学出版社，2021：49.

② FRASER M. Geopolitics 2.0 (ARI) [EB/OL]. (2009-10-14) [2022-01-02]. https://www.realinstitutoelcano.org/en/analyses/geopolitics-2-0-ari/.

③ JBARLOW J P. A declaration of the independence of cyberspace [EB/OL]. (1996-02-08) [2022-06-02]. https://www.eff.org/cyberspace-independence.

"被普通人普遍使用的传播媒体"[1]，逐渐拥有社会框架下重要的物质和非物质力量。在伊朗的"Twitter 革命"事件中，社交媒体已然凸显了超脱传统媒体在社会动员及政治传播和数字外交中的优势地位[2]，平台信息传播的即时互动性特征增加了国家主权监管上的成本与难度。同时，由于社交用户覆盖全球，信息传播的范围超越了现存国家的地理界限，以社交媒体为平台生产的多种媒介产品在世界范围内实现交换和流通，进一步推动全球传播发展的同时以超越国家立场的价值共享不断弱化或挑战民众的传统国家认同，从象征意义与实践意义上对很多国家而言都具有现实或潜在威胁。特别是处于信息技术发展劣势的发展中国家，更容易遭遇文化同化、国家认同流失以及国际传播话语权缺失等更深层次的危机。

另一方面，社交媒体平台对于大部分主权国家具有跨国性特征，对国家主权的冲击既存在网络空间的"数字主权（digital sovereignty）"[3]，又对国际边界的现实物质概念构成了挑战。例如，谷歌公司（Google）自 2005 年推出的谷歌地球（Google Earth）中含有大量有关政府大楼、军事基地等重要地点高分辨率的图像[4]，这意味着远程监视的可能性提升。从战略安全角度而言，一旦图片广泛公开位置且定位准确，无论信息暴露到何种程度，都会为全球间谍活动提供契机，单个国家几乎无法再有效进行军事部署并管控国家安全信息。虽然谷歌官方一直重申其有益方面（如救援等），但这种数字空间中近乎福柯"全景敞视主义"的呈现形式，切实损害了一个国家在其疆域内的管辖权，也在事实上对国家主权造成了冲击。

因此，如何实现对以时间消解空间为导向的跨界信息传播的有效管控已成为大多数国家不得不面对的持续性问题。换言之，社交媒体时代的信息地

---

[1] 陈卫星. 传播的观念 [M]. 北京：人民出版社，2004：251.

[2] 任孟山，朱振明. 试论伊朗 "Twitter 革命" 中社会媒体的政治传播功能 [J]. 国际新闻界，2009（9）：24-28.

[3] POHLE J, THIEL T. Digital sovereignty [EB/OL]. (2020-02-08) [2022-05-22]. https://policyreview.info/concepts/digital-sovereignty.

[4] KUMAR S. Google Earth and the nation state sovereignty in the age of new media [J]. Global media & communication, 2010, 6(2): 154-176.

缘政治问题不是一个孤立现象，而是源自国家对信息控制在地理空间上的原发性特征，与长期以来国际社会中各国主权对信息的管控需求息息相关。此外，问题的关键还在于随着新闻产业与社交媒体平台的进一步勾连，传统媒体为扩大用户覆盖主动或被动地与拥有广泛用户的社交媒体形成合作，使后者转变为新闻分发的重要渠道之一，其中经济利益格局的重组问题成为国家在平台规范化过程中需要面临的新问题。于是在利益分配与挑战国家主权等多重困境下，澳大利亚以《新法》立法尝试在信息管控方面实现反驳对抗"脸书"，即主权国家与跨国社交媒体平台的矛盾迎来集中爆发。

三、《新法》的社会成因与内在逻辑：澳大利亚与脸书之争

（一）《新法》缘起：传统媒体的"利"与"力"

早在 2020 年 4 月 20 日，澳大利亚政府就要求澳大利亚竞争和消费者委员会（Australian Competition and Consumer Commission，ACCC）制定一项强制性行为法则，以解决澳大利亚新闻媒体企业与数字平台，特别是与谷歌和脸书之间的议价能力失衡问题。

在对澳大利亚法律草案做进一步讨论之前，我们需要先对现阶段澳大利亚传统媒体所处媒体环境进行概述。首先，脸书在澳大利亚拥有极高的用户普及率，而澳大利亚国内尚未出现同类规模社交平台可以与其竞争。脸书本身以适用分享的功能机制吸引用户，将现实人际关系平移至数字空间中，构成了较为稳定的强关系网络，再加上很多用户对脸书的单个社交平台使用，促使更多潜在用户集中加入，因而能够激发网络效应正向循环，建立更加庞大的互动生态圈，在扩展平台规模的同时形成规模经济。澳大利亚证券和投资委员会（Australian Securities and Investment Commission，ASIC）报告，截至 2020 年 12 月脸书在澳大利亚的广告总收入为 7.127 亿澳元，高于 2019 年

的6.74亿澳元。① 虽然通过在社交平台上分享新闻链接，脸书确实在客观上为澳大利亚的新闻引流，并在提供新闻媒体推荐服务上发挥了一定作用，但也因此消解了用户对新闻来源即传统媒体机构品牌的关注度。② 同时，脸书这类社交媒体也在反向驯化用户获取新闻的渠道偏好，以此增加用户对自身平台使用的黏性，存在控制受众新闻议程认知的风险，进一步对传统媒体的传播权力产生转移趋向的消极影响。

其次，传统媒体的收入不断呈现下降趋势，与读者量的增加形成鲜明的对比。出于对可靠新闻信息的需求，澳大利亚品牌新闻媒体的读者量呈上升趋势，2020年3月创造了1820万读者的纪录，与2019年12月相比受众增加了10%，达到了自2013年澳大利亚媒体数据指标（Enhanced Media Metrics Australia，EMMA）成立以来的最高水平。③ 即使拥有了广泛受众，澳大利亚纸媒仍无法将流量变现，不得不面对收益降低的现实问题。2020年，澳大利亚美联社（Australian Associated Press，AAP）面临出售新闻业务问题，而新闻集团（NWSA.O）则停止印刷100多家地区和郊区报纸，将其转移到网上或完全关闭，导致上百位媒体工作人员失业。④ 对此，澳大利亚媒体曾采用数字化战略，通过改变经营手段探索纸媒的新盈利模式并努力维持，如着重宣传周末版、增设付费墙等。此外，澳大利亚参议院也曾就数字时代的媒体竞争问题，于2017年通过了一系列以媒体所有权法修改为核心的媒体改革方

---

① SAMIOS Z. Revealed: Facebook's tax bill in Australia just $20m. The Sydney Morning Herald [EB/OL]. (2021-05-24) [2022-05-22]. https://www.smh.com.au/business/companies/revealed-facebook-s-tax-bill-in-australia-just-20m-20210523-p57ub3.html.

② 史安斌，王沛楠. 传播权利的转移与互联网公共领域的"再封建化"：脸谱网进军新闻业的思考[J]. 新闻记者，2017（1）：20-27.

③ Think News Brands. News media delivers record readership as news brands reach 18.2m Australians [EB/OL]. (2020-06-01) [2022-04-25]. https://thinknewsbrands.com.au/trending/news-media-delivers-record-readership-as-news-brands-reach-18-2m-australians/.

④ DORAN M. AAP newswire expected to be sold, averting closure [EB/OL]. (2020-06-05) [2022-05-02]. https://www.abc.net.au/news/2020-06-05/australian-associated-press-to-be-sold-averting-closure/12327024.

案。[1] 该法案在保护澳大利亚本土内容、维护媒体多元化原则之余，一定程度上增加了包括电视、广播及报纸等传统媒体渠道规模性构建的可能。此次改革意在缓解新媒体冲击下的竞争压力，但尚未能从实质上让传统媒体在经济权力维度上拥有话语权。

纵观澳大利亚媒体历史，其纸媒历史悠久，报纸拥有成熟的作业体系，各类报纸按市场需求多层次发展，在前网络时代构建了良好的媒体生产生态。经过竞争与兼并，澳大利亚国内存在费尔费克斯传媒集团（Fairfax Media）和新闻集团两大影响力波及全球的传媒集团，符合自由主义市场经济环境下的共识范式，即媒体一方面受市场驱动为公众提供信息与娱乐，另一方面与政府相互作用，对政府权力构成监督的同时被有限的政府权力监管，实现权力同构下的多元共识。但随着互联网的数字力量冲击，现阶段的澳大利亚既没有可以与脸书实现抗衡的本国社交平台，又无法抽离已经形成黏性的澳大利亚的脸书用户，在资本主义的长时性不平等中形成了一种"数字化衰退"（digital depression）。

在市场有限的前提下，阅读量无法变现的根源性矛盾问题使传统纸媒难以维持经营现状，在承受难以为继的经济危机的同时要面临传统新闻业人才流失的双重打击。技术赋权下传统媒体时代的传受双方地位发生了变化，社交媒体对用户的个体激活发挥较强的能动作用，在变革社会网络的基础上推进多元传播主体，平台中的大量UGC内容也使新闻业中的职业社会价值受到挑战，记者的编辑权逐渐让渡于算法与大数据，媒体传播权力在自由市场环境下越发集中于社交平台。面对传统媒体的生存困境，现行法律呈现无法保障本国媒体利益的法制缺失，而传统媒体及其生产组织的生存空间在社交媒体平台垄断格局之下被不断蚕食。反观跨国社交媒体平台，通过不断的资本积累扩大平台规模，进一步扩展信息传播市场，使自身经济效益达到了新的高度。虽然澳大利亚政府曾要求澳大利亚竞争和消费者委员会与谷歌、脸

---

[1] Australian Government. 2017 Reforms to Media Diversity Laws [EB/OL]. (2022-01-17) [2022-09-02]. https://www.infrastructure.gov.au/media-communications-arts/media-laws-regulation/2017-reforms-media-diversity-laws.

书以及澳大利亚新闻企业合作，制定并实施一项自愿行为准则。但委员会于 2020 年 4 月向政府提交的进度报告表明，其通过自愿方式未能解决新旧媒体内部的利益分配不平等这一核心问题，因而不得不促使政府设立新法，以强制性行为推进传统媒体收益，最大化平衡利益。

（二）《新法》提出：传播主权的分流危机

2020 年 7 月 31 日，澳大利亚竞争和消费者委员会发布了一份法则草案供公众咨询，并就草案提出了一系列问题和解答。随后委员会根据有关人士的意见，向政府提出建议，经审议后制定了立法草案。这部于 2020 年 12 月 9 日提交议会的法案，就是 2020 年澳大利亚的财政部法律修正案，即《新闻媒体和数字平台强制性谈判法》①，同时宣布此法案将适用于脸书和谷歌②。法案中明确规定数字平台公司需向符合法律规定的注册新闻业务公司进行原创新闻付费，同时要及时发布与新闻内容有关的包括算法排序等相关变更通知。③ 澳方政府着手对平台进行监管，尝试以法律形式干预算法分发逻辑。

脸书在 2020 年 8 月 31 日的公开声明中表示："假设该法规草案成为法律，我们将不得不限制澳大利亚的出版商和人们在脸书和照片墙上共享本地和国际新闻。"④ 通过澳大利亚竞争和消费者委员会收到的关于法案修订意见书的公开版本可知，脸书一方坚持"法律草案从根本上误解了脸书和出版商之

---

① Australian Competition & Consumer Commission. News media bargaining code [EB/OL]. (2021-02-25) [2022-01-02]. https://www.accc.gov.au/focus-areas/digital-platforms/news-media-bargaining-code.

② Australian Competition & Consumer Commission. Draft news media bargaining code-exposure draft explanatory materials [EB/OL]. (2020-07-31) [2022-01-02]. https://www.accc.gov.au/system/files/Exposure%20Draft%20EM%20-%20NEWS%20MEDIA%20AND%20DIGITAL%20PLATFORMS%20MANDATORY%20BARGAINING%20CODE%20BILL%202020.pdf.

③ The Parliament of Australia. Draft news media bargaining code-exposure draft bill [EB/OL]. (2020-07-31) [2022-05-02]. https://parlinfo.aph.gov.au/parlInfo/download/legislation/bills/r6652_first-reps/toc_pdf/20177b01.pdf;fileType=application/pdf.

④ EASTON W. An update about changes to Facebook's services in Australia [EB/OL]. (2020-08-31) [2022-05-02]. https://about.fb.com/news/2020/08/changes-to-facebooks-services-in-australia/.

间价值交换的经济现实",指出"脸书与新闻生产商的价值交换尚不需要政府干预",并提出该法案是"规定了一种与脸书新闻的真正商业价值无关的支付机制"①。意见书中,脸书就法案中提及的产品服务范围、算法通知、公众评论、集体谈判等问题进行了回应,认为法案没有考虑平台运营所面临的市场现实,并对此重申了反对意见。

事实上,脸书与新闻生产之间已然构成双向的共生关系,新闻需要脸书的平台推荐增加阅读量,而脸书则需要依赖新闻媒体丰富的内容生产,实现更高的用户黏性。路透社新闻研究所(Reuters Institute for the Study of Journalism, RISJ)表示,超过一半的在线用户从脸书和其他社交媒体平台获取新闻。② 2018—2020 年,脸书已然成为澳大利亚最受欢迎的新闻社交媒体和信息传播平台,多达 40% 的澳大利亚人使用其发布新闻③,其已经在信息传播渠道上构成了垄断。因此,如何让更多脸书平台用户浏览自己的新闻成为相关从业人员必须考虑的问题之一。新闻集团澳大利亚前社交媒体编辑伊莎贝拉·奥德伯格(Isabelle Oderberg)曾指出:"算法更改是在没有预警、无从洞察、没有推理的情况下进行的。"脸书的算法推荐一方面成为新闻生产需要参考的重要逻辑,另一方面,它的不透明性增加了新闻生产的难度,改变了新闻传播的公共性脉络,使平台的公共开放属性存在异化为资本主义寡头私人话语空间的可能,陷入哈贝马斯"再封建化"预言。

根据库尔特·卢因(Kurt Lewin)的"把关人理论",决策过程是在一个压力场中进行,场中的压力源不同程度地对信息通过关卡起到促进或限制的

---

① Facebook. Facebook response to the Australian Treasury Laws Amendment (News Media and Digital Platforms Mandatory Bargaining Code)Bill 2020 [EB/OL]. (2020-08-28) [2022-09-01]. https://www.accc.gov.au/system/files/Facebook_0.pdf.
② MAGDALENA M. More than half online users get news from Facebook, YouTube and Twitter [R/OL]. (2016-06-15) [2022-09-04]. https://www.reuters.com/article/idUSKCN0Z10C9/.
③ MAO F, TAN Yan, CHEETHAM J. Facebook Australia row: how Facebook became so powerful in news [EB/OL]. (2021-02-17) [2022-08-22]. https://www.bbc.co.uk/news/world-australia-56109580.

作用。①脸书的算法推荐事实上为社交平台赋予了传播主权,使脸书平台自身成为超越新闻生产者与用户的超级把关人,在分流信息传播权的同时极大地削弱了传统媒体的议程设置功能与把关能力,挑战媒体逻辑中的新闻专业主义以及新闻职业伦理,促使传统媒体在新闻生产过程中不得不参照算法的推荐顺序。这种新闻生产中的权力转移,不仅意味着写作文体和表达方式的变化,还意味着对新闻价值构成一种无所适从的判断困境:依照算法逻辑发布新闻的确会获得更高的浏览量,但不被推荐的信息内容,能否真正被确定为不具备新闻价值?此外,若基于算法的信息分发仅以用户个性化偏好与高场景度需求为标准,不仅不能实现多样化推荐,还会阻断社群间的沟通与交流,加剧"群体极化"效应,突显从"分众"向"网络巴尔干化"的转化趋势。

因此,新闻的把握在需要算法核查的同时,还需要生产者的人工作用,因而算法透明化成为把关社交媒体中新闻内容的突破口,也是亟须强制立法执行的原因之一。法案中"算法变动提前通知"是对脸书的传播权力进行限制,具体情况包括"计划对数字平台服务的算法进行更改"以及"变化可能会对新闻内容的排名产生重大影响"等,脸书都需提前告知相关新闻公司。此项规定一方面可以通过人工驱动减少技术无意识下对新闻价值判断不准确的问题,另一方面能提前获知变动方向,在话语逻辑上降低写作难度,有利于以多元话语范式丰富多样性新闻格局,降低社交媒体权力对议程设置的影响,并推进新闻生产的稳定性以及传播主权的回归。

(三)事件升级:国家主权的管控对峙

作为对澳大利亚立法决策的回应,2021年2月17日,脸书官方宣布将限制澳大利亚的发行商和用户共享或查看澳大利亚和国际新闻内容,认为澳大利亚政府所提法案未能理解脸书的服务内容,并就其提供给澳大利亚新闻机构的支持进行罗列,指出脸书在新闻业收效甚微,却仍对澳大利亚新闻业进

---

① 帕梅拉·休梅克,韩纲.超级把关人:社交媒体时代的把关[J].传播与社会学刊,2020(54):223-256.

行生态持续性投资。① 同时，脸书在声明中强调会使用多种技术组合来限制澳大利亚新闻内容，会通过流程来审查任何无意中删除的内容。

但事实上，脸书的禁用影响了澳大利亚紧急服务部门和政府卫生部门。此外，包括昆士兰州、南澳大利亚州等地区的用户还因无法访问脸书页面而不能查看有关新型冠状病毒肺炎（Corona Virus Disease 2019，COVID-19）的本地健康信息。② 地方新闻受限及信息的流通渠道受阻，暴露了澳大利亚过于依赖国外信息传播网络，且自身信息传播渠道受限的事实。澳大利亚本身地广人稀，在以通信设施为基础保障的信息交换之外，还需要依赖社交媒体平台实现即时信息沟通，使得主权行为体无法直接掌握信息，受制于数字空间中平台权力的非对称性，面临信息控制权独立性的缺失。正是在这种语境下，脸书的回击对澳大利亚造成了地缘政治困境上的逻辑"断网"，即导致新闻无法正常访问，干涉有关澳大利亚信息的正常发布，并显著影响了澳大利亚的国家利益。此外，脸书的反击性行为看似是在利用自身媒体权力对信息资源进行基本组织管控，实质上却突破地理边界，在虚拟数字空间中干涉了澳大利亚国家主权的政治权力行使。

从国内事务层面而言，对国家政府职能的干预意味着国家本身对其社会稳定度把握能力的下降，其中暗含的技术霸权媾和潜在政治意图可能会引导民众走入信息盲区，进而提高国家存在的短期或长期的政治及社会风险。长远来看，一方面，社交媒体平台本身可以聚焦用户关注某一重大事件报道，反推主流媒体进行报道，促使该事件在主流话语空间中占据重要地位，在既定时刻推动公共舆论的产生；另一方面，伴随算法对信息需求的长尾市场挖掘，协同过滤机制等个性化信息定制推荐，脸书所构造的拟态环境为用户构

---

① EASTON W. Changes to sharing and viewing news on Facebook in Australia [EB/OL]. (2021-02-18) [2022-05-22]. https://about.fb.com/news/2021/02/changes-to-sharing-and-viewing-news-on-facebook-in-australia/.

② DYE J, MCGUIRE A. Facebook news ban hits emergency services and government health departments [EB/OL]. (2021-02-18) [2022-05-22]. https://www.smh.com.au/national/facebook-news-ban-hits-emergency-services-and-government-health-departments-20210218-p573ks.html.

建了更加牢固的信息茧房。民众接受信息的窄化更加容易降低对政治时事新闻的关注，同时减少对民主政治的参与，形成对公民民主生活的持续性冲击。由此可以理解澳大利亚政府对社交媒介平台权力边界的制裁，也不难发掘其中的社会动因：新闻受限导致民众生活不便后产生的不满情绪是政府强硬立法的民意基础，政策制定路径的本质原因是澳大利亚国家主权对信息传播的管控需求。

从国际传播的角度来看，数字技术的失衡使当下的媒介格局处于数字空间中的非对称性依赖，多国民众对以脸书为主的美国的社交媒体平台具有较高使用偏向，且一般对国际事务的感知缺少直接性的经验，有关国际社会认知主要来自媒体平台中的新闻呈现，因而极易在国际舆论引导下形成刻板印象，同时由于缺乏跨国界的及时信息反馈，导致存在他国形象误读的可能。在这种非公平的信息传播竞争中，传播弱势国更难以突破传播壁垒与外国受众的认知障碍，被迫退位于国际话语权竞争。这意味着本国新闻生产力与国际议程设置力之间无法匹配，当信息传播渠道受限时，跨文化的连接纽带被削弱，社交媒体平台以间接垄断手段促使国家形象塑造掌握于他人之手。①

澳大利亚财政部长乔什·弗莱登伯格（Josh Frydenberg）与脸书首席执行官马克·扎克伯格（Mark Zuckerberg）进行了两次会谈，并在社交媒体推特（Twitter）中公开表示"澳大利亚将继续致力于实施该法则"②。当地时间2021年2月24日全球新闻合作伙伴关系副总裁坎贝尔·布朗（Campbell Brown）声明与澳大利亚政府达成协议。③ 同天，澳大利亚参议院修订法案公开显示，

---

① PRICE M E. Media and sovereignty: the global information revolution and its challenge to state power [M]. Cambridge: MIT Press, 2002: 98-99.
② FRYDENBERG J. Tweet [EB/OL]. (2021-02-19) [2022-05-22]. https://twitter.com/JoshFrydenberg.
③ CLEGG N. The real story of what happened with news on Facebook in Australia [EB/OL]. (2021-02-24) [2022-05-20]. https://about.fb.com/news/2021/02/the-real-story-of-what-happened-with-news-on-facebook-in-australia/.

澳大利亚在法条中将考虑到已与当地新闻媒体企业达成的商业协议。①法案中明确规定，政府在做出最终决定之前会提前一个月通知数字平台。此外，法案新增设了两个月的调解期，以使进入仲裁程序成为调解最后手段。②2月25日财政部长乔什·弗莱登伯格和传播部长保罗·弗莱彻（Paul Fletcher）在推特上公开表示："该法律有助于公平竞争，同时将确保新闻媒体业务为其所产生的内容获得合理的报酬。"③该法案于2021年3月2日正式生效。④

有关"澳大利亚针对脸书的立法"的报道及分析评论，在国际舆论上呈现较为正面的支持态度。加拿大文化部长史蒂芬·吉尔伯特（Steven Guilbeault）在新闻发布会公开表示："脸书在澳大利亚所做的事情是高度不负责任的，损害了许多澳大利亚人的安全。"此外，史蒂芬声称将与多国同行会晤，就有关新闻以及与脸书和谷歌相关的其他问题构成共同阵线。⑤虽然脸书与澳政府多次谈判，双方均声明表示自己赢得了此次对抗的胜利，但从对峙后的法条对比来看，脸书的反抗影响有限，政府仍然保留仲裁机制等一系列关键裁定，仅在谈判时间上有所宽限。

尽管脸书对立法公开表示强烈抗议，但面对市场竞争环境中的推特和谷

---

① The Parliament of Australia. Treasury Laws Amendment (NewsMedia and Digital Platforms MandatoryBargaining Code)Bill 2021-Revised Explanatory Memorandum [EB/OL]. (2021-03-19) [2022-05-20]. https://parlinfo.aph.gov.au/parlInfo/download/legislation/ems/r6652_ems_c352c005-974d-47e4-8999-35a566907f89/upload_pdf/JC001309_Revised%20EM.pdf;fileType=application%2Fpdf.

② The Parliament of Australia. Treasury Laws Amendment (News Media and Digital Platforms Mandatory Bargaining Code)Act 2021 [EB/OL]. (2021-03-19) [2022-05-20]. https://www.legislation.gov.au/Details/C2021A00021.

③ CHOUDHURY S R. Australia passes new media law that will require Google, Facebook to pay for news [EB/OL]. (2021-02-25) [2022-05-29]. https://www.cnbc.com/2021/02/25/australia-passes-its-news-media-bargaining-code.html.

④ The Parliament of Australia. Treasury Laws Amendment (News Media and Digital Platforms Mandatory Bargaining Code)Bill 2021 [EB/OL]. (2021-03-19) [2022-05-20]. https://parlinfo.aph.gov.au/parlInfo/search/display/display.w3p;page=0;query=BillId:r6652%20Recstruct:billhome.

⑤ CURRY B. Canada Condemns Facebook's 'Highly Irresponsible' Australian news ban. The Globe and Mail [EB/OL]. (2021-02-19) [2022-05-20]. https://www.theglobeandmail.com/politics/article-canada-condemns-facebooks-highly-irresponsible-australian-news-ban/.

歌等竞争对手，脸书不得不偃旗息鼓。之所以以协商告终，是因为脸书既不能完全放弃澳大利亚的新闻业务，也无法舍弃传媒产业中已有的市场份额。作为对传统媒体危机调适的主权行为体，澳政府也注意到了以跨国公司为代表的其他非国家行为体对数字资源的主导作用，矛头明确指向脸书的同时，在"平台注册"上设定了较为宽泛的适用对象范围，希望通过标准化立法最大限度把握传播主权，管控平台中有关澳大利亚信息的传播，建构主权的数字领域治理权威。这种政策导向的防御主义措施体现了下述两种维度：一方面，澳大利亚对脸书的限制反映出大多数国家不得不依附跨国社交媒体平台的焦虑心理，试图以平衡经济效益的形式反哺国内的传媒产业，进而维护本国传统媒体在传媒产业体系中的市场份额，促使其多元化经营形成持续性发展；另一方面，由于本国信息传播行业的国际竞争力缺失，国家在社交媒体平台的渗透与冲击下对信息管控的难度升级，无法利用基本主权原则保护国内市场，只得被迫改变国内政策以代议制吸纳多个利益攸关方的建议，借此获得法律的正当性与合法性，从而尝试规避信息跨界传播的安全风险，争夺数字空间的治理主权，这在一定程度上表明国家主权在互联网全球化体系发展中的弱化现实。

（四）法案执行：弹性规制的失衡之势

随着法案的落地执行，多数大型媒体公司，如新闻集团和澳大利亚广播公司（Australian Broadcasting Corp）都与脸书及谷歌就内容供应协议达成一致，但如"对话"（The Conversation）等一些独立媒体组织则被脸书拒绝谈判，不得不写请愿书呼吁政府介入以迫使脸书进行付款谈判。[①] 具体请愿书已于澳东时间 2021 年 11 月 17 日截止签名并得到澳政府回应，表示将于 2022

---

① KAYE B. Australian publisher calls government on Facebook, regulator concerned [EB/OL]. (2021-02-25) [2022-05-22]. https://www.reuters.com/technology/australia–regulator–says–concerned–about–facebook–approach–media–licencing–law–2021–10–25/.

年 2 月 28 日开始对法案执行进行审查，并于 2022 年 9 月向政府报告。① 随着媒体集团间的利益合作，集团与小型独立媒体代表的传媒生产组织将逐渐形成产业两极趋势，对以公共性为导向的新闻专业主义再次造成冲击，形成媒体资源分布不均下的"马太效应"。

澳大利亚本身即为世界上媒体所有权最集中的国家②，不同媒体形式之间的联系依托于集团化日益紧密，并基于已有的跨媒介合作加入社交媒体平台，进一步扩大了既有媒体集团的影响力。媒体私有化（privatization）也会加速文化摩擦，削弱公民身份认同。③ 在这种语境中，媒体集团会在社交媒体平台的跨国合作中得以更快发展，进而挑战了新闻生产的职业伦理理念。媒体公司的寡头垄断和集中控制意味着信息竞争已沦为通过耸人听闻的方式吸引观众而非报道质量，也会因此影响专业新闻的深度与声誉。④ 更进一步而言，集团的商业利益将影响新闻从业者的舆论引导与价值判断，长此以往必然导致新闻生产组织机构的公信力下降。此外，新闻人才也将迅速集中于媒体集团，这意味着地方性新闻的减少使用户趋向消费更多国有化新闻。这种信息落差会产生消极的政治影响，在竞选中导致政治两极分化，使地方和国家的治理更加困难⑤，不利于国家内部行使主权的政治绝对性。

就现阶段而言，澳大利亚媒体行业仍面临着一个问题：脸书的选择性协商是对法律的罔顾，也是在竞争市场失灵下的创造性破坏。对独立媒体的生

---

① The Parliament of Australia. Petition EN3485-Designate Facebook to support media diversity and public interest journalism [EB/OL]. (2021-10-17) [2022-05-22]. https://www.aph.gov.au/e-petitions/petition/EN3485.

② EDERSTONE M T. Media concentration in Australia [J]. Montenegrin journal of economics, 2011(2): 139-144.

③ PRICE M E. Media and sovereignty: the global information revolution and its challenge to state power [M]. Cambridge: MIT Press, 2002: 98-99.

④ SHAH A. Media conglomerates, mergers, concentration of ownership [J]. Global issues, 2009(2): 1-10.

⑤ DARR J P, DUNAWAY J L, HITT M P. Want to reduce political polarization? Save your local newspaper [EB/OL]. (2019-02-11) [2022-05-22]. https://www.niemanlab.org/2019/02/want-to-reduce-political-polarization-save-your-local-newspaper/.

存威胁不仅来自传统媒体集团，同时来自脸书这类跨国社交媒体平台的拒绝合作。尽管立法之初的目的在于维护新闻生产多样性，以及推进数字空间管控政策以建立网络信息主权的正当性，但值得关注的是法律中的弹性规制仍存在监管不足的问题，如果任其发展，将导致独立媒体的衰退，从而使新闻内容受市场驱动呈现高度同质化，党派偏向与政治偏见也随之嵌入其中，消解了媒体的监督作用及其可能产生的社会批判价值。此外，《新法》既不能满足信息内容的管控诉求，又无法保证信息传播渠道连接的安全性，在事实上削弱了澳大利亚主权宣示下有关本国数字空间治理合法性的象征意义。

四、结语

基于对澳大利亚与脸书对立的事件梳理与法案生成背后的逻辑解构可以发现，由于传统媒体与社交媒体平台在经济上的收益不均，传统媒体在让渡新闻生产内容使用权的同时，还要面临媒体收入不足的长期问题。脸书本身共享传统媒体生产的新闻内容，却没有作出责任明确的法律层面的经济补偿。这是传统媒体不得不面对发展困境的残酷而尴尬的逻辑，也是澳大利亚政府强制性立法的首要原因。澳大利亚此次新订立的法案的侧重点与相关法条的调整从对媒体内部的权力均衡，到对跨国社交媒体平台外部权力的规范管理，力图促使澳大利亚当地媒体受益，并使法律起到制约类似脸书和谷歌这类科技巨头公司在澳大利亚新闻业发展的作用。

同时，《新法》考量了传统媒体传播主权的分流与社交媒体平台被赋权在不断转化的事实性关系。虽然新闻的主要生产者仍集中在传统媒体，但社交媒体平台的"暗箱"算法操控获得了事实上的传播主权与把关权。因而政府对社交媒体平台的传播路径进行管控，试图通过法条规定帮助新闻生产者提前了解算法的变化，克服新闻生产依附于算法逻辑等问题，以此重新掌握传播主权，更好为公众利益服务。此外，《新法》中更核心的逻辑在于社交媒体平台对国家主权构成了较为突出的潜在威胁。促成立法的财政部长乔什·弗莱登伯格（Josh Frydenberg）强调："涉及的不仅仅是一两笔商业交易，这关系到澳大利亚的主权，这关系到澳大利亚为澳大利亚人制定法律的问题。"①

依据国家主权对内绝对权威的管辖原则，国家对传播政策的制定在理论上具有完全的权力，却在实践活动中不得不受制于全球化的宏观背景，特别是随着国内问题国际化的转变，生成了更多舆论压力，政策调整也受到了全球传播中多元传播主体的影响。尽管在国际关系的自由主义理论视域下，互联网有潜力加强国家和全球治理②，但随着数字技术的政治化与安全化趋势，社交媒体平台在传播过程中对国家主权具有超越传统媒体时代的更大冲击。澳大利亚的《新法》以及俄罗斯的《俄罗斯联邦信息安全学说》，都在数字空间与地理领土空间之间形成了映射，以立法实现信息管控及互联网环境中的主权具体化③，从而使维护主权象征性权威与促进信息传播创新性实践形成有机统一，对我国的网络空间治理具有一定的借鉴意义。

---

① KAYE B. Undeterred by Facebook news blackout, Australia commits to content law [EB/OL]. (2021-02-19) [2022-05-22]. https://www.reuters.com/article/idUSKBN2AI2ZQ/.
② PERRITT H H J. Internet as a threat to sovereignty-thoughts on the Internet's role in strengthening national and global gvernance [J]. Ind.j.global Legal Stud, 1997 (5): 423.
③ 陈春彦. 俄罗斯互联网主权立法创新与启示 [J]. 中国广播电视学刊，2021（11）：65-70.

"新媒体总统"奥巴马的政治传播学分析*

巴拉克·奥巴马（Barack Obama）当选美国第56届总统，在美国政治史上具有象征意义，在政治传播学上具有实践性的理论价值。奥巴马及其竞选团队在通往总统宝座的竞争过程中，有规划且规模性地使用了包括互联网、手机等新媒体在内的信息传播手段，有效增强了与选民之间的意见交流与政治互动，在汇聚人气、网聚人心、积聚竞选经费、持续保持领先优势等方面，展现出了明显的政治传播效果。

一、奥巴马以新媒体进行政治传播的形式与内容

政治生活在印刷媒体、有声媒体、可视媒体的渐进变化中都留下了痕迹，现代的电子媒体更是在政治生活中扮演着不可忽视的角色[①]。从政治传播使用的信息技术手段的角度来看，如果把20世纪30年代的富兰克林·罗斯福（Franklin Delano Roosevelt）称为"广播总统"，把20世纪60年代的约翰·肯尼迪（Jack Kennedy）称为"电视总统"，那么，巴拉克·奥巴马不仅应该被称为"网络总统"，还应该被称为"新媒体总统"。因为奥巴马所使用的政治传播技术手段超越了互联网，根据美国权威机构的调查结果，除了互联网，

---

* 本文原载于《国际新闻界》2008年第12期，收入本书时略有删改。
① 奥巴马当选之后立刻组建了为接管白官做准备的官方网站（www.change.gov），邀请网民就国家前途提供意见。网站以"开放政府"为标题，主页标明距奥巴马2009年1月20日宣誓就职的倒计时时间。

手机、IT 技术等新媒体形式也是奥巴马在选举中获得成功的重要原因。具体而言，大概包括如下几种形式与内容：

（1）建立奥巴马竞选网站（www.barackobama.com），网站内容相当丰富。在奥巴马竞选网站上可以看到并下载奥巴马对布什政府的批评、对麦凯恩政策的抨击以及自己的施政方针等文本，可以直接点击观看奥巴马的演讲视频、周巡全国的拜票情景，可以在线购买印有奥巴马标记的 T 恤、杯子、帽子等产品，可以下载奥巴马的演讲作为手机铃声，当然也可以在线进行政治捐款，网站还提供了奥巴马在一些视频网站的链接，等等。①

（2）利用 Web2.0 技术展现奥巴马风采，吸引选民。奥巴马在 Facebook、Myspace、YouTube 等影响广泛的在线社交网络创建了个人资料页，网民可以发表讨论、发表自己的博客文章、加入或创建用户组、搜寻并联系与自己住在同一区域的支持者、相约在居住地参加或举办活动、发布照片和视频等。

（3）重视搜索引擎的作用，重金购买"关键字广告"。选民在著名搜索引擎 Google 中输入奥巴马的英文名字 Barack Obama，搜索结果的页面右侧就会出现奥巴马的视频宣传广告以及对竞争对手麦凯恩政策立场的批评。此外，购买的"关键字"还包括"油价""伊拉克战争"和"金融危机"等热点话题，轻轻点击就可知晓奥巴马对这些问题的立场观点。根据美国联邦选举委员会文件的数字，2008 年 1—4 月投给谷歌的广告费至少有 280 万美元，而他最终投给谷歌的广告费用达到了 350 万美元，并在雅虎和 Facebook 上也投入了 400 多万美元的广告。此外，他还在一些游戏类及新闻网站投入了广告额。因此，有业界人士认为，奥巴马的举动或将改变整个网络政治广告产业。

（4）通过竞选网站的移动平台与选民达成协议，给选民发送手机短信。如果选民同意，他就能定期收到奥巴马及其竞选团队的特定短信，内容主要涉及政治热点问题和选民关心的议题，如伊拉克战争、健康、教育、就业、改革等。

（5）在竞选网站注册后，只要选民同意，他们就可以定期收到电子邮件，

---

① 李元书. 政治传播学的产生和发展［J］. 政治学研究，2001（3）：68-77.

内容涉及竞选进展、竞选细节、竞选纲领、形象广告等。

在传播与技术的研究文献中，"技术决定论"或"技术中心论"是一种被批判的理论倾向，原因在于"新的传播技术的产生、发展和应用通常都受到了更为广阔的社会语境的影响，而并不能被简单化地视为某种内在的技术逻辑的产物"①。麦克卢汉的传播学遗产中"媒介即讯息"的著名论断，就是一个被批判的靶子。但是，这并不表明技术流派没有任何解释力和说服力，只要更新技术是人类社会的追求目标之一，这个论断的"启蒙之光"就会有显现的空间。就像在当前的信息时代已经显示的这样：一方面，奥巴马组建机构使用新媒体技术形式传播竞选信息，潜藏着对年轻选民的亲近暗示；另一方面，媒介本身附带着时代信息，新媒体技术的充分使用提示人们它具有鲜活的实践动能。就纯粹的理论研究而言，任何"决定论"或"中心论"都是学术陷阱，可是不能忽略它在极端解释中的部分历史合法性与现实合理性。奥巴马竞选中对新媒体技术的利用，可以在一定程度上辅助解释态度转变研究、投票研究、竞选技术风格研究，甚至语言修辞研究等政治传播中的分支流派。

二、奥巴马以新媒体进行政治传播的控制与效果

在所有的政治传播活动中，传播主体都希望自己能够控制信息传递过程，从而达到自己的目的。"从政治家的角度来说，有一点是很明确的，那就是，在民主社会中，权力和影响力的大小，取决于对信息的掌握和有策略地运用。"② 为了有效地传递信息赢得选民，奥巴马组建了"新传媒战略中心"，这是美国总统候选人第一次进行这样的制度性和机构性建设。作为 Facebook 的创建者之一，24 岁的克里斯·休斯（Chris Hughes）于 2007 年初离开 Facebook 到芝加哥为奥巴马的新传媒竞选团队工作，担任该团队的"在线统筹专家"，负责"我的奥巴马"竞选网站相关工作，而另外一些工作人员负责

---

① 卡伦.媒体与权力[M].史安斌，董关鹏，译.北京：清华大学出版社，2006：67.
② 班尼特.新闻：政治的幻象[M].杨晓红，译.北京：当代中国出版社，2005：7.

与奥巴马在 Facebook 上的近百万名粉丝沟通。通过尽可能融洽的信息控制手段和传播技巧，奥巴马及其竞选团队借助新传媒达到的社会效果甚至超出了他们的预期，主要表现在以下几个方面：

（1）选举经费方面：奥巴马筹集了超过 5.2 亿美元的竞选经费，是历史上筹集竞选资金最多的总统。据估计这些资金超过 85% 来自互联网，其中绝大部分是不足 200 美元的小额捐款。考虑到美国在去年 9 月开始的次贷危机及其深化，这几乎可以称得上是个奇迹，一方面表明美国选民认可 THE CHANGE WE NEED（奥巴马的招牌竞选口号），另一方面彰显出网络媒体的巨大威力。

（2）选民竞争方面：奥巴马在 MySpace、Facebook、YouTube 等在线社交网络创建的个人资料页，成为他的支持者与反对者的聚会空间，选民在此发表见解，进行观点辩论，相互回复。数据显示，奥巴马在 MySpace 上有 80 多万个朋友，而麦凯恩只有 20 多万个朋友；而在 Facebook 上，奥巴马随时都有 16 万在线用户，他们帮其发布新闻、博客和视频。

（3）选民沟通方面：奥巴马及其团队通过网上帖子或留言，获悉选民正在谈论哪些话题，然后迅速作出响应；通过回复评论，引导话题，与选民直接沟通，将此前单向的政治广告转变为互动模式下的意见交流，说服力极大增强；而网上发布的奥巴马竞选的幕后花絮，则有力地促进了其亲民风貌。

（4）扩展选民方面：奥巴马竞选团队通过谷歌地图发展新的支持者，并帮助奥巴马的支持者拓展资源，支持者能够借助谷歌地图获得邻居们的电话，进行游说工作，从媒介沟通转为人际沟通。

（5）短信说服方面：密歇根大学和普林斯顿大学的研究人员的研究结果显示：在选举前一天收到手机短信的选民的投票积极性，会提高 4 到 5 个百分点；通过直接邮寄广告游说到 1 张选票的成本是 67 美元，而短信游说只需要 1.56 美元。从这个角度来说，奥巴马的短信拉票既省钱又有效。

（6）澄清谣言方面：奥巴马阵营专门设立了辟谣网站，全面反击针对奥巴马的各种网络谣言和媒体谣言，一方面详细列举谣言细节进行批驳，另一方面呼吁网民支持者帮他传播真相，甚至现身说法进行辟谣。

从沃尔特·李普曼（Walter Lippmann）的《公共舆论》到哈罗德·拉斯维尔（Harold Lasswell）的《世界大战中的宣传技巧》，从麦克斯韦尔·麦库姆斯（Maxwell McCombs）和唐纳德·肖（Donald Shaw）的《大众传媒的议程设置功能》到保罗·拉扎斯菲尔德（Paul Lazarsfeld）的《人民的选择》，其中包含的功能主义传播理论研究结论，无不显示出传播是"有意图地施加影响"。这种带有政治传播控制意图的影响，不仅适用于此前的报纸、广播、电视时代，而且适用于当前的新媒体时代。奥巴马在官方网站有选择性地释放信息、在视频节目中策略性地抛出话题以及建立辟谣网站的举动本身，都是在对选民做相应的"议程设置"，以期达到引领公共舆论的目的，尽可能控制政治传播效果。

三、奥巴马带给政治传播学的新课题与启示

如果对最终结果进行意义层级的客观评估，可以得出的结论是：不论新媒体在奥巴马竞选胜利的过程中发挥了多大作用，但显而易见的是，候选人的胜负不是由包括互联网在内的新媒体决定的。这不仅是因为新媒体还没有强大到足以超过电视媒体与平面媒体，更重要的原因是这符合政治传播学中传播与政治的关系：传播说到底是政治修辞，而传媒是政治营销中的重要载体，正如在所有的传播与社会活动关系中，传播都不能被置于中心位置，政治传播中的传播地位亦如此。但是，这不妨碍我们从传播出发来审视新媒体带给政治传播学的启示，并研究其中可能产生的新课题。

（1）新媒体作为大众媒介的新形式在竞选活动中发挥重要作用，为政治传播研究增加了新的变量。李普曼表示，"当代意义最为重要的革命不是经济革命或是政治革命，而是一场在被统治者中制造同意的艺术的革命"。在竞选总统的过程中，奥巴马几乎使用了所有的新媒体形式，正是以这些新媒体为载体，奥巴马将竞选口号与政策主张进行了更充分的宣示与传播，更有针对性地与选民沟通并劝服他们将手中的选票投给自己。正如广播和电视作为当时的新兴传播技术被用于政治竞选之后就迅速扩散并从此彻底融入了政治生

活,奥巴马竞选空前广泛地使用的新媒体,将会成为未来政治选举中利用的标准媒体或者说必选媒体。从这个角度讲,奥巴马的新媒体竞选为未来政治传播树立了一个典范。这给政治传播研究增添了新的变量,新媒体因其具有传统媒体所不具备的崭新特性,对政治生活与社会生活的影响与传统媒体有着诸多相异之处。

(2)新媒体省略大众媒介这一中间因素、被竞选团队所控制的信息传播模式,为政治传播研究提出了新课题。在典型的西方政治传播理论取向中,媒体应该是政治传播主体的中介,是独立于各种政治势力的中立者,即使具有强烈的政治倾向,也需要遵守新闻专业主义的客观原则与平衡原则,通过报道各个候选人的情况,让选民做出判断。可是,新媒体的产生显然在很大程度上省略了中间环节,是候选人及为其服务的竞选团队而不是中立者掌控着新媒体,候选人的网站是私人网站而不是公共舆论的载体。这就使得处于强势地位的政治传播者可以删除网站上不利于候选人的信息,从而更有效地把控舆论方向,让有利于候选人的正向言论产生叠加效应,营造沉默的螺旋,形成选民正负声音上的"马太效应"。正如有些网民对调查机构表示:"网上有很多关于竞选的评论失之偏颇,而且经常有错误信息。"传统媒体与政治联姻之后会产生媒体与权势合谋的弊病,被政治运作充分利用的新媒体也会带来新问题。

(3)政治传播主体通过新媒体与选民直接对话,潜伏着直接民主或者广场民主的积极因素。这是新媒体省略大众媒介这个中间环节的另一面孔,传播技术的进步意味着在实践操作中蕴含着实现卢梭所指的"小国公意"①的可能性。很久之前,就有人批评媒体的不客观性及其臣服于政治权势人物的恶劣行为。伴随20世纪90年代超级媒介垄断集团的形成,这种批评声音更是层出不穷,认为掌握强大象征权力的超级媒介垄断集团对民主造成了伤害并存在继续扩大的危险,因为它们可以制造舆论并左右舆论走向,从而影响民主选举的结果。"媒体以及从事媒体工作的人也应当被视为重要的政治行动

---

① 卢梭.社会契约论[M].何兆武,译.北京:商务印书馆,2003:114–124.

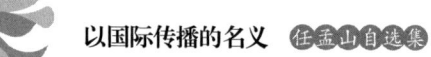

者。这不仅仅因为他们把政治组织的信息传递给了公众,还因为他们通过各种各样的新闻生产方式以及对事件的解释改变了信息本身。"① 但是,省略大众媒介的新媒体传播,可以在一定程度上克服由这个中间环节产生的弊病:普通选民不再需要必须通过大众媒介知晓候选人,而是可以从候选人那里直接获得信息并与其沟通,环节越少的传播过程会使信息传递的误差越小。

(4)奥巴马的新媒体竞选过程与结果,提示我们在国内政治传播过程中,需要更充分地使用新媒体。2008年6月20日,胡锦涛主席在《人民日报》考察时发表讲话,指出"必须加强主流媒体建设和新兴媒体建设,形成舆论引导新格局……互联网已成为思想文化信息的集散地和社会舆论的放大器,我们要充分认识以互联网为代表的新兴媒体的社会影响力,高度重视互联网的建设、运用、管理……"这被著名新闻传播学者展江解读为"表明网络力量已被彻底纳入官方视野"②。新媒体的交互秉性可以让政治传播过程更富动态性,能将很多可能发生的问题在互动过程中消除其萌动因素,从而对社会稳定和政治进步带来促进作用。从这个角度讲,奥巴马利用新媒体当选总统带来的启示,不仅在于政治传播学具有可开掘的新领域,还在于为国内政治传播与民众互动提供了新版本的良性示范,而这在近年来官员通过博客或者在线问答与民众沟通中已经有所表现,关键是今后如何更进一步改进。

四、结语

技术与传播的关系,是传播学理论探讨的重要关系之一。这种关系引发重视的原因在于,从人的主体性出发,"媒体也罢,网络也罢,总是有利益主体在后面作为传播动力。任何人报道事件、发表言论,都是永远也不可能完全平等地对待冲突中的各方的"③。新媒体因其即时性、交互性、自由性、超大

---

① 麦克奈尔.政治传播学引论[M].2版.殷祺,译.北京:新华出版社,2005:49.
② 展江.审慎而积极地调整国家—媒体关系:胡锦涛在人民日报社考察工作时的讲话解读[J].国际新闻界,2008(7):24-29.
③ 陈卫星.传播的观念[M].北京:人民出版社,2004:255.

容量以及跨越时空等特征，在政治传播中赢得也必将继续赢得重要地位，它已经产生的正面效果虽被部分社会实践证实但仍有待继续验证，它可能产生的负面社会效果虽有学者已经警惕但也有待继续认识。奥巴马借助新媒体而成就美国总统的社会实践，需要我们从政治传播学、传播社会学、传播技术理论等角度，持续认识其中存在的关系网络和可能的因果结论。

试论美国网络外交的技术与政治动因[*]

以伊朗"Twitter 革命"为标志,美国展现了网络时代背景下的国际政治传播的策略与战略,揭示了美国网络外交不但是传播新概念,更是政治新行动,本文尝试分析其兴起的两大现实动因。

一、冷战后美国网络外交的历史渊源

19 世纪以来,伴随传播技术的进步与现代国际体系的形成,民族国家除借助武力谋求自身利益之外,也在利用跨边界传播/国际传播来谋求国家利益,于是传播和国际关系/国际政治结合在一起,成为国家行为的一部分。信息流动在国家层面具有了战略性质,信息嬗变为实现战略目标的工具,传播技术的拥有与否成为维持或破坏现有力量平衡的关键因素之一。而在近半个世纪之前,美国政治学家索拉·普尔(Ithiel de Sola Pool)认为,国家(或民族)借以影响周围世界的四种工具为:外交、武装力量、金钱和信息,其中信息是最强大但理解最少的工具。[①]普尔教授把信息作为一种战略资源的看法在当下正以新的面孔呈现出来,如"软实力""文化外交""网络外交"等形式。

在传播领域,随着技术的整合和社会化应用,出现了所谓的"新媒体"。

---

[*] 本文原载于《现代传播(中国传媒大学学报)》2010 年第 9 期,收入本书时略有删改。
① POOL I D S. Information goals [J]. Foreign service journal, 1963(7): 24.

新媒体时代的信息传播被看成社会重组、国家治理以及实施国家战略的重要手段，尤其是社会媒体的运用，如 Myspace、YouTube、Facebook、Twitter 等。社会媒体在传播技术层面代表了西方发达国家尤其是美国的技术优势地位；在政治传播层面，一方面在发达国家内部代表公民有了新的参与机会，以及政治精英有了更多动员社会力量的工具，另一方面在国际上暗含了技术霸权与政治意图的媾和，它不仅仅是一种国际社交网络，关键是能够被作为一种对抗政府的传播工具，并且与国际主流媒体相结合，以国际社会和人权的名义，成了借以干涉别国内政和颠覆他国政权的手段。

距今最近且影响最大的案例是发生在 2009 年伊朗大选中的"Twitter 革命"。在伊朗大选中，美国为实现"绿色革命"的目的，要求位于美国的 Twitter 网站推迟自己的常规维护服务，为伊朗反对派提供"社会媒体"服务，支持他们的街头政治。于是，发生在伊朗的社会媒体革命成了分析"美国网络外交"的切入口，并被视为"美国外交的新武器"[①]。奥巴马和希拉里成了推广这种网络外交的明星式人物。实际上，网络外交并非新鲜事物，而是电子传播技术与外交政策媾和而成的数字外交在全球化高涨时期的一种新体现。

随着互联网技术在 20 世纪 90 年代的加速传播和全球化的加剧，一方面，传播技术为外交活动提供了新的手段和传播渠道，另一方面，全球化的展开促进了传播主体的多元化。美国前国务卿奥尔布赖特在担任驻联合国大使时（1993—1997 年）就意识到了大众传播的力量，把 CNN（闭路新闻网）看作安理会的第十六个成员[②]。前国务卿鲍威尔在任时（2001—2005 年）就强调传播技术的作用，主张通过国务院的组织文化改革及引入新的人力、技术等资源为美国的外交注入活力。在其任内，2003 年成了美国国务院外交工作的一个分水岭。在国会的支持下，国务院开始走向互联网传播，利用新技术来提高美国的外交能力，于是在 2003 年 10 月设立了网络外交办公室（Office

---

① 东雪. 纽约时报：伊朗大选启示 网络成美国外交新武器 [EB/OL]. (2009-06-25) [2009-09-15]. https://news.ifeng.com/opinion/world/200906/0625_6440_1219570.shtml.

② DIZARD JR W. Digital diplomacy: US foreign policy in the information age [M]. London: Bloomsbury Publishing, 2001.

of eDiplomacy)。网络外交办公室把外交和民间服务官员的经验和知识结合起来,并借鉴职业人员的经验来完善外交,它的使命在于:让外交官和美国政府的外事人员随时随地接触和贡献外交知识,来强化美国的外交能力。[①]2001年美国遭受恐怖袭击之后,前国务卿赖斯(2005—2009年在任)就认为该袭击的根源在于"压迫和绝望"[②],并于2006年1月在乔治敦大学演讲中提出了"转变外交"的理念,旨在国外重新分配外交力量,在国内加强网络外交建设。希拉里在布什政府的技术更新之上,采用了旨在传播美国外交政策和恢复美国形象的数字外交,并成了"巧实力"(smart power)的积极倡导者。[③]

二、美国网络外交兴起的两大动因

其一,网络时代的技术导致信息传播特征剧变。在互联网时代,传播表现出了新的特征,如流动性、无边界性、实时性、透明性、互动性、市民性、融合性等,这些特征在很大程度上异于传统媒体的信息传播特征。传播的流动性不仅在于媒介的便携特征,更表现为移动媒体与互联网的接合,形成绕过信息审查的强大的、立体的、即时流动的传播能力。互联网传播倾向于稀释传统的、沉淀性的、以固定地点为背景的身份意义的严格界定,从而为新的身份建构和改善提供了可能,在缓和文明(文化)紧张(或冲突)方面起到减压阀的作用。在互联网时代,新的传播技术不但增强了传播信息的洞穿能力,使民族国家的稳定性边界变得更具通透性,信息借助数字化的传播网络即时传输到世界各地,传统的以地理学为基础的地缘政治观念嬗变为网络时代的以想象为基础的地缘政治观念,即"想象的地缘政治"——政治借助文化、信仰、情感的地理分布来发挥作用,而且互联网传播的实时性使

---

① About eDiplomacy [EB/OL]. (2009-01-20) [2009-03-23]. https://2009-2017.state.gov/m/irm/ediplomacy/.
② East-West Center, U.S Asia Pacific Council. World report [EB/OL]. [2009-03-23]. https://www.hrw.org/world-report/2009.
③ LEE M, CLINTON H. E-diplomat, embraces new media [EB/OL]. (2009-03-22) [2009-03-23]. https://www.dailynews.com/2009/03/22/hillary-clinton-e-diplomat-embraces-new-media/.

公众能够快速地接触到当下发生的新闻事件，能够不受时间和地点限制地进行即时交流与传播。这在一定程度上满足了信息的时效性要求，同时减少了信息流量在传播过程中的耗损，促进了信息传播的透明和社会重组的加速。互联网传播同时意味着传播过程的多种形态和双向性，即互动。数字化为传播过程的互动提供了技术保障，互联网体现着各种传播形态的并存，它将人际传播、群体传播、组织传播、大众传播、分众传播等形态汇聚于一身，这为个体和群体的社会化和认知提供着镜像支持，并促使社会或集体共识的形成。

随着全球化的展开，公民社会被看作一种反权力存在形式。这个具有批判性的社会群体的存在不仅质询着人权、跨国公司战略和环境保护中的非理性，而且为网络舆论的发展提供了社会氛围，为公共外交提供了网络支持。同时，由于网络时代"社会媒体"的存在，网民得以交流观点、分享体验，从而形成相应的微观公共舆论，这种透明性使采用"宣传"技巧来谋求某种传播效果的做法出现了不确定性，且具有走向反面效果的风险，使得任何隐性操作将在数字化网络的投射下变得具有可见性。也就是说，由于传播的网络化和全球化趋势的发展，信息控制、内容、媒介与受众等都产生了内涵嬗变，此前以大众传媒（广播、电视、报纸）为主要信息载体、以消费者或公民为受众的传播过程因网络的社会化呈现出民主化趋势，传播的过程元素呈现多元化势态。"大众媒体"转变成了"大众的媒体"，大众传播转变成了"大众的传播"。传播不再是由信源到信宿的单向传播，而是在社会媒体下主体间平等的互动传播，并被打上了个性化的烙印，传播主体不再局限于记者、编辑、新闻社、企业、政治团体以及政府，而是扩展到了社会个体。信源和信宿、信息生产者和消费者间的边界逐渐模糊，新闻不再是媒体或政治团体授意下的产品，草根新闻或公民新闻借助网络成了信息的发布者，社会个体也具有了信息评估者和舆论制造者的资格；而这些，正是美国政治人物在个体层面与国家层面都重视网络外交的缘由。

其二，从"现实政治"走向"网络政治"的国际政治嬗变。全球信息传播对以先进信息传播技术为基础的外交行为提出了根本性改变，将国际关系中的权力分散到不同的领域，尤其是公民社会领域。在美国学者伊万·波特（Evan H. Potter）看来，我们正处在一个信息革命的关键阶段，几乎对管制具有免疫作用的电子传播成了当下传播的主要形式："等级让位于网络，开放涌现出秘密，思想与资本毫无障碍地流动于政府、企业和非政府组织的全球网络。"① 数字化传播产生的冲击是巨大的，以至于尼古拉·居彦（Nicolas Curien）和皮埃尔-阿兰·米埃（Pierre-Alain Muet）在2004年提交给法国经济分析委员会的报告《信息社会》中，把数字革命看成继铁路和电力之后的"第三次工业革命"②。

从政治学的角度来看，伴随传播技术的发展，国家间的政治博弈扩展到虚拟的网络空间。在西方学者看来，被实践了500多年的"现实政治"（realpolitik）在传播技术的冲击下，在某种程度上嬗变为所谓的"媒介政治"（mediapolitik）或"网络政治"（cyberpolitik）或"心灵政治"（noopolitik）。③ 在现实政治中，外交人员与民族国家玩弄着政治游戏，试图采用"连横合纵"的手法来获取有利于自己的利益或战略平衡。从媒介政治角度来看，大众媒介与世界政治，政府、公共舆论与媒介的合作深深地影响着外交活动的展开，媒介在国际政治中扮演着重要的角色。但在有关网络政治的学说看来，网络政治成了现实政治的新时代变体，这里的主体不再仅仅是国家，硬实力可用信息的力量来平衡或加强，信息具有了战略作用，实现着民族国家的地缘政治和经济利益。心灵政治是一种治理国家的艺术，可被称为国家主体与社会主体采用的工具，主要在于强调思想与价值观借助媒介所产生的影响，它整合了大众媒体与互联网的优点，从而从软实力的角度强化民族国家在国际上的影响。互联网时代的传播特征与国际政治的嬗变使我们看到了网络外交的

---

① POTTER E H. Cyber-diplomacy: managing foreign policy in the twenty-first century [M]. Montreal: McGill-Queen's University Press, 2002.
② CURIEN N, MUET P-A, COHEN E, et al. La société de l'information [M]. Paris: La Documentation française, 2004.
③ BOLLIER D. The rise of Netpolitik: how the Internet is changing international politics and diplomacy [R]//A report of the annual Aspen Institute Roundtable on information technolog (11th, Aspen, Colorado, August1-4, 2002), 2003.

历史必然性和现实必要性;而这种必然性和必要性正在"美国的新媒体总统"奥巴马和"网络外交国务卿"希拉里的言行中得到验证。

三、结语

在新媒体逐渐走向发达并对政治实践产生强烈影响的国际与社会背景下,利用新媒体成了国家间获取地缘政治和经济利益的重要手段,成为国家外交中被纳入考量的重要构成要素。就现行国际体系中的民族国家而言,网络外交成了维护国家内外主权、构建政府合法性以及争取国家利益的制度与机构的组成部分。从当下的国际关系和国际政治实践来看,"政治的终结""意识形态的终结"等终结性话语只能算得上政治性梦想,我们仍旧生活在一个充满国家间利益争夺、意识形态纠缠以及文明冲突泛化的世界里,现实主义国际政治的理念仍旧操持着民族国家的对外交往实践,地缘政治和经济利益依然是民族、团体、群体、国家追求的目标,只是在网络时代转换了行为方式和实施战略。但正因如此,我们需要考量的是,民族国家间的博弈不仅是"硬实力"的博弈,而且是"软实力"的较量,还是"巧实力"的综合运用。但这种运用的效率和效果,建立在国家层面上的战略高度与实践力度上。美国网络外交的运用为其他国家提供了可供借鉴的参考,尤其是对于力量增长中的中国如何在互联网时代展开数字外交极具启发性意义。

新世纪美国地缘政治心理学："美国总是第一"在走向历史的终结*
——评《中国赢了吗——中国对美国优先的挑战》*

《中国赢了吗——中国对美国优先的挑战》的作者马凯硕（Kishore Mahbubani）是个勤奋的思考者和写作者。1971—2004 年，他一直在新加坡外交部任职，担任过新加坡外交部常任秘书，曾两次任新加坡驻联合国大使，也曾驻任柬埔寨、马来西亚、美国华盛顿，这些经历为其思考和写作提供了足够宽广的视界和深刻的体悟，出版过《亚洲人会思考吗？》《走出纯真年代》《新亚洲半球》《大融合》《新加坡能生存下去吗？》《东盟奇迹》等著作。从外交界退出后，他在新加坡国立大学创设了李光耀公共政策研究院，经常在世界各国发表演讲和文章。

《中国赢了吗——中国对美国优先的挑战》是其新著，旨在分析中美地缘政治竞争的来龙去脉并预测其走向。不过，书的正副标题都不够精确，非常容易引起误解。"中国赢了吗"像在暗示中美之间的竞争已有定论，"中国对美国优先的挑战"似在意指是中国挑起了对美国的挑战。显然，这两个问题都并非如此。但书中谈到的不少问题，特别是指出美国的战略失误及美国对中国的臆想，价值和意义俱在。

---

* 本文原载于《当代中国与世界》2021 年第 1 期，系国家社科基金重大研究专项"'一带一路'对外宣传及国际舆论引导问题研究"（项目编号：18VDL019）的阶段性研究成果，收入本书时略有删改。

* 本文所引内容均为此书 E-book 版本。

一、中国和美国的"战略失误"

该书一开始先对中国和美国各打五十大板,认为中美关系行走至当下,双方均有"战略失误"之处,在理解和行动上双方都有误解,并各用一章篇幅分别分析总结了中国及美国的"战略失误"所在。

就中国而言,其失误在于"疏远了几类重要的支持者",特别是美国的商业群体(business community),这个群体在美国"游说政治"(Lobby Politics)中具有强大的说服力。他援引了美国著名汉学家谢淑丽(Susan Shirk)的观察结论,"在美国特朗普总统宣布与中国开始贸易战时,没有人站出来为中国辩护……不管是商人,还是学者,更没有国会议员"①。对比之下,20世纪90年代美国在取消中国最惠国待遇之时,不但有人站出来为中国辩护,还有商业协会表示抗议,他还列举了波音公司在维护中国最惠国待遇时发挥的重要作用。对于造成中国与商业群体关系疏远的原因,他概括出两点:其一,"在2000年以后,中央对省市对外国投资者权益有所冒犯时没有进行仔细核查"②;其二,"中国官员在2008年全球金融危机之后过于自信而表现出的傲慢"③,并用博鳌论坛上部分发言者的表态加以佐证。

美国最大的战略失误则是对中国缺少综合性的长期战略,并在越来越强大的中国的发展方向没有符合美国预期之时,开始鲁莽行事,两党竟非常一致地对中国开始了贸易战。从这个意义上讲,他认为在美国与中国地缘政治的竞争中,中国赢得了第一回合:美国还没想好就行动了。在美国国内政治中与特朗普总统水火不容的国会众议院民主党领袖、议长南希·佩洛西(Nancy Patricia Pelosi)表示:"由于中国不公平的做法,美国已经损失数

---

① MAHBUHANI K. Has China won? The Chinese challenge to American primacy [M]. New York: Public Affairs, 2020: 19.

② MAHBUHANI K. Has China won? The Chinese challenge to American primacy [M]. New York: Public Affairs, 2020: 24.

③ MAHBUHANI K. Has China won? The Chinese challenge to American primacy [M]. New York: Public Affairs, 2020: 25.

万亿美元和几百万工作岗位。"[1]这显然是政治数据，不是事实数据。就像曾经担任罗纳德·里根总统经济顾问的哈佛大学教授马丁·费尔德斯坦（Marty Stuart Feldstein）所言，"外国进口壁垒和出口补贴不是造成美国贸易赤字的原因……真正的原因是美国人消费多于生产……责备别人不能改变事实"[2]。马丁·费尔德斯坦长期担任美国国民经济研究局负责人，最先提出了供给侧改革，被称为"供应学派经济学之父"，他自2003年开始连续15年参加中国发展高层论坛，为中美之间的经济理解提供了更为宽阔的视角。

不仅如此，美国的失误还在于将"美元武器化"（A clear weaponization of US dollar）。美国利用美元在全球货币中的优势地位，对不听从美国制裁规定的外国金融机构进行了惩罚，甚至英国渣打银行（Standard Chartered Bank）也因为用美元资助受到了美国制裁的伊朗而被罚款3.4亿美元。这是典型的"长臂管辖"，将美国国内制裁规定外化，包括华为公司在内的部分中国公司也因此受到了牵连。但是，滥用美元霸权正在动摇美国在全球受到的金融信任，损害了美国在全球货币储备中的优先地位，促使更多国家寻找美元替代品，至少能对美元做小规模的替代。例如，法国和德国在"美元武器化"背景下，建立了"贸易往来支持工具"（Instrument in Support of Trade Exchange，INSTEX），试图避开美元及美国制裁与伊朗进行贸易。"贸易往来支持工具"是一个结算机制，通过"以物易物"的模式，使伊朗继续向其出售石油并提供其他进口产品或服务。这一机制在2019年6月启用后，年底又有比利时、丹麦、芬兰、荷兰、挪威和瑞典六个欧洲国家加入。马凯硕认为，中国阿里巴巴公司的阿里支付（Alipay）和腾讯公司的微信支付（WeChat Pay）也都是正在兴起的结算方式。实际上，阿里支付早已被跨境使用。美国如果继续愚蠢地将"美元武器化"，"美元之死"（the day the dollar dies，D-Day）将会到来，即美元将失去世界第一货币的地位，美国将

---

[1] MAHBUHANI K. Has China won? The Chinese challenge to American primacy [M]. New York: Public Affairs, 2020: 39.

[2] MAHBUHANI K. Has China won? The Chinese challenge to American primacy [M]. New York: Public Affairs, 2020: 41.

失去金融制裁这一超级武器。①

公允而言，马凯硕对中国及美国"战略失误"的分析和结论，基本反映了事实。但他对中国的两点分析有不到位之处，缺少对中国内情的要素涵纳。

一方面，2000年之后，我国中央政府并不缺少对上文所述的核查，而是中国在加入世界贸易组织后，才开始系统实施外国公司国民待遇化，这是世贸组织的基本要求，即平等对待本国和外国公司。这一过程让外国公司感到利益受损，甚至认为中国的态度变得傲慢。而在此之前，中国在吸引外国来华投资中支付了高昂代价，如土地使用优惠、税收减免等各种对外国公司让利的政策。当然，如此行事是彼时彼景的合适做法，当时外国公司确实带来了投资、技术、管理等中国需要的内容。但时移境迁，对外国公司的"超国民待遇"必然会逐渐矫正，只是包括美国在内的商业群体难免会有超额收益被熨平的阵痛。事实上，内外资待遇平等，是发达国家通行的做法。

另一方面，新时代中国不断发展，尽管中国依然保持谦虚谨慎、不骄不躁的作风，但美国并没做好与别国分享世界舞台中央的心理准备。对美国而言，"'美国总是第一'正在走向历史的终结"乃是21世纪以来其地缘政治心理学的新课题。作为冷战之后唯一的超级大国，美国30多年来独享世界舞台中央已成为其历史惯习，在美国看来它是世界第一并将永远是世界第一是无可置疑的政治正确。这是美国自己神圣不可侵犯的信条。② 在此心态下，任何国家在不断发展走向自信过程中对美国态度的变化，都会被其认为是一种冒犯，如同当年美国的盟友——法国要更多独立行事也不例外地引其不快。不过，对于中国而言，确实应该像马凯硕在该书导论中所言，不要轻视美国的力量，美国有很多中国现在还不具备的优势。"厉害了我的国"可以作为国人自信的内部动员口号，却不宜成为对外宣示的国家态度。"满招损，谦受益"不仅针对个人，对国家亦如此，要尽量避免给国际传播中对待中国的不友好言论授以口实。

---

① MAHBUHANI K. Has China won? The Chinese challenge to American primacy [M]. New York: Public Affairs, 2020: 51.

② MAHBUHANI K. Has China won? The Chinese challenge to American primacy [M]. New York: Public Affairs, 2020: 58.

二、美国眼中的中国与美国自身的模样

马凯硕在分析总结中美两国在行动和理解上的"战略失误"之后,转而分别探讨了"中国是扩张主义者吗"与"美国自身能够转向吗"两大问题,并都给出了三点理由。前一个问题是由美国眼中的中国引发,后一个问题则与美国眼中的中国对比,分析美国自身是什么模样。

美国将中国定义为一个"扩张主义者"。中国的"一带一路"倡议、亚洲基础设施投资银行建设、在南海的正常举动,都被美国认定为中国要扩张自己的政治势力甚至领土范围。但实际上,美国却在中国香港、台湾事务中到处插手,在西藏、新疆事务中蓄意抹黑中国。美国不能清楚地认识中国的核心利益,更没有尊重中国的核心利益。马凯硕说:"如果美国总统建议把得克萨斯州和加利福尼亚州还给墨西哥,那将无异于政治自杀;同样道理,如果中国领导人建议放弃西藏、新疆、台湾等地,那也是政治自杀。"[①] 领土完整是中国的核心利益之一,美国不应该抱有幻想。中国统一台湾,是台湾回归,不是中国扩张,美国要认识到中国这一重要的核心利益。

至于中国并非"扩张主义者"更早有佐证。第一,中国几千年历史证明,中国不好战,即使有机会也没有主动大规模扩张领土;第二,中国没有好战的文化基因;第三,中国与其他国家交往时,从来不像美国那样将武力作为首选项。书中这三个层面分别涵盖历史、文化及对外交往,虽然无法概括中国不是"扩张主义者"的全部理由,但基本涵盖了最重要的要素。从现实层面上讲,中国正致力于完成中国人民"对美好生活的向往",跟所谓扩张没有任何关联。西方舆论将中国在非洲的投资与政治友好称为"新殖民主义"、将"一带一路"倡议称为"新版马歇尔计划",这种比附只是西方版中国故事讲述者的传播手段,并未反映全部的客观现实。

---

① MAHBUHANI K. Has China won? The Chinese challenge to American primacy [M]. New York: Public Affairs, 2020: 66.

相反，美国的"扩张"却是真实的，应该进行掉头转向（make U-turn）。首先，美国军事开支巨大，完全应该削减经费，将节约下来的资源用到其他重要领域，如科学技术的研究和发展。然而，美国的选举政治使其武器购买无法减少，造成了路径锁定，参议员和众议员候选人都不愿因此开罪大武器公司而失去选票。其次，美国的无谓战争过多，应该从国外大规模撤军。例如，完全违反国际法的战争——入侵伊拉克造成美国投入上万亿美元军费，而美国卷入伊斯兰世界的冲突更是极不明智。如果说当初美国发动战争是着眼于中东石油利益，而今美国已经成为石油出口国，却还在沿用原有军事政策实在得不偿失。不仅如此，美国经常军事干涉他国事务，成本高昂。最后，美国军事大于外交，以至于外交官员经常在总统选举之后被频繁大量撤换，没有形成一支稳定的职业外交官队伍。作者认为，美国应该学习中国，加强外交官队伍建设，走外交途径才更为划算。

上述两个问题的结论显然都很明确，第一，中国不是扩张主义者，在联合国安理会常任理事国中，中国是冷战之后唯一没有参与外国战争的国家。从军事上看，美国才是扩张主义者。第二，美国几乎无法转向，美国认为这些手段是其在地缘政治和全球政治中保持强大影响力的保证，而且认为唯有如此，才能在与中国的地缘政治竞争中获得胜利。因此，马凯硕在该书中不止一次强调了他的一个重要观点："美国和中国在当下地缘政治竞争中，美国的行为类似旧冷战中的苏联，中国的行为则类似当时的美国。在旧冷战中做决策之时，美国柔和、灵活和理性，苏联则顽固、死板和教条。"[①] 美国不在关键事务中掉头转向，源于美国从来没想过自己有一天会不再是世界第一，而是认为自己会永远保持世界第一。"悲哀的是，美国虽然（在国际事务领域）有公开辩论的传统，却没有足够宽广的胸怀容忍对美国什么时候会成为世界第二的公开讨论。"[②]

---

① MAHBUHANI K. Has China won? The Chinese challenge to American primacy [M]. New York: Public Affairs, 2020: 80.

② MAHBUHANI K. Has China won? The Chinese challenge to American primacy [M]. New York: Public Affairs, 2020: 102.

三、美国的想象：民主与价值观

在接下来的对比中，该书将"中国应该实行（美国式）民主吗"和"美国价值观优越感"放在一起。这两个问题连在一起的共同原因可以被理解为都与"美国的想象"有关。

在"美国的想象"中，中国应该实行"美国式民主"。从20世纪70年代与中国关系走向正常化开始，美国就在幻想通过美国力量的影响，扩大中国的开放，使中国最终被纳入美国的政治轨道。在中美交往中，美国从来都是在构想美国如何影响中国，而没有构想中国如何影响美国。"西方第一中国通"费正清（John King Fairbank）先生早就指出，"在我们继续塑造我们自己在中美关系中的形象时，有一件事是可以肯定的：我们的想法总是偏袒自己这一方面。……我们必须越来越深刻地认识到，中国人的生活极愿由自己来满足自己，我们自己完全没有能力改变那种状况"①。但是，美国显然对此不以为意，"美国相信民主制度站在历史正确的一边，而共产主义制度站在历史错误的一边。苏联共产党的倒台强化了美国的这一错误认知"②。事实证明，这只是"美国的想象"，中国的发展走出了一条与美国不同的道路，并因此壮大起来，这造成了美国的不适以及不适应。以至于关注中国事务的著名学者乔治·华盛顿大学的罗伯特·萨特（Robert Sutter）说："整个美国政府集体反对中国的立场，在过去50年来的华盛顿从来没有出现过。"③

但是，这是一条建立在误解之上的美国政治统一战线。"对中国共产党产生误解的最大根源是西方国家将焦点聚焦于'共产主义'而不是'中国'。"美国总是将中国共产党等同于苏联共产党，实际上这是错误的。作者总结道，

---

① 费正清.美国与中国[M].4版.张理京,译.北京：世界知识出版社,2006：434.

② MAHBUHANI K. Has China won? The Chinese challenge to American primacy [M]. New York: Public Affairs, 2020: 104.

③ MAHBUHANI K. Has China won? The Chinese challenge to American primacy [M]. New York: Public Affairs, 2020: 69.

在中国共产党的领导下中国提供了三项重要的全球公共品：第一，中国在鸦片战争后备受屈辱，有足够的民族主义历史土壤，但在中国共产党的领导下，民族主义情绪被限定在中国的政治体系之内，对外很温和；第二，在应对全球挑战中，中国共产党始终是一个理性的行为者，没有过激行动，不像美国特朗普总统那样撕毁协议肆意退群，干扰国际秩序；第三，在中国共产党的领导下，中国是个"安于现状"的大国，而不是"革命性大国"。[1] 全世界，包括美国在内，都受益于中国共产党领导下的中国理性的全球政策。

与对中国的想象相反，在"美国的想象"中，美国是个"例外国家"。书中援引哈佛大学教授史蒂芬·沃尔特（Stephen Walt）的总结："过去两百年，美国著名人物把美国描述为'自由帝国''山巅之城''地球最后的希望''自由世界的领袖''不可或缺的国家'。"[2] 这个总结源于史蒂芬·沃尔特的一篇文章《美国例外论的神话》，核心意思是说美国所谓独一无二的思想只适用美国人，不适用其他国家。

事实上，在过去30年发展中，美国50%的民众并没有得到发展，收入水平停滞，"美国最富有的100个家庭的收入相当于90%的其他美国人的收入，这可以比肩于罗马帝国时期罗马议员与奴隶之间的收入差距"[3]。美国贫富差距如此之大，以至于不少富豪也开始支持征收"富人税"。造成贫富差距过大的重要原因之一是美国的政治安排，即在选举中走向了富豪统治，"美国国会的决策不由选举者决定，而由资助国会议员的金主决定"[4]。这种决策机制有利于包括金主在内的富人自然是题中之义。相反，中国改革开放的40多年，是中国历史上民众收入和生活水平提高最快的时期。

---

[1] MAHBUHANI K. Has China won? The Chinese challenge to American primacy [M]. New York: Public Affairs, 2020: 106–112.

[2] MAHBUHANI K. Has China won? The Chinese challenge to American primacy [M]. New York: Public Affairs, 2020: 141.

[3] MAHBUHANI K. Has China won? The Chinese challenge to American primacy [M]. New York: Public Affairs, 2020: 142.

[4] MAHBUHANI K. Has China won? The Chinese challenge to American primacy [M]. New York: Public Affairs, 2020: 149.

对比"美国的想象"中的中国和美国，加上目前的政治现实，可以发现：第一，有200多年建国史的美国不理解有几千年历史的中国；第二，现在的中国不是与美国比较，而是与历史的中国比较，这是中国稳定秩序来源的历史合法性；第三，中国共产党是一个务实的、灵活度超高的政党，是中国取得巨大成就的领导者，不是"美国的想象"中苏联共产党的当下存在；第四，"美国的想象"中的美国模样建立在并不牢固的基础之上，美国国内种族问题、贫富差距问题巨大，从美国选举及其之后的"占领白宫"事件来看，撕裂度很高。该书得出的结论是："美国与中国的地缘政治竞争，如果是一个健康的、灵活的民主制度和一个僵化的、顽固的共产主义政党制度竞争，美国将会胜出。然而，如果竞赛是在一个僵化的、顽固的富豪政治制度和一个充裕的、灵活的贤能政治制度中展开，中国将会取得胜利。"① 这个结论也回应了该书"中国是否会赢"的主题。

四、中美地缘政治竞争与他国的选择

关于中美地缘政治竞争，该书给出了一个被作者称为"矛盾的结论"：既不可避免又可以避免。

其实，这是一个没有结论的结论。

事实上，中美地缘政治竞争是否开始及其烈度，在可见的将来，取决于美国。"美国需要在不断扩张的霸权思维轨道上刹车，停下来进行反思，使自己适应变化了的世界，学习做一个正常的国家。但是现在似乎还看不到美国决策者有这样的迹象。"② 从历史维度来讲，大国政治之间结构性因素对世界局势的影响，首先取决于处于优势地位大国的决策及其实施。从现实维度来讲，是美国扣动了对中国实行贸易战的扳机，并试图在国际上组织遏制中国发展的联盟。而关键问题是，对于美国的政治决心和战略决策而言，"美国的想

---

① MAHBUHANI K. Has China won? The Chinese challenge to American primacy [M]. New York: Public Affairs, 2020: 165.
② 资中筠. 美国十讲 [M]. 广西：广西师范大学出版社, 2014: 293.

象"中的中国比现实里的中国更加重要。

就像该书在结论一章中指出的,"这本书要传递的一个重要信息是中国领导人在复兴华夏文明之时,并没有传教士般的使命冲动去掌管世界并让每个国家都成为像中国一样的国家"[1]。基辛格(Henry Alfred Kissinger)曾经指出,"美国自建国以来就笃信自己的理想具有普世价值,声称自己有义务传播这些理想。这一信念常常成为美国的驱动力。而中国行为的依据是其独特性,它通过文化交流而非传教狂热来扩大影响"[2]。中国因其经济规模壮大在世界上发挥的作用和影响自然会增强,但中国并没有要求其他国家的意识形态或政治实践与自己一样。在影响他国方面,这是中国与美国区别最大的地方,美国具有传教士般的使命冲动,要让其他国家的意识形态或政治实践像美国一样。相比较而言,中国更关注自身,致力于解决好自己的问题。

作者所说中美地缘政治竞争"不可避免"的主要逻辑来自其在前文总结的中美"战略失误",只要这些"失误"存在且无改善,中美竞争就不可避免;而"可以避免"的主要逻辑来自其论述的中美之间没有根本性冲突的五个方面:[3] 第一,中美在根本国家利益方面没有冲突,都是致力于提升本国人民福祉;第二,中美都是延缓气候变化的重要力量,是同舟者;第三,中美之间没有意识形态冲突;第四,中美之间没有文明冲突;第五,中美之间没有价值观冲突。但是,第三和第五方面所谓的"没有冲突",建立在双方都不输出自己的意识形态和价值观,特别是政治价值观上。但这是不可能的:美国始终都在输出,而且这还是美国设置国际政治议程的重要合法性来源。

从这个意义上讲,中美之间的地缘政治竞争"不可避免",所谓"可以避免"是美好的想象。不过,书中指出了很重要的一点,在193个国家和地区中,除中美之外的其他191个国家和地区,有很多都足够自立而不会在中美

---

[1] MAHBUHANI K. Has China won? The Chinese challenge to American primacy [M]. New York: Public Affairs, 2020: 199.
[2] 基辛格.论中国[M].胡利平,林华,译.北京:中信出版社,2012:517.
[3] MAHBUHANI K. Has China won? The Chinese challenge to American primacy [M]. New York: Public Affairs, 2020: 204–217.

地缘政治竞争中站队，作者专列一章说明了澳大利亚、欧盟、日本、印度等国家和地区不站队的理由。现在已不是旧冷战时代，美国和中国只是全球190多个国家和地区中的两个国家，很多国家和地区都可以做到既不依赖美国，也不依赖中国。美国挑起地缘政治竞争，很多国家都会理性思考自身利益所在，做出自己的选择。正如著名国际关系学者秦亚青所指出的，"总览当今世界，即便是准结盟体系都难以形成，世界大多数国家不会轻易选边站队，更不会分别与大国再建同盟关系"①。"世界发展到目前的阶段，任何单一国家主导的霸权体系都不会复现，任何两个超级大国及其各自盟友构成的两极对抗体系也不会再现。"②

五、结语

作者在导论中表示，该书一个重要的目标是吹散蒙在中美关系上的重重误解迷雾，促使双方更好地理解——即使不能支持——彼此的核心利益。③实事求是地说，本书在很大程度上做到了这一点。但是，该书的读者如果更多是美国人及其政治人物，其价值和意义将会更大。因为它可以让美国人及其政治人物对中国有更多的了解和理解，进而反思美国自身的认知、决策与未来。

在当下世界政治格局中，有一个已经到来的现实和一个即将到来的可能。前者是世界在美国治下的霸权神话已经终结，后者是"美国总是第一"终会走向历史的终结。

世界在美国治下的霸权神话的终结有三个突出表现：一是特朗普时期的美国肆意退群和"美国优先"的国际不合作行动，大幅削弱了美国的软实力和全球性制度权力，世界各国都在思考不在美国治下的国际走向；二是全球

---

① 秦亚青.世界格局的变化与走向[J].世界知识，2021（4）：26–27.
② 秦亚青.美国大选与世界格局的走向[J].现代国际关系，2020（12）：1–3，59.
③ MAHBUHANI K. Has China won? The Chinese challenge to American primacy [M]. New York: Public Affairs, 2020: 204–217.

性公共危机的发生,世界没有看到美国如何带领各国共克时艰,反而看到一个撕裂的、不合作的世界;三是美国选举中的分裂及其选举之后"占领白宫"的流血事件,打破了美国式民主的神话。"美国总是第一"在走向历史的终结,还突出体现在可拭目以待的中美之间的国家经济数据变化。当然,必须指出的是,这个过程的变化即使足够迅速,也并不意味着美国的绝对衰落,而是需要在相对和绝对两个坐标系上加以观察。"从人类历史看,任何文明都有兴衰的过程,美国自然也不例外。19世纪是英国的世纪,20世纪是美国的,21世纪刚开始不久,中国这个古老的国家已经崛起,这都不奇怪,是文明间的竞争和较量。美国也许将逐渐失去它在二战后取得的霸主地位,如果这样的话,可以说是相对衰落……凭着美国的幅员与实力,除非美国人自己瞎折腾,滥用自由或放弃自由,外力是很难摧毁它的。"[①] 但在未来的日子里,美国地缘政治心理学要在"美国不再是第一"的事实基础上做出建设和调整。在此背景之下的中国,继续做好自己的事情远比在地缘政治竞争中耗神费力,对实现中华民族伟大复兴更有意义。从这个意义上讲,希望作者苦口婆心劝美国眼光向内能产生效果,从而实现该书所言中美地缘政治竞争"可以避免"的愿望。不过,这似乎只是看上去很美。

[①] 钱满素.文明给谁看[M].北京:东方出版社,2018:424–425.

试论伊朗"Twitter 革命"中社会媒体的政治传播功能*

社会媒体（Social Media）[①]是互联网时代诞生的概念，意指用户可以参与信息传播与互动的在线媒体，如博客、播客、BBS、维基，以及新近兴起并产生了广泛影响的社交网络与内容社区，包括Facebook、Linkedin、Wealink、Flickr、Ipai、Twitter等。在美欧发达国家内部，社会媒体在政治传播中的功能主要集中在政治营销与政治选举上，是政治党派或政治精英进行政治修辞以及与民众沟通的工具，比如法国前总统萨科齐与美国前总统奥巴马在大选中对社会媒体的广泛运用，取得了较好的政治营销效果。但是，社会媒体在发展中国家所起到的政治传播功能要复杂得多，这主要源于其政治合法性与言论自由在一定程度上需要继续完善，特别是在传统媒体无法发声的情况下，民众以及本国具有政治目的的党派或人士可能采取通过社会媒体进行力量组织和社会动员，从而在政治实践中产生影响。更为复杂的是，在国际政治的力量角逐和意识形态较量中，发达国家利用其在社会媒体上的先发优势，对发展中国家的内部政治生活施加影响，并且往往产生一些发展中

---

* 本文原载于《国际新闻界》2009年第9期，与朱振明合作，收入本书时略有删改。
① 也有学者将"Social Media"翻译为"社会化媒体"，本文认为不妥。主要原因有两点：第一，社会媒体是与大众媒体相对应的一个概念，大众媒体名为"大众"，实际上大众参与程度很低，更多地处于一种被传播的被动状态，而社会媒体是指社会力量（包括每个个体）都能够参与的媒体；第二，社会媒体的英文"Social Media"中的"Social"一词是与Civil Society（市民社会／公民社会）密切相关的，也是学界与实践中对国家、市场与社会的三分法的理念延续。

国家没能预料到的政治后果。2009年7月发生在伊朗的被冠以"Twitter革命"的政治运动，就显露出了社会媒体在与国内外各种政治力量进行博弈时的政治传播功能与效果。

一、Twitter 的网络技术与信息传播特征

Twitter 是一个整合了无线网络、有线网络与通信技术的即时通信交流平台，是微博客的典型代表。2006年，博客技术先驱 blogger.com 创始人埃文·威廉姆斯（Evan Williams）创建的新兴公司 Obvious 推出了 Twitter 服务。这项技术的设计初衷只是用于向好友的手机发送文本信息，因此设定了140个字符的信息发布字数限制，以与手机的短信功能进行对接。但进行服务升级之后，不再需要用户输入手机号码，就可以通过即时通信服务和个性化 Twitter 网站接收和发送信息。在 Twitter 上注册的用户被称为"推客"，每个"推客"都可以有无数个"follower（跟随者）"，每个"推客"也可以成为其他无数个"推客"的"跟随者"，相互之间即时了解对方的信息传播内容。

Twitter 作为一种社会媒体，具有与其他社会媒体相同的一般传播特征——无地点性、实时性、无边界性、互动性、市民性、透明性、整合性等。但就 Twitter 自身而言，突出的传播特征表现为快捷、信短而内容丰富。因为，Twitter 实现了网络和手机的短信连接以及与其他社会媒体的超级链接，不仅在登录 Twitter 网站时可分享文字和视频信息，而且能够随时随地保持与其他推客的联系，构成了一个立体的即时在线传播网络，具有强大的传播功能。美国《时代》杂志认为，Twitter 之所以被用作"社会运动媒介"，原因在于其"自由，高流动性，高个人化与非常迅速"。[①]

[①] GROSSMAN L. Iran protests: Twitter, the medium of the movement [J]. Time magazine, 2009(6), 17.

二、Twitter 在伊朗选举危机中的政治传播功能与效用

在 2009 年 6 月 12 日的伊朗总统大选中，保守派总统艾哈迈迪·内贾德以绝对优势（62.6%）击败了改革派对手米尔-侯赛因·穆萨维（33.7%），但选举结果很快遭到穆萨维支持者的反对，他们认为选举作弊。俄罗斯、中国、印度、巴西以及许多中东国家为内贾德的再次当选发去了贺电，但西方国家对此持保留态度。随后，反对派走上街头抗议，并与警察发生冲突，西方媒体纷纷站在伊朗改革派的一边，支持后者的所作所为。6 月 16 日，伊朗文化部禁止外国记者报道非法的"游行示威"以及所有不符合文化部安排报道的事件。穆萨维的支持者不顾宗教领袖哈梅内伊承认选举结果和政府的警告，继续走上街头与革命卫队发生冲突。6 月 20 日，穆萨维表示做好了作为"烈士"赴死的准备，同时伊斯兰共和国的国父霍梅尼的陵墓也遭到炸弹的袭击。8 月 3 日，伊朗最高领袖哈梅内伊肯定了内贾德的再次当选。

在近两个月的政治危机中，社会媒体（Facebook、YouTube、Twitter 等）在推动伊朗的国内社会运动形势方面大显身手，尤其是网站设在美国的 Twitter 首当其冲，发挥了重要作用。伊朗反对派在政府对外国媒体和互联网管制实施限制的情况下，借助 Twitter 信息平台相互串联，继续抗议向政府施压，并且西方媒体（CNN、BBC 等）也借助 Twitter 上的短信和 YouTube 上的视频制造国际舆论，里应外合，支持伊朗的游行示威者。由于 Twitter 在伊朗政治危机中所发挥的巨大作用，反对派的行动也被冠以"Twitter 革命"的头衔。通过对发生在伊朗的"Twitter 革命"进行分析，我们发现：

（一）伊朗危机中的 Twitter 参与者国内少于国外

伯克曼研究中心（Berkman Center）科研人员组建的"网络生态研究小组"（Web Ecology Project）的分析数据显示：从 2009 年 6 月 7 日到 2009 年 6 月 26 日，有关伊朗大选的 Twitter 短信中，大约有 480,000 名用户参与讨论大选，10% 的用户所发短信占总量的 65.5%，每 4 条短信中就有 1 条是重复

其他人的短信，59.3% 的用户只发过一次短信，占总量的 14.1%。^① 由此可以看出，只是少数人作为 Twitter 意见领袖来引导信息的发布与传播。设在加拿大多伦多的 Sysomos 网络分析公司对伊朗选举危机中的 Twitter 用户数据进行了分析，结果显示：注册地在伊朗的 Twitter 用户由 5 月中旬的 8654 个，到 6 月中旬增加到 19,235 个，而以 6 月 11 日和 19 日为例，"推客"的关键词由"穆萨维""自由"和"投票"转向"穆萨维""德黑兰"和"抗议"，但来自伊朗国内的"伊朗竞选"（#Iran Election）^②的关键词由 11 日的 51.3% 下降到 19 日的 23.8%，来自伊朗以外的竞选短信则由 27% 上升到 40.3%，显示出国际人士对伊朗的选后抗议产生了兴趣。^③ 产生这种现象基本上有两个原因：一方面，有些用户把注册地址设为伊朗（但实际上不在伊朗），扰乱伊朗政府对异议人士的监视^④，另一方面，在伊朗封锁外国媒体的采访后，国外媒体开始借助 Twitter 来收集和传播信息。

（二）社会媒体的虚假信息被传统媒体放大

除了抗议者利用社会媒体来搜集和交换信息之外，世界上关注伊朗事态的人士也利用这些社会媒体来了解伊朗正在发生的事情。由于伊朗政府对外国媒体的审查，社会媒体网络成了信息、视频和证明抗议的主要来源。一些主要国际媒体如 CNN 与 BBC 新闻主要依赖收集和选择 Twitter 上的只言片语以及 YouTube 上的视频来编播新闻。在此，我们先不讨论西方媒体在伊朗选举危机中扮演的角色，单从新闻传播的经典理论"把关人"角度来讲，利

---

① BEILIN J, BLAKE M, COWELL M, et al. The Iranian election on Twitter: the first eighteen days [EB/OL]. (2009–06–28) [2009–06–30]. https://spjdc.org/2009/06/the-iranian-election-on-twitter-the-first-eighteen-days/.
② "#" 在 Twitter 中代表 "Tag"，目的是方便检索。
③ SCHLEIFER Y. Why Iran's Twitter revolution is unique [EB/OL]. (2009–06–19) [2009–06–21]. https://www.csmonitor.com/World/Middle-East/2009/0619/p06s08-wome.html.
④ Iran's "Twitter Revolution"–myth or reality? [EB/OL]. (2009–06–18) [2009–06–20]. https://www.thirteen.org/worldfocus/blog/2009/06/18/irans-twitter-revolution-myth-or-reality/5869/index.html.

用Twitter来搜集信息并作为新闻来制造舆论存在着信息真实性风险。原因在于，Twitter上发表的内容都是未经证实的信息。人们在通过Twitter了解德黑兰所发生的事情的同时，可能接受着不准确的信息。美国自由撰稿人约书亚库·库塞拉（Joshua Kucera）对Twitter上广为传播且被西方媒体引用的消息矫正道："上周末德黑兰有300万的抗议者（事实是大约几十万）；反对派候选人穆萨维已被软禁（事实是被监视）；上周六总统选举监察委员会已经承认选举无效（事实是目前还没有）。"① 法国的政治分析人士蒂埃里·梅桑（Thierry Meyssan）指出："……必须承认，西方媒体的毒化功能发挥了作用。外国舆论真实相信伊朗有200多万人走上了街头，而实际人数仅是该数据的十分之一。"② 虽然西方国家不断洗刷自己，但伊朗认为"西方国家、西方媒体和恐怖主义分子是这次混乱的制造者"的说法，任何人都不应该视而不见。

（三）美国政府对Twitter施加影响

在伊朗政府因国家安全因素而对互联网施行管制之时，位于美国的Twitter网站成了伊朗反对派网民传递信息的有效手段，也成了美国借以插手其中的契机。法国24电视台报道的新闻《华盛顿希望Twitter延迟关闭》中说："美国国务院一位负责人透露，华盛顿要求Twitter延迟维修工作，因为这会中断伊朗反对派的使用。这位要求不透露姓名的负责人说，美国外交部在周末与该网站的负责人进行接触，告诉他们'对我们或伊朗，这都是一个重要交流工具'，'他们宣布停止网络系统来进行维修。我们告诉他们不要这样做'。国务院发言人伊恩·凯利（Ian Kelly）拒绝确认这些信息，但承认国务院在周末与Twitter网站负责人进行了接触，但这与伊朗大选后的暴力无关。Twitter网站的另一创办人杰克·多尔西（Jack Dorsey）在纽约的一个新

---

① KUCERA J. What if Twitter is leading us all astray in Iran? [EB/OL]. (2009-06-15) [2009-06-20]. https://www.indybay.org/newsitems/2009/06/16/18601890.php.

② MEYSSAN T. "La 'revolution coloree' echoue en Iran" [EB/OL]. (2009-06-24) [2009-06-29]. https://www.voltairenet.org/article160721.html.

闻发布会上,把 Twitter 在伊朗的使用界定为'令人惊奇的',说'这非常重要,这是 Twitter 最伟大的成就。'"①《纽约时报》则在《华盛顿发掘一种外交新潜力》的新闻中说:"奥巴马政府表示避免因言语和行动而被认为美国卷入了伊朗的总统大选以及选后的骚乱。然而在星期一下午(6月15日),27 岁的国务院官员杰瑞德·科恩(Jared Cohen)用电子邮件向 Twitter 网站提出了一个不同寻常的要求:推迟贵网站既定的全球网络维护活动,因为这可能在伊朗正利用 Twitter 收集和发送有关伊朗抗议信息并与外界保持联系时中断服务。"②

(四)其他网站参与攻击伊朗政府

在伊朗所谓的"Twitter 革命"中,信息传播除了受到社会媒体的强烈支持外,很多网站及个人也参与了针对伊朗政府的网络行动,各种网络行动主义者和黑客行动主义者纷纷登场。这些行动主义者或是伊朗的异议人士,或是西方的 IT 企业或个人。这些人主要提供病毒或反审查软件来攻击目标网站或登录因危害国家安全而被封锁的网站。例如,在伊朗的政治危机中,Anonymous 和 The Pirate Bay 共同成立了 Anonymous Iran 网站,并从全世界招募了 2 万多名支持者,向德黑兰的抗议者提供反审查工具,反对派穆萨维的支持者采用洪水攻击(DDoS)的方式来袭击内贾德的网站,并提供发起攻击的相应软件;著名的美国黑客埃里克·斯蒂芬·雷蒙(Eric S.Raymond)以及旧金山的一家 IT 企业经理奥斯丁·西普(Austin Heap)也分别建立了代理服务器网络和 Haystack 软件来抵制伊朗政府对网络的限制,就连英国的 25 岁小伙雷恩·凯利(Ryan Kelly)编写的一款小软件被黑客用来攻击伊朗政府也

---

① Washington souhaite que Twitter reporte une fermeture temporaire [EB/OL]. (2009-06-17) [2009-06-20]. https://www.france24.com/fr/20090617-washington-souhaite-twitter-reporte-une-fermeture-temporaire-.
② LANDLER M, STELTER B. Washington taps into a potent new force in diplomacy [EB/OL]. (2009-06-17) [2009-06-20]. https://www.nytimes.com/2009/06/17/world/middleeast/17media.html.

被 CNN 作为榜样进行了报道。① 在这些行动主义者的煽动和攻击下，一场不同派别因为选举发生的争执演变成了一场网络战争。

三、以 Twitter 为代表的社会媒体在政治传播中的功能及反思

在对伊朗的"Twitter 革命"的分析中，我们可以看出，随着互联网的发展，街头政治逐渐与先进的网络媒体结合在一起，形成网络—街头政治，网络成了召集和动员街头游行示威和抗议的有力工具。颠覆性革命逐渐从简单的"颜色"走向了互联网中的社会媒体和私人媒体的整合。20 世纪 90 年代后期苏联解体时的"颜色革命"（如乌克兰的"橙色革命"、格鲁吉亚的"玫瑰革命"、吉尔吉斯斯坦的"郁金香革命"）演变成了 21 世纪初所谓的"Twitter 革命"（摩尔多瓦、伊朗）。从国内事务的层面上讲，在国家内部政治整合的实践活动中，社会媒体的参与一定程度上增加了国家权力的控制困难。尽管这种控制并不一定符合西方的民主标准和媒体标准，但对某个国家而言，意味着它对政治与社会稳定的把握力下降，这也就意味着某个国家走向短期或长期不稳定的风险性提升。从国际关系的层面讲，和平与发展可以被看作当今世界的两大主题，但是，社会媒体参与国际事务却被冠以"革命"。这个概念不仅隐含着大国博弈中的地缘政治和经济利益取向，而且凸显了民族国家捍卫自己国家主权的艰难。

在网络时代，社会媒体（如 Facebook、YouTube、MySpace、Twitter 等）在各种重大事件的报道中发挥着越来越重要的作用，突出表现为把民众的视角聚焦于某一事件或危机之上，吸引国际媒体的注意，促使这些事件在国际主流媒体的报道中被放大，占据更多的版面。屏蔽网站一般比较困难，借助简单的诸多代理服务器，网民仍可绕道上网，获取和传输信息。一般情况下，政府对危及国家安全的网址采取的处理方法，就是封杀具体的网

---

① WILKINSON P. Briton's software a surprise weapon in Iran cyberwar [EB/OL]. (2009-06-17) [2009-06-20]. https://edition.cnn.com/2009/WORLD/meast/06/17/iran.elections.hackers/index.html.

址（URL）或 IP 地址。但对有的媒体，即使封杀了网站，也无法封杀所有的代理服务器；即使能封杀代理服务器，也无法封杀某些网站的使用平台。Twitter 就是这样，网民即使无法登录 Twitter 网站，仍可借助一些使用平台（如 TweetDeck）等发送信息。一定程度上，整个互联网逐渐走向了为摆脱政府当局信息审查和控制的彼此支持和相互兼容的节点网络，对某个节点的封杀已无法阻止信息的传播。在伊朗选举危机中，伊朗政府封锁了短片交换网站 YouTube，但仍不断有人把最新示威实况上传到该网站。新媒体的发展已经使民族国家对网络的监控处于力不从心的境地，面对发展中的互联网媒体，政府已经无法完全控制信息传播。一方面，管控成本无限放大，全面封锁成为不可能完成的任务；另一方面，技术突破加速发展，封锁技术无法长时间超越（甚至是短时间控制）打开封锁的技术功能。

社会媒体意味着网络媒体和手机媒体的融合，把个体传播的社会参与推向了高潮，形成了一个彼此互动的即时的立体传播网络。Twitter 成了继 Myspace、YouTube、Facebook 之后最热门的网站。社会媒体和私人媒体的整合，使得局部的信息可能被无限放大，从而在社会动员与力量组织方面产生巨大的集体效应。以 Twitter 为代表的社会媒体，在政治传播的功能方面不仅是一种社交网络，更能够被作为一种对抗政府的传播工具，并且与国际主流媒体结合，以国际社会和人权的名义，成了借以干涉别国内政和颠覆他国政权的手段。2008 年 7 月的《美国资助伊朗持不同政见者报告》，就表明了美国明确的政治意图。该报告指出，美国计划用 2000 万美元来支持伊朗的异议人士，以求实现三个目的：①加强市民社会和压力集团的组织建设；②强化法律意识和依法治国，如培训法官；③开发信息自由，如利用新媒体，把年轻人作为目标受众。①

以 Twitter 为代表的社会媒体，从正面意义上讲，为公众的自由表达和更充分地享有知情权提供了更多可能性。社会媒体中随意表达的信息可能

---

① USAID. USAID report on support to Iranian dissidents [EB/OL]. (2008-07-29) [2008-09-02]. https://www.usaid.gov/search/site-search?keys=USAID report on support to Iranian dissidents.

在既定的时刻推动了公共舆论的产生，从而对社会实践产生有利影响。但是，从反面意义上讲，当个体有限理性下传播的信息与具有政治目的的理念或策略相结合时，信息上传就会冲击表达的公正性和平衡性，使民主传播工具堕落为一种控制的手段。尤其是在社会媒体的信息传播中，传统媒体的组织性的"把关"角色被让渡给了每一个参与其中的网民，当这些"乌合之众"的信息传播在一个带有政治目的的有计划的信息引导下时，就有走偏的可能。因为从传播内容自反性的意义上来说，自我纠偏虽然随着信息量的增加，错误的信息可以得到纠正，但短时期内消极信息的大量爆发，事实的真相存在被置于"盲区"的危险。而以 Twitter 为代表的社会媒体，在管理层面属于美国政府可以施加影响的私人公司，在技术层面则代表了西方发达国家尤其是美国的技术优势地位，其中暗含的技术霸权与政治意图的媾和，在信息传播方面会给发展中国家的政治危机与社会危机带来加速发酵的作用。

四、结语

在社会媒体逐渐走向发达并对政治实践产生强烈影响的社会背景下，利用社会媒体成了国家间获取地缘政治和经济利益的重要手段，成了国家外交中被纳入考量的构成要素。例如，社会媒体在美国的外交政策和国家战略中占据越来越重要的位置，比如，网络外交、e－外交、巧实力（Smart Power）等。这些正逐渐成为其他国家研究和效仿的典范。不仅如此，社会媒体在一个国家内部作为网络舆论的重要组成部分被重视起来，发达国家在政治选举中广泛使用社会媒体进行舆论造势就是很好的例证。就中国而言，以 Twitter 为代表的社会媒体的克隆版本在中国的应用正在展开，komoo、饭否、叽歪、Saying、开心网等都是事实上的社会媒体，只不过它们的功能与效用还没有发展壮大到一定程度，在政治实践与社会实践中发挥的影响还不足够强大，因此没有受到国家与社会的足够重视。但是，这些网络媒体正在逐步影响网络舆论以及波及传统媒体所代表的社会舆论。2008 年的"5·12"汶川地震和 2009 年的"7·5"新疆事件,分别从正面和反面印证了社会媒体的强大功效。尤其是在"7·5"新疆事件中,社会媒体的国际传播效力正在凸显。结合以上对伊朗"Twitter 革命"中社会媒体的政治传播功能分析来看,社会媒体的这种效用在未来的任何国家的政治危机和社会危机中或许都将显现出来。

来自非洲的声音：瑙莱坞电影产业的崛起与启示*

一、瑙莱坞电影的崛起

当代瑙莱坞电影源于尼日利亚电影，而尼日利亚最早的电影是殖民时期由英国人引入的。由于拍摄电影成本过高，尼日利亚本土电影一直没有得到发展。当代电影产业数字革命肇始于20世纪90年代初，尼日利亚在20世纪90年代开始接受这种新技术，该国的电影工作者利用数字摄影技术创造了一种全新的电影类型，即今天的瑙莱坞（Nollywood）电影。

1992年，尼日利亚首都拉各斯一位经营电子设备的商人肯尼斯·奈布（Kenneth Nnebue），为了处理他从台湾地区进口的数千盒录像带，在一群热心朋友的帮助下，利用廉价数字摄像设备拍了一部电影——《奴役生活》(*Living in Bondage*)。这部电影在尼日利亚迅速流行起来，卖了大约75万盘录像带，并带动了一大批模仿者拍摄类似的电影。现在，尼日利亚每年生产两千多部电影，从事电影产业的大约有100万人，每年电影销售收入为2亿—3亿美

---

* 本文原载于《当代电影》2013年第2期，被人大复印资料《影视艺术》2013年第4期全文转载，系中国传媒大学科研培育项目"国际传播的知识谱系：历史与理论"（项目编号：CUC12A20）的阶段性研究成果，收入本书时略有删改。

元。① 尼日利亚瑙莱坞电影产业也成为尼日利亚历史上发展最快的媒介产业。

瑙莱坞其实并不是指一个具体的地方,它指的是散落在拉各斯附近一些创作电影的城镇。原来,瑙莱坞电影主要是指尼日利亚南部拍摄的电影,现在则被逐渐用来泛指整个尼日利亚电影产业。"瑙莱坞"这个词在2002年被创造出来的时候,据说还遭到了尼日利亚电影人的反对,他们认为这个新词意味着尼日利亚的电影工作者只是复制美国好莱坞的电影模式。② 不管是"瑙莱坞"这个词,还是尼日利亚这种电影现象,都说明了全球媒介环境正逐渐变为多级,世界电影发展并不止好莱坞或宝莱坞这些电影模式。

瑙莱坞电影在尼日利亚通常被叫作"家庭录像"(home video),这类电影一般在家庭中放映。20世纪90年代尼日利亚疯狂的犯罪活动,以及公共秩序的崩溃是瑙莱坞家庭录像兴起的主要原因,拉各斯的市民晚上出去看场电影太危险,还不如在家里看电影录像,许多剧院纷纷关闭,有的直接变为教堂或仓库。对尼日利亚人而言,瑙莱坞电影就是"真正"的电影,有成千上万的尼日利亚人及非洲人在观看它、讨论它,尽管就其收入和观众而言,瑙莱坞并不是世界上最大的电影市场,但它生产的电影数量比其他任何一个电影市场都要多。

瑙莱坞电影的崛起是非洲媒介史上最为激进的媒介变革,并且逐渐演变为当代非洲的一种流行文化,传播范围极广,即使在偏僻山区也有它的观众。瑙莱坞电影并不是源于一种国家电影或者外国基金会的赞助,瑙莱坞电影吸引人的地方在于,它让一系列不同文化来表达其声音,基督教、穆斯林、非洲的传统文化及民间文化都可以通过它来发出自己的声音。此外,瑙莱坞电影还是尼日利亚普通大众表达观点的一个媒介,它们帮助尼日利亚人看到了他们想看的内容,这些电影完全不同于以往西方人所熟悉的那种非洲电影。

---

① CHOWDHURY M, LANDESZ T, SANTINI M, et al. Nollywood: the Nigerian film industry [J]. Harvard school of business, 2008(2): 15.
② HAYNES J. Nollywood in Lagos, Lagos in Nollywood films [J]. Africa today, 2007, 54 (2): 131–150.

二、瑙莱坞电影与非洲电影的区别

20世纪90年代中期，非洲电影在非洲大陆放映的数量很少，非洲放映的主要是从美国、印度和中国香港进口的电影。那些在西方电影节上备受推崇的非洲电影，事实上根本没有非洲观众观看。这种情况使得非洲电影在整个非洲大陆上成为一个可有可无的媒介。非洲电影一直被作为一种宣传的工具、一个西方现代性的能指符号、一种象征精英阶层地位的媒介，很少有人把电影看作一种传播方式或是推动社会进步的技术力量。

瑙莱坞电影出现之后，不仅改变了尼日利亚的电影市场，而且对整个非洲电影市场产生了巨大的冲击。从内容和形式上来讲，瑙莱坞电影不同于以往的"非洲电影"。非洲电影是非洲批判文化的一部分，它根植于非洲早期独立年代反抗文化帝国主义传统。早期非洲电影工作者试图摒弃好莱坞电影中非洲人的刻板形象，并尝试展现深层次的非洲文化传统，因此在非洲大陆孕育了一种非常复杂的电影文化实践：讲究艺术性，从政治上来讲是一种前卫艺术，同时反对好莱坞对电影生产的普遍垄断。这种电影创作手法使得非洲电影成为反抗"文化帝国主义"、构建"新世界信息传播秩序"的一个组成部分。早期的非洲电影创作与第三世界国家印度、拉丁美洲的本土电影创作运动遥相呼应，其目的是创造一个文化相异性的空间。而当代瑙莱坞电影既没有早期非洲电影的这种政治抱负，也没有表现出这种文化努力的精神与指向。

在那些电影学院受过培训的职业电影制作者看来，瑙莱坞电影太粗俗，只是一种大众娱乐节目，毫无胶片电影那种政治性与艺术技巧。长期研究尼日利亚电影的学者海尼斯（Haynes）就曾指出，瑙莱坞电影没有明显的政治批评，在这一点上它与富有进取心的非洲电影有很大不同。作为一种艺术电影，非洲电影的拍摄总会得到国际基金会及政府的资金赞助，但是这类电影从来没有受到过非洲本土观众的欢迎。尽管非洲电影在国外的电影节上大受好评，但它们几乎没有在非洲被放映过。因此，以往的非洲电影只是一种小众的、精英式的媒介。这类电影的反讽之处在于，这是一种由非洲人制作，而非洲观众不去观看的电影。

瑙莱坞电影恰好与非洲电影形成了鲜明对比,既没有得到过政府的资助,也没有得到过任何非政府组织的帮助,完全依赖自己在非洲市场上的成功。在开始发展的时候,它们最主要的目标是将拍摄的电影在市场上出售,并没有考虑太多电影质量和技术方面的问题。瑙莱坞电影代表了非洲媒介的自主创造性发展,瑙莱坞在非洲历史上第一次创造了一种深受非洲人民喜欢的电影文化。由于价格比较便宜,广大乡村地区的非洲人民都可以接触到这类电影。瑙莱坞电影真正是由非洲人自己创造,并且为非洲广大观众所接受的电影。尽管瑙莱坞电影招致了诸多批评,如过度商业化、充满情色内容、产品质量低等,但它仍是尼日利亚的主流娱乐文化。"毫无疑问,我们拥有尼日利亚的观众",一位尼日利亚的电影工作者如是说。

三、独特的生产与传播模式

瑙莱坞电影的生产过程简单而迅速,一旦一个制片人看上某个电影剧本,就会开始雇佣电影导演和技术人员进行拍摄。拍摄一部电影的周期只有10—20天,拍摄完成的电影被制作成电子版本形式,拍摄成本一般为2万—4万美元。每编辑一部电影需要1—2周的时间,通常一部电影只需4—5周的时间就可制作完成,而在美国好莱坞和印度宝莱坞,整个电影拍摄过程从开始到结束会有几个月的时间,一些大型制作电影可能会超过1年甚且更久。

瑙莱坞电影产业的一个成功因素是其独特的传播渠道,它第一次在非洲创造了一个大型的电影传输系统。瑙莱坞电影一般不会在影剧院的大银幕上播放,也不像好莱坞和宝莱坞那样,先在剧院上映然后才出售录像带或DVD,它们从一开始就是以录像带、VCD、DVD的方式出售或出租的。这种看上去非正规市场的生产与销售反而满足了绝大多数尼日利亚人的娱乐需求。电影传播是所有电影产业面临的瓶颈问题,这个问题不解决就会导致许多部电影在有限的空间内去竞争有限的观众。瑙莱坞电影没有院线和票房之说,主要观看瑙莱坞电影的场所是家里。录像机和DVD的普及率在尼日利亚家庭中相当高，因为去影剧院观看电影太危险，尼日利亚晚上街头有很多犯罪分子。此外，按照北部伊斯兰宗教传统，晚上妇女就不能出门了，所以在家看录像是妇女最好的选择。

在传播网络构建这方面，瑙莱坞可以说与众不同。整个瑙莱坞的传播网络主要由一些小规模的销售企业组成，这些企业以前主要从事走私电影和各种电子设备的买卖。这个传播网络可以同时传播大量上市的影片，大量电影可以同时流通并且没有容量限制，每周上架的新电影至少有三十部，不像在欧美正规电影市场上有院线的限制。基于批发方便、流通量大的特点，瑙莱坞电影与好莱坞电影相比更容易出现在 YouTube 上，更方便年轻一代人点播观看。

此外，数量众多的录像厅也给那些家中不能看电影的人提供了看电影的机会。尼日利亚的大小城镇遍布录像厅，当地的经营者只要买一台电视机和一台录像机或 DVD 播放机，就可以通过播放电影来赚取一些微薄利润。据尼日利亚电影与录像审查委员会 2006 年的统计，在尼日利亚登记注册的录像厅有 6841 个，那些没有登记注册的据估计超过了 20 万个。① 一个录像厅就是一个安装了播放设备的简陋房子，里面有数量不多的凳子和发电机。这里不仅是一个观看电影的场所，而且是一个集体讨论的场所，看电影的人会聚在一起热烈地讨论电影中人物的善恶问题，或者评价一部电影的质量问题。

最后，瑙莱坞电影的传播网络还包括各种公共场所的放映，商场、发廊、酒吧等场所整天都在放映瑙莱坞电影，这些电影的"街头观众"在任何地方、任何时候都可以看到瑙莱坞电影。这种收视行为是西部非洲媒介场景中非常重要的一部分，从某种意义上讲起到了以前由国家广播电视在培育公民文化过程中所起的作用。瑙莱坞电影是一种很商业化的电影类型，生产电影的商业企业对非洲独立运动等宏大主题并不感兴趣，但是在一个国家机构失灵、电视媒体又常常受到政府干涉的情况下，瑙莱坞电影起到了某种公共领

---

① CHOWDHURY M, LANDESZ T, SANTINI M, et al. Nollywood: the Nigerian film industry [J]. Harvard school of business, 2008 (2): 21.

域的作用。如今，瑙莱坞电影还可以通过专门的卫星频道播放，"非洲魔法"（Africa Magic）就是 2013 年成立的一个 24 小时专门播放瑙莱坞电影的卫星频道。

瑙莱坞电影的主要收入来自出售录像带或 DVD，还有租售录像带。现在，瑙莱坞电影在租赁市场的收入早已超过电影的销售收入，2005 年其租赁收入达到 3.28 亿美元，而其销售收入只有 1.5 亿美元。这种四处分散的市场使得人们很方便地就可以看到这些电影，仅尼日利亚首都拉各斯就有大约 10 万个电影租/售商店，而在整个尼日利亚，这样的商店有 50 万个。①

从 1992 年开始算起，瑙莱坞电影迅猛增长，到 2006 年的年制作产量突破 2000 部，保守估计直接售卖电影所得的收入有将近 9700 万美元，如果再算上录像带与 DVD 出租、录像厅的营业收入，整个瑙莱坞电影产业的总收入将近 5.4 亿美元。② 尽管瑙莱坞电影业只占到尼日利亚 GDP 的 0.7%，但它在整个尼日利亚的经济发展中发挥着举足轻重的作用，该产业为尼日利亚的年轻人提供了大量的就业机会，并且间接地促进了旅游业，以及与之相关的电子设备产业的发展。从政府统计的数据来看，从事这个产业的总人数达到了一百多万人。

瑙莱坞电影产业现在是尼日利亚最具有活力的产业，与澳大利亚电影业相比，瑙莱坞电影业的优势更为凸显。澳大利亚的 GDP 是尼日利亚的 16 倍，它的电影产业每年都会受到政府一亿澳元的资助，每年拍的商业电影有 20—30 部，但国产电影的票房只占到电影票房的 4%。③ 而瑙莱坞生产的电影在尼日利亚比好莱坞电影更受欢迎，它是所有尼日利亚人的一种电影文化，尤其对于那些积极参与其中的年轻人而言，就是一种活生生的流行文化。瑙莱坞为数量庞大的本国观众生产了大量可看的电影，而澳大利亚的电影工业，尽

---

① CHOWDHURY M, LANDESZ T, SANTINI M, et al. Nollywood: the Nigerian film industry [J]. Harvard school of business, 2008 (2): 26.
② CHOWDHURY M, LANDESZ T, SANTINI M, et al. Nollywood: the Nigerian film industry [J]. Harvard school of business, 2008 (2): 31.
③ LOBATO R. Creative industries and informal economies: lessons from Nollywood [J]. International journal of cultural studies, 2010, 13(4): 337-54.

管得到了政府的巨额资助，却只生产很少的电影，并且绝大部分都没有人去看，从这一点来看瑙莱坞电影业是相当成功的。

四、瑙莱坞电影与社会变迁

当代尼日利亚国家经济曾处于崩溃的边缘，因此尼日利亚人在日常生活中总是充满了不安感，这种不安感是经济的、社会的，也是精神上的，但就是这个不太稳定的状态为尼日利亚当代电影发展提供了土壤。瑙莱坞电影能够深入当代尼日利亚社会生活的断层，并将这种社会不安感呈现出来。瑙莱坞电影中充满了对社会精英的不信任、商业伙伴之间的互相欺骗、牧师的性腐败、巫婆的狠毒，所有这一切，尼日利亚市民都有切身体会。这些电影触及了尼日利亚市民生活中的不稳定状态，观众对其有着深刻的象征认同和实践体验，尽管它的制作质量不高。

瑙莱坞电影基本上是围绕着道德观来组织叙事的，它提供了一种讲述当代非洲人不安感的方式，与尼日利亚的社会现实紧密地结合在一起，并没有忽略或回避现实中的经济、社会问题，反而对于这些问题提出了道德上的考量。这类电影是尼日利亚普通大众生活行为的一种见证，它戏剧化了人们的行为，并且创造了一种艺术形式来凸显社会中的道德冲突。因此，瑙莱坞电影不仅仅是尼日利亚社会现实的指涉，它们本身就与尼日利亚不稳定的社会结构紧紧缠绕在一起，并将自己凝固在社会与经济秩序断裂的缝隙上。

例如，电影《妖艳女郎》(*Glamour Girls*)讲述的是四个"高级女郎"的故事。片中的女主人公多丽丝告诉另一位女主人公桑德拉说，通往成功之路的唯一途径就是你要在社会中找到一位庇护人，如果没有他的帮助，你就不能过上上流社会的生活，"在女人的生命中丈夫并不是主要的问题，一旦你有钱之后你可以为自己买一个丈夫"①。《妖艳女郎》讲述的是石油经济繁荣过后

---

① LARKIN B. Signal and noise: media, infrastructure, and urban culture in Nigeria [M]. Duke: Duke University Press, 2020.

尼日利亚的社会故事，此时尼日利亚通向成功的发展之路几近崩溃，教育机构乃至家庭已经毫无能力为个人提供帮助和保护，剧中的女主人公唯一的资源就是通过色情交易来得到庇护人的帮助。在这个不稳定的社会中，人们只有妥协和出卖自己，才能避免在日常生活中遭受种种痛苦。

瑙莱坞电影在某种程度上真实地再现了当代非洲社会由"传统"走向"现代"的那种焦灼。性腐败、政治腐败及精神腐败是贯穿瑙莱坞电影的主线，电影中的腐败反映了尼日利亚现代化的失败，这也说明正是腐败让尼日利亚通往成功的道路萎缩。通过对尼日利亚社会中普遍存在的腐败问题的描述，瑙莱坞电影创造了一个极不稳定的世界。在当代后殖民的西部非洲，每天人们都在感受巨大的变化，瑙莱坞电影通过腐败、背叛及魔鬼等话题为当代非洲人提供了一个批判社会不公的有力方式，正是这类电影塑造了让他们感同身受的各类角色。

概言之，处于社会巨大变迁中的当代非洲人需要了解他们所处的困境，瑙莱坞电影恰好讲述并表现了他们的日常生活经验，这些经验构成了他们日常城市生活的实践活动。瑙莱坞电影与电视节目有许多相似之处，许多早期的瑙莱坞电影导演都是电视台的工作人员，而不是专门从事电影拍摄的职业人员。[①] 瑙莱坞电影现在还扮演着某种公共领域的功能，因为它创造了一个对当下社会事件讨论的公共空间。由于瑙莱坞电影拍摄传播的速度快，一些丑闻和有争议的事件在发生之后的几周内，就会被拍成视频电影，因此，瑙莱坞电影可以被看作某种延迟播放的社会电视新闻节目。

五、瑙莱坞电影崛起的启示

瑙莱坞电影之所以取得成功，首要因素是它的本土性。这类电影所营造的影像世界与尼日利亚人的当代生活紧密相连，它对首都拉各斯的市民生活的表现尤为突出。同时，它逐渐成为当代非洲大陆上一股重要的文化力量，

---

① MCCALL J C. Nollywood confidential [J]. Transition, 2004(95): 98–109.

不像20世纪90年代之前的非洲电影在非洲本土没有什么影响力。瑙莱坞电影创造了一个泛非洲（panAfrican）论坛，在这个论坛中，非洲人第一次自由地讨论泛非洲电影、泛非洲文化，以及到底何为非洲人的认同理念。

瑙莱坞电影用自己特有的生产与传播方式找到了受众，因为许多比尼日利亚更富有的国家在电影业上投资颇多，但并没有观众观看，更遑论社会影响。尼日利亚电影越过这些障碍的方式具有启发性，通过选择成本低廉、电视样式的电影制作模式，瑙莱坞创造性地发展了电影制作模式；通过非正式的电影发行渠道，瑙莱坞创造了一种新的电影发行方式；瑙莱坞打破了第三世界国家在电影创作与传播过程中的瓶颈，找到了自己发展的"第三条道路"。

瑙莱坞电影也是网络传播时代本地文化影响全球文化的一个典型例证。由于瑙莱坞电影在非洲取得的成功，一些跨国媒体巨头开始关注它的发展。2007年，美国媒体巨头时代华纳与康卡斯特一起结成联盟来共同推销瑙莱坞电影，瑙莱坞电影人也开始在好莱坞设立办公室，积极吸引好莱坞的电影投资者。瑙莱坞电影生产者开始与全球电影生产网络建立联系，来扩大自己的电影市场。①

瑙莱坞电影并不是作为一种国家电影获得成功的，而这正是它成功的关键。瑙莱坞在发展过程中并没有受到传统电影政策的干扰，如果电影政策制定者计划把瑙莱坞打造为电影产业的"旗舰"，让它来讲述"尼日利亚的故事"，那么瑙莱坞不一定会获得像今天这样的发展。它之所以能有今天的辉煌，恰恰是因为政府不太重视其发展，从而给它提供了一个飞速发展的机会。

瑙莱坞电影在其组织结构上是完全水平化的，不像美国主要由几个大集团公司控制整个好莱坞电影产业。瑙莱坞电影产业由无数个独立电影制作人员组成，任何一个能租得起拍摄设备的人，都可以成为瑙莱坞的电影创作者。当代瑙莱坞著名导演东迪·克拉尼（Tunde Kelani）指出，在尼日利亚经济崩溃之后，所有那些原来拍胶片电影的导演都觉得尼日利亚的电影完了，然而

---

① CASTELLS M. Communication power [M]. Oxford: Oxford University Press, 2013.

事实正好和他们想的相反，新的数字技术对尼日利亚电影爱好者起到了某种赋权作用，现在他们都可以接近并利用这些数字拍摄技术。现在任何一个人只要有数码摄像机、个人电脑，安装软件之后就可以创作电影了，正是生产方式的"民主化"促生了瑙莱坞电影产业。他还指出："你不能拿我们与美国比，我们必须花时间找到适合自己发展的路径。"①

　　瑙莱坞电影是当代非洲人在面对新的政治、经济及社会变迁时的一种新的艺术创造形式。它在社会发展过程中占据了一定的空间，在这个空间内，尼日利亚的电影工作者可以通过电影这种艺术形式，在尼日利亚甚至在整个非洲重构当代非洲人的文化认同。这种重构的文化认同最终会形成某种政治文化，被整合到尼日利亚的社会民主变迁过程中，从而构成推动社会向前发展的一股文化动力。瑙莱坞电影展现的是尼日利亚的社会大转型，无论是从电影形式上，还是从电影产业结构组织上来讲，当代瑙莱坞电影都是非洲电影与视觉文化的一种激进性结构重组，再现了后殖民时期尼日利亚（乃至非洲）文化、政治与社会的大转型。

---

① ABAH A L. Popular culture and social change in Africa: the case of the Nigerian video industry [J]. Media, culture& society, 2009, 31(5): 731–48.

> # 大众媒介作为国家转型的动力装置*
——评《大众媒介与社会转型：墨西哥个案考》

大众媒介在转型国家的政治社会生活中和政治社会转向时扮演着什么角色，是媒介研究及其学者的一个重要面向和讨论议题。特别是在20世纪90年代苏东剧变之后，此议题获得了学界的更多关注。不过，转型国家的社会实践时间可再向前追溯："在葡萄牙于1974年结束独裁后的15年间，民主政权在欧洲、亚洲和拉丁美洲30个国家取代了威权政权。"① 这是塞缪尔·亨廷顿（Samuel Phillips Huntington）对第三波民主化理论的事实描述。《大众媒介与社会转型：墨西哥个案考》（以下简称《墨》）一书所做的墨西哥个案考察恰是在其间（1988年）发生变化并延续至2000年实现民主化转型的拉美国家典型。

一、"第三波"延长线上的威权墨西哥

墨西哥是拉丁美洲典型的威权主义国家，自1929年以来形成了"党国一体"的政治体制，墨西哥"革命制度党"（Partido Revolucionario Institucional,

---

* 本文原载于《中国图书评论》2014年第10期，系国家社科基金重大课题"国际传播发展新趋势与加快构建现代传播体系研究"（项目批准号：12&ZD017）的阶段性研究成果，收入本书时略有删改。

① 亨廷顿.第三波：20世纪后期民主化浪潮[M].刘军宁，译.上海：上海三联书店，1998：21.

PRI)一直控制着政治社会生活的各个方面,执掌墨西哥政权长达 71 年。如此漫长时间的威权统治没有受到严重挑战,很大程度上源于其宪法规定:定期举行中央和地方选举,并且适度容忍反对派。墨西哥总统、州长与参议员选举 6 年一次,总统不得连任,众议员和市级选举 3 年一次。总统不得连选连任的任制原则是墨西哥政治制度的一条重要原则,这是一种权力平衡制度,该制度是墨西哥政治稳定的重要因素。[①]一些学者将墨西哥的这种政治制度称为"一种完美的独裁制度",也有学者将其称为"柔性威权主义"(soft authoritarian),虽然专制,却有一套灵巧的控制政治生活和抑制反对派的手段。[②]

墨西哥的政治社会转型发生于 1988 年的总统选举,卡德纳斯(Cuauhtémoc Cárdenas)代表"全国民主阵线"(1994 年改名为"民主革命党",Partido de la Revolución Democrática,PRD)参加总统选举,挑战"革命制度党"总统候选人萨利纳斯(Carlos Salinas),这是自 1929 年革命制度党执政以来遇到的最大的一次政治挑战。为此,革命制度党采取暗杀、选票舞弊等卑劣手段,赢得最终大选,却尽失人心,开启了墨西哥的政治社会转型之旅。2000 年反对党领导人文森特·福克斯(Vicente Fox Quesada)当选墨西哥总统,革命制度党成为在野党,标志着墨西哥完成了政治社会的民主化转型。[③]

《墨》以媒介与民主化为理论框架,以小篇幅考察墨西哥政治社会转型之前大众媒介与威权政府的关系,既包括大众媒介与威权政府的利益共谋,也包括威权政府对大众媒介的笼络与打压;以大篇幅展开论述大众媒介在墨西哥政治社会转型中如何发挥作用以及发挥了什么作用,书中从告知(inform)、检视(scrutinize)、讨论(debate)、表达(represent)、动员(mobilization)五个方面分别论述,对应内容是:大众媒介给公众提供信息;行使对政府部门、商业机构和其他公共机构进行监督的"看门狗"职能;为民众提供交流的公共论坛;提供表达声音的渠道;动员社会公众参与公共事务等作用。作者在

---

① 徐世澄.墨西哥政治经济改革及模式转换[M].上海:世界知识出版社,2004:77.
② 袁东振.论墨西哥经济转型时期的政治变革[D].北京:中国社会科学院研究生院,2002.
③ 张建中.大众媒介与社会转型:墨西哥个案考[M].上海:上海三联书店,2013:102-112.

大众媒介对民主化转型不同阶段发挥不同作用的基础上，总结概括出一个媒介与民主化转型的动态模式图，并以此为基础对在墨西哥民主转型过程中大众媒介的作用加以分析。

二、墨西哥的媒体与政治社会转型

墨西哥特殊的威权政治体制与政治文化形塑出其特殊的威权媒介体制。墨西哥政府一方面通过纳入财政预算的政府广告、付费新闻这种金钱方式来收买和影响新闻媒体与记者，另一方面通过暴力拘捕、关闭媒体等权力手段控制和打压新闻媒体与记者。在这种威权主义的新闻管控模式笼罩之下，许多媒体及其从业者或主动或被动地成为政治经济集团的利益相关者，并导致墨西哥的新闻行业成为该国最腐败的行业之一。从总体上来讲，威权时代的墨西哥媒体和新闻记者与政府合作占据绝对主流，竭力维护革命制度党的政权合法性。

但是，正如在许多其他威权国家所发生的情况一样，总有媒体试图不完全被权力控制，总有媒体人敢于冒险直面权力恐吓。彼时的墨西哥第一大报《至上报》(*Excelsior*)及其主编斯科尔（Julio Scherer）就是这样的媒体和媒体人，该报自20世纪60年代末至20世纪70年代初进行改革，以"扒粪"模式着手调查墨西哥政府的贪污腐败行为，挑战官方的宣传报道和话语模式，显示出较强的媒体独立意识。可想而知的结果是，该报招致政府的严厉打压，整个《至上报》在1976年6月被清洗，斯科尔及其编辑团队被清除出局，政府免去所有高级编辑的职务，起用亲近政府、听命政府的编辑团队。

令墨西哥政府始料不及的是，这次清洗行动非但没能扑灭始于《至上报》的新闻改革运动，反而将诉求媒体独立的新闻改革和新闻专业主义的"火种"传遍全国。至20世纪80年代，墨西哥出现了多份独立报纸，如《工作日报》(*La Jorada*)、《金融家日报》(*El Financiero*)等，这些具有独立思想的媒体度日时艰，既要面对政府的无情打压，又要面对市场的残酷竞争。不过，这些报纸在与政府抗争的过程中日臻成熟，在政府切断所有资助之后，它们在市场中以较高的新闻品质赢得受众,从而艰难地生存下来,这磨炼了成长中的报纸和记者。在此期间,墨西哥独立媒体通过揭发政府的腐败、滥权、贪污等行为,严重地打击了革命制度党的合法性,给墨西哥民众呈现了一幅异于政府粉饰的、更为真实的墨西哥画面。

与报纸媒体相比,电视媒体虽然是墨西哥民众接触最多的媒介形态,但在墨西哥民主化发展早期却没有起到什么作用,甚至在某种程度上阻碍了民主化转型。主要原因是墨西哥长期以来都是特莱维萨电视台(Televisa)垄断整个电视市场。特莱维萨电视台与革命制度党之间形成了稳定的"侍从关系",即革命制度党支持和纵容特莱维萨电视台的垄断地位,特莱维萨电视台则无条件效忠于革命制度党,该电视台老板米奥墨(Azcarraga Milmo)公开声称自己就是革命制度党的战士,并不忌讳被称为"革命制度党的电视公司"。特莱维萨电视台不仅在墨西哥大选中旗帜鲜明地支持革命制度党候选人,而且电视台的老板亲自为革命制度党的候选人慷慨捐款。这种局面直到1993年阿兹特克电视台(Azteca)成立之后才被打破,民众不再仅仅依赖特莱维萨电视台获取信息。而特莱维萨电视台的转型,直到1997年米奥墨去世之后才开始。伴随理念转换和节目主持人更换,该电视台在新闻报道中变得客观公正,逐渐开始在墨西哥民主化转型中产生积极的推动作用。

在2000年墨西哥总统大选中,国家行动党(Partido Acción Nacional,PAN)总统候选人福克斯当选总统,墨西哥至此完成了民主化转型,进入民主化巩固阶段。统治墨西哥长达71年的革命制度党黯然退场,墨西哥学者马德拉索评论说:"革命制度党所犯的最大错误之一,就是它不能再代表人民的利益,而仅仅代表少数集团的利益;当人民了解此点后,就自然放弃了本党。"[1] 在墨西哥进入民主化巩固时期,新闻界和公民社会取得的最大成就是促使福克斯政府通过了《信息自由法案》。这部法案的主要目的是约束政府必须公布权力机构运行的各种信息,并且回应公民(包括媒体)的信息诉求,迫使权力机构在公民监督之下阳光运行。

---

[1] 蔡东杰.台湾与墨西哥民主化之比较[M].新北:风云论坛出版有限公司,2002:271.

三、新闻媒体的影响方式与动因

从整个墨西哥民主化转型过程来看,新闻媒体成为其中的一个动力装置,推动墨西哥完成和平转型,其间既有新闻媒体的社会自觉和责任意识,也有政治社会变革背景对新闻媒体的压力促动。这包括新自由主义导致的新闻媒体市场化、公民社会的崛起及其与媒体互动、新闻专业主义的日渐进展,以及在传播全球化过程中出现的新媒体技术带来的传播权力转移。

新自由主义导致新闻媒体市场化。从不同威权国家获得的历史经验来看,在一个完全由国有经济或政党控制的媒体环境中,新闻媒体的独立开放首先需要引入以市场为导向的经济改革。这种改革导致的市场竞争,会削减政府或政党对媒介的控制力量,触动新闻媒体与政治权力之间的侍从关系,从而获得媒介解放的空间和打开权力控制的缺口。自 1986 年墨西哥加入关贸总协定(General Agreement on Tariffs and Trade,GATT,现已变身为世界贸易组织),墨西哥国内一些独立媒体开始有机会自由地从国外进口纸张和机器设备,而不像原来那样完全受控于政府。电视媒体的私有化,开始打破特莱维萨电视台独家控制整个墨西哥电视市场的局面。此外,一些外国广告公司逐步进入墨西哥媒介市场,这些公司主要以发行量和收视率来投放广告,迫使媒体必须提高自身的新闻品质来回应民众的信息需求,推动媒体间竞争,扩大媒体市场化。

公民社会的崛起及其与媒体互动。由于革命制度党的威权控制,墨西哥的公民社会一直比较衰弱,与其他威权国家一样,原因主要在于公民参与的资源都为革命制度党和政府所控制。经历 1988 年第一次有力冲击革命制度党的总统选举之后,墨西哥国内的政治气候与社会氛围焕然一新,公民社会开始逐步发展起来,公民社会与独立媒体之间的互动、对话,创造了一种新的政治话语,打破了原来墨西哥传统媒体依附于政党和政府形成的官方需要的话语模式,独立媒体与公民社会共同设定和推动关涉民众利益的国家公共议程。公民社会与媒体互动创设的新的公民话语,日渐占据媒体议程,不断阻击革命制度党和政府创设的官方话语，造成其合法性逐渐丧失，重新框定墨西哥政治和公共争论的方向，为反对威权政体提供了理性的策略支持和政治社会空间。

新闻专业主义的日渐进展。从20世纪70年代《至上报》的勇敢尝试到20世纪90年代，墨西哥的新闻专业主义日渐获得进展，新闻媒体和记者的独立意识及其专业主义操作模式，使得他们越来越多地报道革命制度党和政府的禁忌话题，如毒品交易、官员腐败、选举舞弊等。新闻媒体的报道将墨西哥政府背后的黑箱运作和权力滥用暴露在墨西哥民众面前，冲击了民众惯有的接受模式和接受心理。接连不断的丑闻报道，使得广大民众对现行体制的不满情绪越来越大，要求政治改革的呼声也越来越高，墨西哥的政治精英们在多重压力面前，不得不严肃审视已经变化了的政治社会语境和民众权利觉醒，不得不减弱权力控制来回应民众的政治与社会变革诉求。

新媒体技术带来的传播权力转移。20世纪90年代出现的墨西哥萨帕塔运动（Zapatista Movement）是一场声势浩大的全球公民社会运动，这场运动的参与者富有创造性地使用了互联网技术，获得了整个世界对这个事件的关注。以互联网为代表的传播技术从根本上对国家的控制形成了挑战，国家再也不能随心所欲地控制信息的流动，某种程度上互联网减弱了国家镇压的能力。[1]民众通过互联网等新媒体形式获得不同于官方的报道消息，并对官方建构的"事实真相"产生怀疑，进而怀疑权力机构的合法性，传播权力在此过程中发生了转移，原来由革命制度党和政府独揽定义墨西哥社会现实的现象一去不复返。如果从动员结构方面加以分析，互联网的出现降低了传递和接收信息的门槛以及政治参与成本，让许多普通民众得以积极参与政治社会运动，并且促进了集体认同的建构。政治学者郑永年认为，互联网作为一种技术形式，其自身并不会创造社会运动，但是作为一个工具，互联网可以被不同的社会

---

[1] KELLY R. Protest in an information society: a review of literature on social movements and new ICTs [J]. Information, communication & society, 2006, 9(2): 202–24.

运动参与者用来促进社会运动的发展。①事实确实如此，新传播技术为墨西哥民众投身政治社会运动、促使墨西哥民主化转型提供了新的动员工具和参与方式。

四、尚需拓展研究的媒介形式

从大众媒介的构成形式来看，《墨》主要关注并论述了报纸、电视等传统媒体在墨西哥民主化转型过程的作用，对于以互联网为代表的新媒体技术在其中起到的作用探讨并不多。就单部著作的写作而言，当然不能强求面面俱到，但是从大众媒介与社会转型的角度来讲，在当下全球媒体图景和媒体生态发生巨变的背景下，有关这个领域和议题的后续研究需要更多地关注以互联网为载体的各种新媒介形式，尤其是社会媒体（Social Media）对转型国家的影响，以及未来的新传播技术对政治社会转型进程的影响。

为更有针对性地讨论接下来的议题，在此有必要对"Social Media"这个被误用的短语略加辨析。"Social Media"在国内经常被翻译为"社会化媒体"或"社交媒体"，但是都算不上精当，更为准确的翻译应为"社会媒体"。主要原因大致有四点：第一，在西方社会中，社会媒体是与大众媒体相对应的一个概念，"大众媒体"虽在词汇中冠以"大众"二字，但实际上大众参与程度很低，更多地处于一种被传播的被动状态，其本义是面向大众的媒体，如报纸、广播、电视等；社会媒体则是指包括个体在内的社会力量都能够参与的媒体，是大众能够参与其中的媒体形式。第二，"Social Media"中"Social"一词与"Civil Society"（市民社会/公民社会）密切相关，是学界与实践中对国家、市场与社会的三分法的理念延续，即社会媒体对应的是国家媒体（政府拨款或资助，如西方公共广播电视）和市场媒体（私人资本出资兴办，是西方国家最为流行的媒体所有权形式）。换言之，社会媒体是

---

① ZHENG Y. Technological empowerment: the Internet, state, and society in China [M]. Stanford: Stanford University Press, 2007.

既非国家拨款或资助,也非私人出资兴办的媒体,是在国家与市场之外由公民个体及其集合力量主导的媒体表现形式,如博客、论坛、维基百科等。第三,社会媒体意味着媒体摆脱了权力与资本的把关和干预。虽然这带有理想主义般的乌托邦色彩,但却寄托了公民及社会构建纯粹的公共领域的美好向往。例如,个人不经申请与备案就可通过发表博客文章表达观点,影响社会。第四,"社交媒体"的含义侧重于社会交往的信息传播与沟通形式,是更为具象化的所指,如美国的 Facebook、中国的微信;而社会媒体的含义要比社交媒体宽广很多,意指互联网时代公民个人可以参与信息传播与互动的所有在线媒体形式,如博客、播客、BBS、维基,以及社交网络与内容社区,包括 Facebook、Linkedin、Wealink、Flickr、Ipai、Twitter 等。

  社会媒体因其互动和参与的基本特性,使得使用者能够即时呼应、连接与再呼应,从而可以迅速集聚巨大的社会能量。这种社会能量在转型国家存在于两个层次:第一个层次,在日常生活与公众交往中,参与者通过社会媒体的信息交换和观点碰撞,逐渐达成对于当下国家运行状态的社会共识,即如何认识自己的国家状态与可能方向。第二个层次,在转型国家变革的关键时刻,社会媒体会疾速成为社会动员的有效工具,将平日积蓄的社会能量转化为国家变革的推动力量,即虚拟网络的线上共识会转化为现实社会中的线下行动。

  事实上,在中东北非所发生的社会变革案例中,世人已经看到社会媒体所带来的政治与社会影响。最为典型的是 2009 年伊朗的"Twitter 革命"。在 2009 年 6 月至 8 月发生的近两个月的政治危机中,社会媒体在推动伊朗的国内政治运动形势时大显身手,尤其是 Twitter,首当其冲。伊朗反对派在政府对外国媒体和互联网管制实施限制的情况下,借助 Twitter 信息平台相互串联,持续抗议向政府施压,并且西方媒体(CNN、BBC 等)也借助 Twitter 上的短信和 YouTube 上的视频制造国际舆论,里应外合,支持伊朗的游行示威者。由于 Twitter 在伊朗政治危机中所发挥的巨大作用,反对派的行动被冠以"Twitter 革命"的头衔。反对派通过国外社会媒体给国内造成政治压力的方式,是典型的被国际社会学家称谓的"国际回飞镖影响"(international boomerang dynamic），即"如果国家与其国内行为体之间的交流渠道被堵塞，代表跨国网络特点的回飞镖影响模式就会出现：国内的非政府组织绕过他们的政府，直接寻求国际盟友的帮助，力求从外部对其国家施加压力"[①]。这里的反对派虽然不是非政府组织，但其行为及其诉求与跨国网络中的非政府组织殊无二致，都是在国内政治与社会空间连通受堵的情形下，转而求助国外的连通方式以及施加给本国政府国际压力。

比"回飞镖模式"更进一步的是，在伊朗的"Twitter革命"中，前文论述的"线上—线下互动"转变为"网络—街头政治"，游离在本国之外的社会媒体成为在国内反对力量召集和动员街头游行、示威和抗议的有力工具。转型国家的颠覆性变化逐渐从简单的、象征意义上的"颜色"标示，走向了互联网时代的社会媒体与公民行动的整合，即20世纪90年代后期"颜色革命"（如乌克兰的"橙色革命"、格鲁吉亚的"玫瑰革命"、吉尔吉斯斯坦的"郁金香革命"）演变成21世纪初所谓的"Twitter革命"（伊朗），且蔓延波及速度惊人，紧随伊朗之后的2010年突尼斯茉莉花革命、2011年埃及自由广场革命、2012年开始的叙利亚危机等，无一例外地一部分归功于社会媒体的参与。在西方学者看来，被实践了500多年的"现实政治"（realpolitik）在传播技术的冲击下，某种程度上嬗变为所谓的"媒介政治"（mediapolitik）或"网络政治"（cyberpolitik）或"心灵政治"（noopolitik）。[②]

五、作为新型动力装置的新媒介

新传播技术和新媒介形式已经成为推动政治社会转型的新型动力装置。在以互联网为主导的传播全球化时代背景下，以社会媒体为代表的新传播技

---

① 凯克,辛金克.超越国界的活动家：国际政治中的倡议网络[M].韩召颖,孙英丽,译.北京：北京大学出版社，2005：15.

② BOLLIER D. The rise of Netpolitik: how the Internet is changing international politics and diplomacy [R]//A report of the annual Aspen Institute Roundtable on information technolog (11th, Aspen, Colorado, August1-4, 2002), 2003.

术与新媒介形式，给目前处于转型期的国家带来了比墨西哥转型时期更为复杂的国内影响和国际压力。

从国内事务的层面上讲，在国家内部政治整合的实践活动中，以社会媒体为代表的新媒介形式携带的公众参与能量，一定程度上增加了国家权力的控制难度。尽管这种控制并不一定符合西方的民主标准和媒体标准，也就是说，不够民主也不够开放，但对具体的转型国家而言，已经意味着它对政治与社会稳定的把握力下降，走向短期或长期不稳定的风险在明显提升。原因在于，与传统大众媒介相比，新技术与新媒介具有的动能和势能对转型国家的影响更为强大。埃及在自由广场革命行动之后，曾在2011年初关闭整个网络，但却无法阻止和消除民众借助新技术和新媒介已经动员起来的政治与社会能量。可以预言，在信息传播全球化的世界拓展中，未来所有的政治社会转型都将逃不脱新传播技术和新媒介形式。我们已经处于一个新的媒介依赖的政治社会环境中，不过，这种依赖正在传递给使用者更多的政治社会方面的参与机会和参与能力。乐观者将其界定为新媒介赋权（empower），其中虽然含有技术决定论的些许色彩，但不妨碍对当下社会现实的令人信服的理论分析。正如曼纽尔·卡斯特（Manuel Castells）在分析西班牙、埃及、突尼斯以及占领华尔街等案例之后所言："在我们这个时代，多元媒介、水平传播意义上的数字网络是历史上速度最快和最足够自治的、互动的、重新设定议程的自我扩张媒介形式。……这也是为什么说数字时代的网络化社会运动代表着新形式的社会运动。"① 这些社会运动和政治行动将会给正在转型和将要转型的国家带来强烈的动力和影响。

从国际事务的层面上讲，以美国为代表的西方发达国家已经明确竖起"互联网自由"的大旗，有足够强烈的意愿借助新传播技术和新媒介形式来促动转型国家的内部变革。希拉里在任时曾于2010年2月和2011年2月两次发表有关"互联网自由"的演讲，系统阐释了美国要借助于互联网推动某些

---

① CASTELLS M. Networks of outrage and hope: social movements in the Internet age [M]. New York: John Wiley & Sons, 2015.

国家的转型。在第一次演讲中，希拉里提及伊朗、摩尔多瓦、突尼斯、乌兹别克斯坦、越南、沙特阿拉伯等国，第二次演讲中提及的国家增加了埃及、古巴、俄罗斯等国，在表示将其纳入美国外交政策框架的同时，再次表示美国要支持和资助那些追求"互联网自由"的行为。^①也正是在互联网背景下，美国政府对美国之音（Voice of America English News，VOA）和英国政府对英国广播公司（British Broadcasting Corporation，BBC）做出了在国际传播方面的调整，即压缩通过广播对外播出的经费与人员规模，扩大互联网上的国际传播，以促动转型国家的可能变革。

由以上两个方面综合观之，不难发现新技术与新媒介形势下转型国家面临的新挑战，即"互联网的国际链接，使得信息交换可以瞬息完成，而且互联网技术的监控难度使得国家对信息控制的成本无限放大，造成了不可能完全监控的结果。于是，转型国家的国民可以突破权力的诸多限制，增加对世界的了解，并同时向外传递国家控制的某些信息，一定程度上实现了信息的全球传播与接收"^②。虽然转型国家此前也面临着国内与国际两个方面的压力，但是国界内外的连接方式与力量互动的程度，都无法与当下传播全球化时代的网络速度相比。"新媒体会导致新的权力中心的出现，从而在现存的主导性的威权结构内部引发日渐激化的紧张状态；另一方面，新媒体有时候会绕开已经建立起来的媒体传输机构，发布遭到禁止或限制的信息，通过这种方式来破坏控制社会知识的等级制度。"^③转型国家面临的对新技术和新媒体进行管控的挑战和困难，显然比大众媒介带给权力的压力和危险性要大得多。

但是，历史的吊诡之处在于，"媒体的独立开放或许会加速旧政权的瓦解

---

① CLINTON H R. Internet rights and wrongs: choices & challenges in a networked world [EB/OL]. (2011-02-15) [2014-02-15]. https://2009-2017.state.gov/secretary/20092013clinton/rm/2011/02/156619.htm.

② 任孟山.国际传播与国家主权：传播全球化研究[M].上海：上海交通大学出版社，2011：57.

③ 卡伦.媒体与权力[M].史安斌，董关鹏，译.北京：清华大学出版社，2006：74.

与崩溃，但是它却不能保证哪一类政权被建立起来"[1]。这恰是媒介与社会之间的关系序次：不管媒介具备多大能量，都不能被放于中心位置，这不仅适用于传统的大众媒介，而且适用于新的媒介形式。当我们研究媒介在某个国家转型过程中的作用时，必须认真检视这个国家所特有的政治与社会现实，作为动力装置的传统媒介与新媒介能够携带和发挥多大动能，至少取决于国家机器的权力配置方式、普通民众的信息接收与使用状态、政治文化与社会文化的现代化程度等。正因如此，结合具体的国家情景，我们才能够发掘媒介的历史作用和现实价值，《墨》毫无疑问提供了一个可供阅评的、有意思也有意义的样本。

---

[1] LAWSON C. Building the fourth estate: democratization and the rise of a free press in Mexico [M]. California: University of California Press, 2002.

下篇
技术与社会

媒介环境学的研究路径、理论发展与学科逻辑[*]

一、引论：媒介环境学的多维研究视角

媒介环境学自20世纪50年代萌芽，其间经历三次重大研究转向，但始终没有偏离其探索媒介、人和社会互动的研究路径。媒介环境学之所以特殊，就在于其研究具有深厚的历史视野。在媒介环境学者看来，对技术演化过程的探索不仅局限于时间维度，更应该从历史维度理解技术演化过程，理解这一过程中人类的肉体、心灵、语言以及社会文化的影响。可以说，媒介环境学探索的实际上是媒体、技术、符号形式、传播、意识以及文化之间的关系。因此，媒介环境学自然而然地带有多学科和跨学科的特点。这种多学科和跨学科的研究特色赋予了媒介环境学发现不同学科与传播学之间关联点的能力，丰富了媒介环境学的研究视角，其中，语言、符号、代码、艺术、美学、信息、能源、社区、文化和生态等都是媒介环境学的研究范畴。这种视角多样性也反过来成为媒介环境学不断发展的动力来源。虽然媒介环境学的研究视角丰富，但是依据其理论溯源和研究方法，可以从这些看似繁杂的研究视角

---

[*] 本文原载于《陕西师范大学学报（哲学社会科学版）》2023年第4期，与穆亭钰合作，系北京市社科基金重点项目"后疫情时代公共卫生话语体系与大国形象建构研究"（项目编号：21XCA002）的阶段性研究成果，收入本书时略有删改。

中,溯及媒介环境学研究的四条主脉络,即社会学研究路径、生态学研究路径、哲学研究路径和语言学研究路径,依据这四大研究路径可以清晰且系统地梳理媒介环境学理论发展逻辑,并预测其未来发展方向。

从研究方法上看,媒介环境学将一般系统论(general systems theory)作为研究基础。一般系统论认为整体是由相互作用和相互关联的部分组成,但是一般系统论对整体的理解不是作为单个组成部分之和(还原论),而是将所有部分视为一个完整的整体,这个整体中各个组件的行为只能在整个系统的背景下理解,且这个整体往往具有它的任何组成部分都不具有的特性,因为整个系统的特性来自各部分的相互作用而不是各部分的内在特征。① 一般系统论的出现是对还原论的批判,在后续发展中又延伸出复杂性理论和涌现动力学理论。马歇尔·麦克卢汉(Herbert Marshall McLuhan)在研究中没有明确地使用复杂性理论和涌现理论,但他将这种思维应用到他对传播和技术的影响分析中,麦克卢汉对媒介和社会关系的非线性动态方面的认识,在一定意义上体现了复杂性理论和涌现论的特点。一般系统论本身诞生于生物学,但其思想又与哲学密切相关,是处于具体科学与哲学之间、具有横断科学性质的一种基本理论,所以将一般系统论作为研究方法的媒介环境学,自然而然地带有生物学和哲学研究传统。

通过媒介环境学的思想回溯,我们发现媒介环境学的发展吸收了来自社会学、生态学、哲学和语言学等多学科的研究成果。媒介环境学的先驱帕特里克·格迪斯(Patrick Geddes)是最早开启环境与人类文明相关研究的学者,他既是一位生态学家,又是一位社会学家。格迪斯视人和城市生态为有机生命体,研究在城市发展过程中人与环境间的影响与关系,关注工业革命、技术革命和城市化等问题对人类环境的影响,被誉为"人类生态学之父"②。作为学生的刘易斯·芒福德(Lewis Mumford)则继承了格迪斯生态学方面的思

---

① LOGAN R K. General systems theory and media ecology: parallel disciplines that animate each other [J]. Explorations in media ecology, 2015, 14(1): 39–51.
② 梁颐. 媒介环境学创始人帕特里克·格迪斯思想及学科贡献探赜[J]. 宁波广播电视大学学报, 2015, 13(2): 52–57.

想和道德关怀。不仅如此,格迪斯的人类生态学思想还影响到芝加哥学派代表人物罗伯特·帕克(Robert E. Park),帕克在社会学领域进一步延伸了"人类生态学"思想,并将其作为社会学分析的方法论之一,而帕克又是哈罗德·伊尼斯(Harold Adams Innis)的老师。因此,从这里可以看出媒介环境学有着深厚的生态学和社会学传统。另一位媒介环境学的先驱苏珊·朗格(Susanne Katherina Langer)则为媒介环境学提供了符号学和哲学的研究视角。朗格关注符号与情感之间的关联,创造性地提出了符号逻辑理论和"心灵哲学"思想,认为不同符号体系对人类思想和感知会产生不同的影响,这与"媒介即讯息"的思想一致。朗格的媒介思想给予媒介环境学对"媒介"与"媒介和人互动形成的环境"的研究以符号学角度的理论阐释,即媒介环境学感兴趣的不仅仅是表达人类思想和培养人类文化的符号媒介,还有媒介和人的互动及其形成的文化的环境以及环境对人生活的影响。[①] 因此,虽然媒介环境学具有多元的研究视角,但是总的来说是将媒介作为研究出发点,根据研究的关注点和落脚点的不同形成社会学研究路径、生态学研究路径、哲学研究路径和语言学研究路径这四大研究分支。

针对不同的研究路径,学者们对媒介环境学的定义也有所差别。以下列举三种具有代表性的定义。首先,作为媒介环境学的创立者,尼尔·波兹曼(Neil Postman)认为媒介环境学研究的是传播媒体如何影响人类的感知以及我们与媒体的互动如何影响我们生存的环境。[②] 在波兹曼看来,媒介与人的互动及其影响就是媒介环境学研究的中心,这个媒介环境通过隐蔽的方式影响人类的认知和行为,或者说构建我们看到的真实。可见,波兹曼研究的出发点和落脚点在于社会学意义上媒介对人的社会化过程,是一种社会学的研究路径。

兰斯·斯特拉特(Lance Strate)认同波兹曼"媒介环境学是对媒体环境

---

① 梁颐. 苏珊·朗格符号思想与媒介环境学理论构建:思想基石和研究旨趣方面贡献探赜[J]. 东南传播,2014(6):4-8.

② POSTMAN N. The reformed English curriculum [M]//EURICH A C. High school 1980: the shape of the future in American secondary education. New York: Pittman, 1970.

的研究"的论断,但在波兹曼的基础上进一步推进,认为所谓的"媒介"包含技术和技巧两部分,[1]前者更多关注媒介本身的研究,后者则侧重于对语言和符号的研究。同时,斯特拉特强调媒介形式和信息编码二者在媒介环境中发挥主导作用。斯特拉特的定义拓展了媒介环境学的研究范围,为媒介环境学补充了语言学和符号学的内容。

克里斯琴·尼斯特洛姆(Christine Louise Nystrom)认为媒介环境学是一个仍处于起步阶段的"元学科"。[2]在她看来,20世纪的标志之一就是打破牛顿所塑造的边界清晰的、不协调的科学,同时学科融合加速。因此,媒介环境学作为一个新的研究领域,其研究视角非常广泛,"复合"学科属性明显。同时,媒介环境学将媒介视为环境的复杂通信系统研究的视角是一个新兴研究,也是20世纪的技术变革带来的。因此,媒介环境学是一个新兴"元学科"的"预备役",之所以不是正式的元学科是因为目前媒介环境学还没有形成一个连贯的研究范式。这种定义更多地带有一种哲学意义,认为媒介环境的元学科能够形成一种新的哲学思想。

以上三位学者虽然对媒介环境学研究的侧重点不同,但都将媒介环境看作一个生态环境,其中"Ecology"这个词本身就包含了一个复杂的信息系统。因而,我们更应该将媒介环境学看作一个复杂的交叉性学科,"媒介环境学的所有研究路径并不是孤立的,而是相互连接形成了一个相互联系的思想网络"[3]。其中,社会学研究路径、生态学研究路径、哲学研究路径和语言学研究路径作为主要的四大研究分支,是媒介环境学研究的基础,更是媒介环境学研究的核心。

---

[1] STRAT L. Understanding mea [J]. Medias Res, 1999, 1(1): 1–2.
[2] NYSTROM C L. Toward a science of media ecology: the formulation of integrated conceptual paradigms for the study of human communication systems [M]. New York: New York University Press, 1973.
[3] 林文刚. 媒介环境学派:思想沿革与多维视野[M]. 何道宽,译. 北京:北京大学出版社,2007:4.

二、社会学研究路径：从宏大环境到具体情境

媒介环境学的社会学传统主要源自芝加哥学派，吸取了社会学对现代化、城市社会问题以及传播对社会整合和文化问题的研究成果。伊尼斯为媒介环境学奠定了研究的历史取向，并将研究视角从技术本身转向技术对社会和人的影响，通过研究古代帝国兴衰发现媒介的偏向与当时所处的社会环境有着直接的联系。但是，伊尼斯作为一个政治经济学家，始终是从政治经济学视角研究媒介，将传播媒介看作一种政治和经济力量，这种力量对社会秩序和结构产生影响。麦克卢汉在伊尼斯的基础上，更侧重于对人的"感觉"的研究，关注媒介的社会影响和心理影响。在麦克卢汉看来，媒介具有某种自治性，影响人们感知世界的方式，并由此塑造人们的社会行为方式和社会形态。他将世界发展划分为"部落化时代""脱部落化时代"和"重新部落化时代"，认为字母表和印刷媒介的出现强调了个人的作用，是现代社会问题的根源；而电子媒介的出现使人类重新回到了口语时代，并且将这个世界相连形成"地球村"。但是，正如许多社会学者对麦克卢汉隐晦的写作风格的批评，麦克卢汉本身是一位文学家，其对媒介的研究源自文学批评和实用批评学。

波兹曼在媒介环境学会成立大会上的主题报告中，强调媒介的人文关怀和道德关怀，并提了三个问题：媒介在多大程度上有助于理性思维的发展和应用？媒介在多大程度上有助于民主进程的发展？新媒体在多大程度上提高或减弱了我们的道义感和向善能力？[①] 波兹曼认为媒介环境学就是关于媒介环境如何使我们的生活变好或变糟的研究。由此可见，波兹曼将媒介环境学的焦点放在人的身上。其实，从伊尼斯开始一直到波兹曼，人的中心作用越发得到重视。造成这种变化的原因，一方面是技术变革带来的社会问题和文化动荡，另一方面也受到了20世纪70年代美国社会科学范式革命的影响，吸

---

① 林文刚.媒介环境学派：思想沿革与多维视野[M].何道宽,译.北京：北京大学出版社，2007：47.

取了许多"媒介化"理论思想。从波兹曼以后，这种"社会学"特征表现得越发明显。

约书亚·梅罗维兹（Joshua Meyrowitz）师承波兹曼，在波兹曼研究的基础上，引入了欧文·戈夫曼（Erving Goffman）的"拟剧理论"，扩展了理论的边界，关注电视对个人行为变化的影响，提出"情境"概念，认为处在社会中的个人需要通过界限划分出不同的情境，否则就会出现情境重合或混淆，导致行为或社会角色混乱。媒介环境学发展到梅罗维兹这一代，媒介环境学理论已经由宏观的媒介环境研究转向更加微观的"情境"研究，理论也不再像"天书"一般难以捉摸，而是走向具体的实践，具有强烈的社会关怀。由此，媒介环境学的社会学研究路径逐渐成为媒介环境学的主流研究之一，并在后续的发展中始终占据主流地位。

进入移动互联网时代后，具有即时性、随身性、开放性和互动性的移动媒体，已经渗透到人们生活、娱乐和工作的各个领域，在提高人们生活便捷性的同时给国家和社会安全稳定带来了挑战。面对这些问题，一些媒介环境学学者开始将目光放在技术变革与抗议活动之间的关系上。斯特拉特在2012年"媒体、抗议与社会变革研讨会"的演讲中提出，要基于媒介环境学的方法探讨抗议现象。斯特拉特通过回顾与写作和识字有关的骚乱、印刷革命和电子媒体革命，认为在移动媒体环境下产生了新的抗议形式和前所未有的文化骚乱形式，[①]并以英国的宗教活动和2005年丹麦印刷穆罕默德卡通形象后的抗议和暴力事件作为社会抗议案例，论证世界上几乎每一次重大的政治抗议、动乱和革命都涉及对图像的攻击，包括破坏建筑、推倒雕塑和纪念碑、焚烧或悬挂旗帜等。新媒体的每一次革新都越来越强调图像和视觉模式。在当前社交媒体时代，谁拥有最强大的图像，谁就会获得胜利。正如在影像之战中，投掷石块的巴勒斯坦儿童战胜了以色列的大炮；在形象之战中，"茶党运动"因教母萨拉·佩林（Sarah Louise Palin）、乔·维兹比基（Joe Wierzbicki）和

---

① STRATE L. Media and protest: technological change and cultural disturbance [J]. Explorations in media ecology, 2018, 17(3): 231–45.

福克斯新闻主持人格伦·贝克（Glenn Beck）等人广受关注，而"占领华尔街"运动中的众多无名群众无人关注。对于这些具有破坏性的社会事件和电子媒体革命，弗雷德·切云斯基（Fred Cheyunski）将其描述为"反乌托邦"，并认为这是未来媒介环境学研究的重点。① 埃里克·詹金斯（Erik Jenkins）关注抗议活动聚集和发展的社交媒体平台，从媒介环境学视角看待脸书的演化和危机，认为由于各种政治和经济力量的斗争，脸书被赞助的病毒式内容淹没，成为政治斗争中散布虚假信息和仇恨言论的平台；由此造成的紧张关系已经成为资本主义面临的普遍危机的一部分，并将塑造人的主观性和媒体进化的未来。②

对于移动媒体为何会带来这种社会抗议，麦克卢汉早在20世纪60年代就指出，电子媒介创造了"地球村"，每个人都可以参与他人的事务。因此，无论在哪里发生抗议活动，你都会很容易感觉自己身在其中。从媒介本身来看，斯特拉特认为社交媒介的交互作用加速了电子图像的传递，因此在社交媒体上只需轻轻点击就可以支持抗议活动，不管是象征性的还是物质上的，当前越来越多的媒介事件就是最好的证明。埃里克·哈弗洛克（Eric Havelock）则从符号角度出发，认为当代媒介环境的一个显著特征是图像的不断扩散，移动媒体的出现加剧了偏向思想的口语文化和抽象的书写文化的碰撞，新旧思维模式的碰撞带来斗争，这种思维上的斗争在现实中的表现就是抗议。

除了对社会抗议活动的关注，《媒介环境学探索》（Explorations in Media Ecology）期刊在2021年推出了性别与媒介环境学特刊，将媒介环境学与女权主义研究相结合，集中探讨了新媒介与性别和女性主义的关系。杰奎琳·麦克劳德·罗杰斯（Jaqueline McLeod Rogers）对比了女权主义者和麦克卢汉的作品，认为媒介环境学所强调的相互联系、感觉和思维是一种非

---

① CHEYUNSKI F. Dealing with dystopia: Freire's Gnostic cycle and media ecology in a post-pandemic world [J]. Explorations in media ecology, 2022, 21(1): 5–20.

② JENKINS E. From media to machines: a machinic perspective on the evolution and crises of Facebook [J].Explorations in media ecology, 2021, 20(3): 299–317..

线性思想，与女权主义思维具有共同特征。①乔·哈特菲尔德（Joe Edward Hatfield）通过对跨性别者的自拍研究，认为社交媒体所营造的媒介环境，已经成为跨性别者性别表达和身份构建的主要平台，并将媒介隐喻为跨性别者的性别化的身体，并提出"性别是媒体"和"性别取决于媒体"的论断。②詹妮弗·简森（Jennifer Jenson）和苏珊娜·德·科斯特尔（Suzanne de Castell）通过对电子游戏中女性的研究，认为这种游戏中对女性的骚扰和歧视实际上是对现实环境的映射。③

面对这些技术变革带来的各种社会问题，以及由技术变革带来的人际关系的深刻挑战和复杂性④，媒介环境学的学者从认知科学角度出发，认为人们为了成功驾驭这种新环境，必须从身体或思想上适应这种新动态⑤；而这个适应的过程在媒介环境学的学者看来是个人认知能力的改善。皮特·张（Peter Zhang）和埃里克·麦克卢汉（Eric McLuhan）提到感知的模式问题，认为当前的智能媒体打破了我们感官的"原始"模式，智能媒介所依托的智能技术和生物技术已经主导了人类的感知方式，并通过对有机体的复制、模仿和再生产，为人类克隆了一个"原始"模式，技术给予了这些虚拟图像"生命"。⑥正是这种有"生命"的虚拟世界，成为人类意识的延伸，诞生了"沉浸感"。这种"沉浸感"一方面会加深人们的偏见，另一方面，人们也可以有意识地培

---

① MCLEOD R J. Susanne Langer, Marshall McLuhan and media ecology: feminist principles in humanist projects [J]. Explorations in media ecology, 2021, 20(2): 131–149.

② HATFIELD J E. Trans* media ecology: the emergence of gender variant selfies in print [J]. Explorations in media ecology, 2021, 20(2): 151–174.

③ JENSON J, de CASTELL S. Patriarchy in play: video games as gendered media ecologies [J]. Explorations in media ecology, 2021, 20(2): 195–212.

④ ANTON C. The relevance of RD Laing to the AI movement and to media ecology more generally: projection and the feeling of being understood [J]. Explorations in media ecology, 2019, 18(3): 213–234.

⑤ ARTMAN N, STIEGLER Z, SZUMINSKY B, et al. Mass media in the mobile village [J]. Explorations in media ecology, 2020, 19(2): 139–150.

⑥ ZHANG P, MCLUHAN E. The interological turn in media ecology [J]. Canadian journal of communication, 2016, 41(1): 207–225.

养媒介使用的意识和责任感。[1] 孙涛等人同样认为这种感官平衡的打破并不是一件坏事，反而会刺激人类获得新的感官功能，即多任务协同处理能力。[2] 这种功能被线性的印刷技术带来的大众传播封印，现在已经被媒体的多功能、多任务和多窗口激活。媒体的多任务处理变成一种常态，并被视为一种多感官行为，不同于认知瓶颈理论所认为的人的认知能力是有限度的，多任务处理应该被看作人类的一种感觉和行为。孙涛等的研究揭示了认知需求和移动媒体使用、认知需求和多任务处理之间的显著正相关关系，并且按照当前媒介发展的趋势，未来这种宽度偏向的信息处理行为还将进一步增强。

三、生态学研究路径：人的中心地位之观点分歧

媒介环境学的生态学传统伴随着媒介环境学发展的全过程，是媒介环境学的核心之一。相比于社会学和符号学，生态学更能体现媒介环境学的特色。"Ecology"这个术语本身就源自生态学，生态学是研究有机体与其周围环境（包括非生物环境和生物环境）相互关系的科学，这种个体与环境间的交互关系与媒介环境学的研究相一致。同时，作为生态学研究一部分的生物学、生命系统学和环境科学与媒介环境学的研究息息相关。生物学和生命系统给予媒介环境学者的启示是将媒介看作一个活着的有机物，而环境科学则与媒介环境学的城市生态学研究相关联，探究媒介与城市和文化之间的关系，这也是媒介环境学在生态学路径上两大分支的主要分歧所在。生物生态学视角下媒介与人都是有机体，人的中心地位被打破；而城市生态学视角更关注如何使城市这一媒介更好地为人类服务，其本质上还是以人为中心。

具体来说，在生物生态学和媒介环境学的结合上，从媒介环境学的奠基人帕特里克·格迪斯的"有机城市观"开始，开启了环境与人类文化相连的

---

[1] GORNAB L, POLSKI M. Digital media may cultivate awareness and responsibility in users: a case for optimism [J]. Explorations in media ecology, 2021, 20(3): 337-353.

[2] SUN T, ZHONG B. Multitasking as multisensory behavior: revisiting media multitasking in the perspective of media ecology theory [J]. Computers in human behavior, 2020, 104: 106151.

生态学视角，他视人和城市为有机生命体，这一观点也启发了后续媒介环境学者。在这方面，最突出的学者是罗伯特·洛根（Robert Logan）。洛根将媒介视为一个真正存在着的生态环境，而不仅仅是隐喻意义上的生态环境。洛根借用诺姆·乔姆斯基（Avram Noam Chomsky）的语言习得装置（language acquisition device，LAD）和通用语法（universal grammar，UG）概念，论证自然语言和人类文化都满足有机体的特征，二者都可被定义为"有益的'寄生虫'"①，并且这类"寄生虫"只有依靠人类才能存活。因此，从进化论角度来看，语言是社会和文化实体，随着人类使用者的选择力量而演变。由于媒介和技术都是文化的组成部分，因此媒介和技术可以被视为一种有机体。在此基础上，洛根又进一步引入生态学中的"涌现"概念，指出媒介符合经典的涌现定义，即它的属性不能从组成它的组件或子系统的属性中导出、预测或简化；它代表了比它的组成部分更复杂的组织层次。鉴于此，洛根论证了媒介是一种活着的有机体，并从生态角度重新审视麦克卢汉的经典格言，指出媒介的组成部分之一是其内容，因此内容分析只是媒介研究的一部分，如果试图通过内容分析来理解媒介的性质和效果，那么一定会失败，所以要把媒介环境学视为对作为有机体的媒介及其相互作用的研究。

在洛根之后，许多媒介环境学者又进一步扩展"生态系统"中的组成部分，认为麦克卢汉的"媒介是人的延伸"体现了一种人类中心主义。但是在人与机械共存的"后人类时代"，人类不再是一切的中心，人类与其他物种共同分享地球，并相互依赖共存。因而，动物和人造物都应该被纳入研究范畴。这方面，乔迪·伯兰（Jody Berland）认为人类作为一个物种，本质上是不完整的，人类与工具相互依赖，在技术上满足自我需求，并以越来越多的新方式调节，人类的身体从来没有真正地与自身重合，人类总是被中介的。②而动物则充当人类和数字设备之间的中间人。技术的进化与不断更新的数字设备

---

① LOGAN R K. The biological foundation of media ecology [J]. Explorations in media ecology, 2007, 6(1): 19–34.

② BERLAND J. McLuhan and posthumanism: extending the techno–animal embrace [J]. Canadian journal of communication, 2019, 44(4): 567–584.

融合让我们更先进，但是动物特征越来越少，因此我们需要动物让我们变得更有人情味。数字化动物作为精心制作的治疗仪器，能够帮助人类处理生理和精神压力，这些动物改变、重新激活了连接我们物质生活、社会生活和精神生活的枢纽。动物已经不仅仅是生物意义上的动物，而是通过某种特定的媒介传播的内容。随着智能技术的发展，越来越多的智能家居和机器人等走进人们的生活。艾琳·爱尔兰（Aileen Ireland）开始关注人工智能的形态问题，认为人类对人类形态的迷恋，不仅不是对人类伦理的破坏，反而可以促进医疗和护理的发展。① 吉莉安·莱默迈耶（Gillian Lemermeyer）同样认为人体模型的使用为医护人员提供了一种减轻中介的潜在副作用的方法。②

在城市生态学方面，媒介环境学的学者继承了芒福德的人文主义取向，将媒介理论与城市研究相结合。芒福德用"机器"来隐喻社会和国家，指出由于机械化程度的不断加深，人的生命越发被简化和机械化。对人性的忽视造成了人的堕落和虚无主义的滋生，这种倾向也体现在城市建设中。随着各种智能技术的兴起以及城市化和现代化程度的不断加深，城市的功能性越发凸显，使居住在城市环境中的公众之间的关系变得复杂和矛盾，这种变化被称为"城市世纪"③。但与之相对应的是城市也越发远离人性和人本身，越来越多的技术物件超出了人体的尺度④，城市的扩张不再以人为尺度，而是以机器为尺度。正如机场、港口和车站等都是为了适应机器而产生的设施，在这些设施里人逐渐被降格到操作员、维护人员甚至是配件的地位⑤。城市越来越大，而人却越来越小，城市本应为人服务，却反而让人失去了幸福感、满足感和

---

① IRELAND A. A posthuman ecology of simulated human patients: eidolons, empathy and fidelity in the uncanny embodiment of nursing practice [J]. Explorations in media ecology, 2020, 19(3): 299–318.
② LEMERMEYER G. Seeking reality through the unreal: interviewing high-fidelity human patient simulation in undergraduate nursing education [J]. Explorations in media ecology, 2020, 19(3): 319–335.
③ DRUCKER S J. Reflections of a media ecology flâneuse: on mediated urban spaces and places [J]. Explorations in media ecology, 2018, 17(4): 367–377.
④ 张先广. 媒介理论：从人本主义到反人本主义的转向 [J]. 中国图书评论, 2022（9）: 105–113.
⑤ DRUCKER S J. Reflections of a media ecology flâneuse: on mediated urban spaces and places [J]. Explorations in media ecology, 2018, 17(4): 367–377.

喜悦感等生命意义。因而，媒介环境学者提出要关注人性，并且致力于寻求城市中的平衡点，将城市学与生态学相结合，强调社会和自然的互惠共生和相互协调。这种思想也受到麦克卢汉"感官平衡论"的影响，认为城市作为一个媒介，需要与人类相适应才能达到和谐。在这个层面上，埃里克·麦克卢汉认为媒介环境学不能只关注社会环境，自然环境同样需要关注，要试图理解包括本土和全球的环境问题。[①]

四、哲学研究路径：从人类中心主义到后人类取向

媒介环境学的哲学视角可以从主体性出发去理解。以麦克卢汉的"延伸论"为代表，早期的媒介环境学者把人类的身心作为媒介各种扩展的"词源"，并且关注人类及其扩展之间的界面以及这些扩展之间的相互作用。基于此，媒介环境学的一个关键假设是，每一次扩展不仅重新调整了人类的感觉器官，而且重塑了人类的欲望和期望。因此，人类将以一种不同的性情、感知习惯和审美偏好来接近和重塑世界。也就是说，每一种延伸都起源于某些"固有的"人类能力或可扩展性。这种"延伸论"与当时机器成为社会生产的支柱有着密切的联系，由于工业机器的大规模使用造成大量工人的失业，同时机器的大规模生产破坏了传统的艺术和审美模式，越来越多的学者开始捍卫人的价值，强调人机关系中人的主体性，体现了媒介环境学者的人文主义思想。

但从哲学角度上看，"延伸论"本质上仍然是一种主客体对立的二元论思维。随着机械化进程的不断加深，这种二元论思维对当前人机交融的媒介环境不再具有解释性。尤其是数字技术出现后，数字技术的虚拟性创造了一种新的"真实"，人与媒介已经形成一种"存在即共在"[②]的关系，不存在主体和客体之分，而是"你中有我，我中有你"的一体关系。例如，电子屏幕已成为无处不在的生活工作必需品，人们离开手机便寸步难行，更不用说已经成

[①] MCLUHAN E. Media ecology in the twenty-first century [J]. Explorations in media ecology, 2019, 18(4): 399–411.

[②] 张先广，杜丹. 对数字技术的间性论思考[J]. 哲学分析，2019，10（3）：156–169，199.

为人的一部分的支架、假肢和各种佩戴式传感器。因而，建立在人机主客体对立基础上的传统媒介环境学的人类中心主义思想，已不再适用当前数字化和虚拟化的社会。

在此基础上，许多媒介环境学者开始探寻本体论之外的哲学路径。一些学者开始重新思考麦克卢汉的思想，并将其与马丁·海德格尔（Martin Heidegger）、唐·伊德（Don Ihde）以及西格蒙德·弗洛伊德（Sigmund Freud）的思想进行对比分析。洛根通过对麦克卢汉关于媒介的潜意识和弗洛伊德的无意识之间的对比，认为二者间存在相似性和关联性。① 另外，随着社交媒体、虚拟现实和物联网等新技术的不断发展，彼得·张认为当前人类面临着一种严重的现实问题，即精神能量不足。② 这种从技术角度反观人类自我生存现状的研究视角，使得许多媒介环境学的学者积极推动技术哲学与媒介环境学的融合。在斯特拉特看来，媒介环境学可以被理解为一种研究媒介的特定方法和哲学追求③，并在汉娜·阿伦特（Hannah Arendt）的哲学思想的基础上，将人的精神也看作人类活动。彼得·张和埃里克·麦克卢汉通过吸纳吉尔·德勒兹（Gilles Deleuze）、费利克斯·瓜塔里（Pierre-Félix Guattari）等思想，探讨了媒介环境学的"间性转向"（interological turn）④，提出媒介环境学应该是介于人的本体论和媒介的本体论之间的研究。

所谓间性，实际上是与本体论相对应的一种哲学思想。相较于本体论对存在、物质和实体的重视，间性论更多地体现为一种相互包含、相互依存和相互转化的共生关系。在间性论思想下，不存在人机之分，也不存在主客体之分，可以说人与机器都具有主体性，表现出对人与非人共同生活方式重要

---

① BRAGA A, LOGAN R K. Mind and media: exploring the Freud–McLuhan connection [J]. Explorations in media ecology, 2013, 12(3–4): 159–170.

② ZHANG P. The energic economy of cyberchronotopia [J]. Explorations in media ecology, 2021, 20(4): 479–96.

③ STRATE L. The human condition as the subject of media ecological investigation [J]. Review of communication, 2017, 17(4): 240–256.

④ ZHANG P, MCLUHAN E. The interological turn in media ecology [J]. Canadian journal of communication, 2016, 41(1): 207–225.

性的认识。正如德勒兹提出的"组合体"理念,在数字化时代人机之间更多以组合的形式出现,在组合体中人的主体性不再是首要的,意义通过组合体之间元素的共同作用来表达,应该关注的是人机之间的协同作用。德勒兹认为在数字化时代,麦克卢汉的"媒介即讯息"更应该被称为"组合体即讯息"。虽然这种间性论打破了早期媒介环境学的人类中心主义思想,但并不意味着抛弃了媒介环境学的人文主义追求。间性论对人与机器之间的等同,更多的是将机器视为人,而非将人视为机器。媒介环境学的这种"间性转向"是为了克服本体论的缺陷,以便更准确地把握人类的境况,从而在反人类的机械文明中找到人类自身的立足之地。同时,对机器给人类提供的"真实"进行哲理性思考,揭示其威胁性,是体现人的能动性的方式。

五、语言学研究路径:从语义符号到语言数字化

媒介环境学的语言学传统,简单来说,是对形式与内容之间关系的研究。这种形式与内容在语义学上是对语言和语义的研究,在符号学上是对符号与人类心灵的研究。但在媒介环境学的学者看来,所有的语言环境、符号环境和技术环境都可以被统称为"媒介环境",与以往关注媒介与社会化的研究不同,媒介环境学是从媒介本身出发,探究媒介自身偏向与社会化主客体和内容之间的关联。

其中,与媒介环境学联系最为密切的是普通语义学。这种联系表现在两个方面:首先,普通语义学将语言视为人类区别于其他动物的本质特征。这与苏珊·朗格所认为的符号的转换是人类心灵的本质特征具有相似性。在朗格看来,人类能够将生活中的感知转换为各种不同的符号模式,一般性符号是人与动物都共同具有的,而象征性符号是人类独有的,反映了人类的高级精神活动,其中语言就是一种象征性符号模式。[①] 其次,普通语义学强调语言

---

① 梁颐. 苏珊·朗格符号思想与媒介环境学理论构建:思想基石和研究旨趣方面贡献探赜[J]. 东南传播,2014(6):4-8.

对人类思想和行为的影响，提出了"言语环境"和"语义环境"。这种把知觉与语言联系起来的研究方式与媒介环境学所倡导的整体认知观相一致。① 其中，苏珊·朗格认为人的认识是对整体环境的一种转喻，因此人类将所接受的部分环境视为整体的环境。麦克卢汉同样认为语言是一种知觉的器官，不同的语言会带给人类不同的知觉偏向。尼斯特罗姆则从物理学的相对论中获得灵感，提出"语言相对论"。基于此，媒介环境学的学者试图进一步理解特定的媒介对社会以及文化的影响。哈弗洛克专注于希腊文化从口语时代到书面的转移过程，探究这种语言形式的转变对希腊社会思想文化的影响。②

随着数字化浪潮的兴起，数字媒介给人带来的即时、交互和沉浸等特点，使媒介环境学开始逐渐引入心理学、物理学和认知科学等学科的研究成果。沃尔特·翁（Walter Jackson Ong）引入心理动力学相关研究，将心理学、认知科学与媒介环境学相结合，提出原生口语文化和次生口语文化，指明当前我们所处的电子时代就是次生口语文化，人与人的交流不是面对面的真实交流，而是由视觉和声觉构建的虚拟的、仿真的交流。在媒介环境学者看来，数字媒体带来的是一场全民参与的社会运动，语言的"数字转型"给人类带来了严重的认知危机，人类需要对数字文化以及现代语言进行重新思考。尤其是在特朗普时代，面对社会撕裂这一现象，许多媒介环境学者开始从语义学角度探索如何理解特朗普政治言论的特殊性以及如何改善的问题。

语言数字化不仅引发了认知危机，还提出了另一个值得关注的问题，即语言的地域性。当前数字化交流和传播形式已经打破传统语言的边界，语言已经不再局限于最初意义上的文字表达，还包括视频、图像和动画等各种静态和动态图像。因而，对现代语言的研究已经无法局限在传统的语义学和符号学分析上，更需要与多种理论和学科接触，如吸纳来自视觉文化、电影和文学的分析技能。同时，互联网虽然具有互联性，但并非一个无地域化的具

---

① 斯特拉特，胡菊兰. 从《科学与精神健全》到媒介生态学：科尔兹布斯基与麦克卢汉 [J]. 洛阳师范学院学报，2014，33（12）：22-27.
② 梁颐. 贡献于媒介环境学基本问题成形的古典学家：多伦多学派代表人物埃里克·哈弗洛克评介 [J]. 新闻世界，2013（9）：203-204.

有媒体属性的媒介。从技术角度来看，域名可以解决互联网中的国家和地域区分问题；从社会学角度来看，互联网提供了一个人们与他们的物理、离线地点建立联系并重申其归属的方法，正如当前网络中跨国圈子的存在。但是与地域性相反的是，在许多数字文化作品中，生产、托管和消费往往跨越了民族国家的边界，使地方、民族或区域身份的概念变得复杂；而现代语言学作为一个跨学科的领域，对研究超越传统国界的数字文化现象具有建设性意义。同时，媒介环境学者关注到数字时代计算机对语言本身的简化和语义的削弱，指出语言正在被计算机转化为数字代码，表意正在变为数字，传统的语言中心主义已经被打破。

六、媒介环境学的未来研究前瞻

整体上看，媒介环境学不管从哪种路径进行研究，本质上都是对人与媒介相互关系的研究。今后随着研究的深入和学科的交叉，这种相互关系的对象和范围将会不断扩大。因此，未来的媒介环境学必然是开放性、进行时的，这种跨学科和多学科的研究路径，更有利于提炼出一种更加包容的叙事和研究范式。针对数字化技术的不断扩张和渗透，媒介环境学的关注点始终在人类如何在数字环境中找到自身定位以及如何面对和处理数字化过程对人类文明和文化的入侵上。具体来说，通过梳理媒介环境学的四大研究路径及其理论逻辑，我们能够发现其存在一个共同特征，即对数字媒体和数字对象的关注。

以数字媒体作为出发点，媒介环境学的社会学研究路径关注数字媒体与社会整合。数字化媒介本因其去中心化特征被认为是个人权力兴起的契机，然而随着经济和社会层面全球化程度不断加深，社会组织越发碎片化和封闭化，由此带来的冲突和矛盾越发激烈，甚至造成社会的撕裂。媒介环境学者看到了这种社会撕裂和冲突背后的媒介要素，并试图从媒介本身出发，揭示数字媒介的"性格"偏向，探索数字化媒体塑造的媒介环境对人和社会的影响。在这方面，媒介环境学主要关注在冲突中起到不可忽视的作用的社交媒体和社交机器人。尤其是在俄乌战争期间，社交媒体所塑造的数字空间已经成为战争的数字化延伸，俄乌双方在数字空间利用社交机器人等人工智能技术进行信息博弈，这种"数字冲突"甚至成为俄乌对战的关键战场。这种对数字对象的研究随着数字对象自身的发展和考察范围的扩大，以及媒介环境与心理学和认知科学等学科的融合将进一步深入。

生态学研究路径主要关注数字媒介构成的复杂系统，以及媒介作为这个复杂系统的"生物"与其他生物之间的生态关系。同时，媒介理论与城市生态学理论的结合更为紧密，媒介环境学的学者试图通过对人类主体、机器主体以及城市这个"巨型机械"对主体性的塑造——这三个方面的"共生"关系的阐述和设想，来构建一种环境内的主体间性。

哲学研究路径关注数字媒介带来的间性论思维转向。在这方面，媒介环境学者认为应重视间性论作为一种未来哲学和实践哲学对媒介理论的启发意义。间性论不仅契合数字时代物质实体和数字实体的双重存在，更与媒介环境学本身的系统论研究方法和生态思维相契合。面对当前人机一体的现状，脱离媒介强调人的主体性已经无法解释现实。只有打破人类中心主义的困局，才能更好地解决当前人类面临的困局。同时，间性论打破了建立在传统本体论思想上的伦理学，意味着一个以相互组合的身体为基础的伦理学的兴起，这种伦理学建立在对共生和共同演化认同的基础上。尤其面对当前因人机过度组合带来的伦理困境，亟待确定一个建立在间性论基础上的技术伦理，这也是当前在哲学层面较为紧迫的问题之一。

语言学研究路径关注数字化语言的未来，主要包括数字文化研究和语言中心性两方面。对于数字文化研究来说，由于网络空间的流动性，数字文化研究者不能再仅仅分析文本，还需要分析实践，因为网络上语言文字的流动、再循环和转帖与文本本身一样重要，数字化语言会受到它们所经过的空间的影响。例如，在转帖过程中建立起的非预期意义上的解释社区，也是当前语言演化速度增快的原因。同样，这种转变也与现代语言学的发展相吻合，特别是现代语言学通过与社会科学方法建立合作，开始关注基于语言的地区研究和社区语言研究，尤其是民族语言以及语言和领土之间的统一性问题。另外，语言的数字化发展逐渐取代了传统的语言中心主义，语言的表意和内涵正在被弱化。因此，单纯地从语义角度进行研究已不再是当前媒介环境学关注的重点，对语言的社会意义及其数字化的探讨未来将成为研究的中心。

七、结语

媒介环境学诞生至今的 70 多年间，历经了数次重要的研究转向，逐渐演变成现在这样一个具有跨学科特点的复杂交叉性学科。媒介环境学的每次转向都伴随着媒介技术领域的不断革新，可以说，媒介环境学实际上是一个具有探索性的动态发展的学科，其研究的并不是技术个体，也不是某一种技术塑造的环境，而是一种对人及其延伸之间的互动的研究。只是早期的媒介环境学将技术视为人的延伸，而当下的媒介环境学不仅认为技术是人的延伸，而且认为人是技术的延伸。这种观点带有"后人类"色彩，是一种技术、人和文化共生的研究视角，体现了媒介环境学者开始站在个体之上，站在人类整体之上，思考人类与非人类构成的复杂关系。虽然后人类研究在一定程度上是去人类中心化的，但并不是去人性化，而是对数字时代人文主义的呼唤。因而，如何平衡人与技术之间的关系显得尤为重要，而这也是媒介环境学未来研究的重心。未来的媒介环境学研究不再关注为某种媒介提供一个规范性的阐述，而是更多地形成以间性为导向、以人机组合体分析为特色的研究[1]，为人类的发展呈现出更多的可能性。

---

[1] THOMPSON T L, ADAMS C. Accountabilities of posthuman research [J]. Explorations in media ecology, 2020, 19(3): 337–349.

转型中国的互联网特色景观：网络动员与利益诉求*

一、导言

在中国社会转型的时代情境下，社会阶层的分化变迁、利益分配格局的改变、话语权力分配的失衡、体制框架的消极惯性、发展与环境的张力加剧、官民互信的现实挑战等因素，造就了当下中国社会的问题复杂性与矛盾多样性。表现在由互联网发展而形成且逐步壮大的信息空间之上，是网络事件的话题丰富性和参与广泛性。这种参与在大多数情况下，并非网民必须参加现实社会的实际行动，而更多的可能是话语参与，如发帖、转发、评论等。"网络事件在形式上与传统的以街头抗议为主的社会运动的主要区别，在文化层面而不在政治结构或社会组织层面。网络事件的核心是话语。在网络事件中，话语就是行动。没有话语，就没有网络事件。"[①]

与其他媒介形式相同，互联网无疑也是呈现现实社会的象征手段。但是，与其他媒介形式不同的是，由于互联网的开放性与互动性，其参与性的突出特征甚至超越了其象征性，即网络迅速成为所有人都可以参与的信息空间，

---

* 本文原载于《现代传播（中国传媒大学学报）》2013年第7期，系教育部人文社科青年基金项目"网络动员与社会转型：当代中国网络群体性事件研究"（项目编号：10YJC860037）的阶段性研究成果，收入本书时略有删改。

① 杨国斌. 悲情与戏谑：网络事件中的情感动员［J］. 传播与社会学刊，2009（9）：39-66.

进而转化为公民个体或群体为争取权利而实施话语扩散与进行社会动员的平台。尤其是在微博这种更为迅捷的社会媒介形式兴起之后，几乎每天都有呼吁、吸引、诱导甚至误导网民参与的网络动员事件发生。"普通公民和政治上被边缘化的人们，再也不用完全依赖传统上占主导地位的传统媒介来建构身份或者表达政治不满。"①

本文主要区分与网络动员事件相关的不同利益目标诉求，并尝试解释不同利益诉求者均愿意通过网络动员试图达至目标的发生动因。

二、网络动员与利益诉求的目标差异：个体、集体与公共

由于网络动员事件的诉求目标不同，其利益区分也相对明显，个体性、集体性、公共性在不同的网络动员事件中有不同的体现。这些网络动员事件的发动者或主导者，通过网络试图进行社会动员的目标清晰，对于个体利益、集体利益和公共利益的追求也相对明确。需要指出的是，有的网络动员事件兼具不同的利益属性。从这些有意图的网络事件分析来看，其共同点是：希望借助互联网最大限度地调动网民参与，形成线上（online）的社会舆论压力和线下（offline）的社会参与动力。

（一）网络动员与个体利益诉求

2003年"孙志刚事件"与《城市流浪乞讨人员收容遣送办法》的废除，第一次让公众感受到了网络带来的巨大舆论力量。2007年成都"史上最牛钉子户"吴萍、杨武夫妇的抗争，在网上获得了空前的网络舆论支持。十几米深坑之上的两层小楼、吴萍手持《物权法》接受采访、杨武在孤楼之上升起国旗等，所有这些消息通过图片、音频、视频等形式在网络上被广泛传播。事件的最后结果虽不出意料，但人们却从中看到了通过网络动员舆论力量可

---

① 查德威克.互联网政治学：国家、公民与新传播技术［M］.任孟山，译.北京：华夏出版社，2010：7.

能产生的有利效果。"围观就是力量"的政治社会性隐喻,不仅激发了动员者,也鼓舞了参与者。

网络媒体的围观、网民的舆论参与,给地方政府造成了很大压力,使得事情出现了较为明显的转折,一定程度上维护了个体利益。"某一话题一旦成为公共焦点,就会迅速形成网络舆论场,还会牵动传统传媒的议程跟进,形成共振效应,'倒逼'现实社会问题的有效解决。"① 时至今日,人们已经习惯并且学会了使用网络动员来维护自身利益,网络动员成了常规性的"弱者的武器"。在当下的微博页面上,几乎每天都在发生类似的动员事件,人们将自己认为的各种不平等或者利益受损事件发到网上,期待获得网络关注以及社会回应。

(二)网络动员与集体利益诉求

当前,比较突出的对于集体利益的维护主要有三个群体:农民、工人、城市业主。农民的集体利益主要涉及土地问题,如 2010 年的浙江乐清蒲岐镇寨桥村"钱云会事件"、广西北海白虎头村强拆事件,这是目前农村最为突出的维权问题。这个问题与城镇化过程、新农村建设始终相伴,但时至今日,由于网民的关注与参与,问题显得更为突出。在"钱云会事件"中,网民组成了"调查团"去现场调查,并且发布了调查报告。在"北海事件"中,白虎头村村主任徐坤被称为"网上发帖最多的村干部",在多家网站直播、舆论汹涌的压力下,强拆暂时中止。

工人(包括进城务工人员)的集体利益主要涉及工资、待遇等问题,如发生在江西丰城、河南郑州、北京等多地的富士康工人罢工事件。工人利用新技术的能力普遍增强,一些进城务工人员虽然学历不高,但是愿意使用新的智能电子设备与网络。这些人很多都是"二代进城务工人员",即他们的父辈就在城市打工,他们跟着父辈自小生活在城市,权利意识普遍高于其父辈。他们会利用 QQ、微博、飞信等新通信技术组织罢工、发布消息、动员参与。

---

① 张涛甫. 网络动员:中国特色的社会动员[J]. 二十一世纪评论,2011(12):106.

城市业主的集体利益主要涉及小区规划、周边环境等问题。住房改革走向商品化的政策，开启了中国从"单位社会"走向"社区社会"的进程，人们从单位大院搬至小区中自己拥有所有权的房子，开始关注、在意并保卫居住社区的环境品质、物业管理等，并通过各种方式与有损于小区的行为做抗争。例如，2009年广东番禺反垃圾焚烧发电厂事件，小区居民通过网络动员，激发网民积极参与，促使政府参与对话。该事件由于网络与社会影响力较高，被人民网评选为"年度十大政府网民对话事件"之一、被北京大学公民社会研究中心等评选为"年度十大公民社会事件"之一。

（三）网络动员与公共利益诉求

公共利益意味着网络动员主体的目标诉求具有超越个体利益和集体利益的公共性，着眼于整个城市、群体、社会、国家的利益。与此相关的非政治性诉求，分布领域广泛，如环境保护、公益慈善、教育权利、计划生育、弱势群体、记者权利等。从2007年的厦门PX事件到2011年的大连PX事件，再到2012年的四川什邡事件、江苏启东事件、浙江镇海事件，每个事件中都能看到人们利用网络进行信息传播与社会动员，网民通过手机、电脑等设备对现场进行文字、图片、视频直播，通过博客、论坛、微博等各种形式传播事件状况，有效地动员社会舆论与社会力量的参与。

如果上述事件具有较为强烈的地域色彩，像各种形式的网络反腐（"表哥""表叔""房姐""房爷"等）、郭美美事件指向的慈善、邓飞等媒体工作者倡导的免费午餐计划、于建嵘等发起的"随手拍解救乞讨儿童"等则具有明显的超越地域界限的公益色彩。像地球村、绿家园、自然之友等中国著名环保组织以及世界自然基金会、绿色和平等国际环保组织均通过微博等网络手段动员民众参与环境保护。其中有很多事件赢得了网民的广泛参与，产生了良好的社会效果，有些网络动员事件甚至推动了公共政策的施行，获得了政府层面的积极回应。

三、中国特色互联网景观的形成动因：媒介、社会与制度

相较于西方发达国家的互联网行为，网络动员事件数量之繁多以及利益诉求目标之复杂，是极具中国特色的互联网景观。对于促使其发生的动因，大概可以从媒介形式、社会架构与制度结构三个层面加以解释。

（一）网络动员与媒介形式

从媒介技术角度而言，互联网从理论上来讲为每个网民提供了进行社会动员的机会，虽然这种机会由于每个网民被关注的程度不同，形成了事实上的动员机会和动员能力的不均等（比如，不同微博账号的粉丝数量具有天壤之别，进行网络动员的效果差别巨大），但是，相对于传统媒体而言，网络还是为更多的人提供了能够进行社会动员的可能性，也为"网络草根"（粉丝数量极少的账号）求助于"网络精英"（粉丝数量极大的账号）提供了可能性通道（可以通过@某人获得消息转发的可能性）。这在现实社会中并不常见，由于社会身份、交往圈子、阶层差距等因素，"草根"与"精英"在线下社会处于相对分离的状态，因此两者之间的沟通机会少于网络之上的沟通可能性。此外，互联网所拥有的即时互动功能，赋予了参与者以政治社会学意义上的能动性，消除了被动员力量置身事外的边缘心态。

从媒介规制来看，互联网之外的媒介形式，如报刊、广播、电视等，相对于互联网而言，具有更强的过滤机制。也就是说，表现在网络之上的很多动员事件，不太可能通过传统媒体表达出来。相反，网络动员事件在很多时候为传统媒体设置了报道议程，甚至为传统媒体的报道提供了某种合法性，成为传统媒体报道的"脱敏者"，即某些事件若在第一时间由传统媒体报道，传统媒体可能因为事件敏感，面临某些不可预知的风险，但经由网络舆论集合而成为网络动员事件，传统媒体再加以报道就不会再有风险，或者遭遇风险的可能性会明显降低。

以历史眼光回顾媒介规制可以看出，互联网之所以能够在很多时候充当

很多敏感事件的"首发地",是因为在互联网兴起之时,管理部门并没有意识到其蕴含的信息传播能量,更没有认为它会是一种强大的媒介形式,相应地也就没有将其纳入传统媒介的管制框架。其结果是,一方面使得更多动员信息可以通过网络发出;另一方面也使得动员者可以突破传统媒体的报道框架,以自己的信息框架抵达民众。正因如此,很多人批评传统媒体在有些议题上"集体失声"并不公平。况且,传统媒体的持续跟进能更有力、更迅速地促成事件发酵直至出现最后的结果。

(二) 网络动员与社会架构

如果按照国家与社会间相对力量的强度,可以将不同社会中国家与社会间关系的类型划分为:①强国家—弱社会;②弱国家—强社会;③强国家—强社会;④弱国家—弱社会。[1]历经 30 余年的改革开放,中国"在政治、经济、文化与社会领域已经发生了深刻的变化,当今中国已经不再是原来意义上的社会主义全能主义体制……而在后全能体制下,中国已经通过市场经济化,逐步形成了非政治领域的自主社会空间"[2]。虽然如此,但中国目前的整体结构,还是处于"强国家—弱社会"的状态,这使得民间社会在争取自身利益的过程中,无法借助"中间组织",即公民社会理论中所说的非政府组织实现目标。缺少组织化力量的公民个体,转而借助互联网直接向整个社会发出呼吁,争取外部力量的支援,造成网络动员事件此起彼伏。无论是个人房屋的拆迁,还是社区环境遭受威胁,以及随手拍解救乞讨儿童,都不是通过组织化力量或者制度性力量寻求问题解决,而是通过互联网进行网络动员。

从社会学意义上讲,互联网化身为"居间联络"。居间联络"指的是两个或者更多目前互不关联的社会地点,经过某一在它们彼此之间的关系以及/

---

[1] 孙立平. 转型与断裂:改革开放以来中国社会结构的变迁[M]. 北京:清华大学出版社,2004:137.
[2] 萧功秦. 中国的大转型:从发展政治学看中国变革[M]. 北京:新星出版社,2008:237.

或它们与另一地点之间的关系中起媒介作用的单元而联系起来"①。也就是说，通过互联网的居间联络作用，很多看上去并不相干的人却被联系到了一起。一般而言，"强国家—弱社会"的结构模式，对于公民个体参与动员事件往往具有政治风险，但是，互联网这种居间联络的匿名机制，以及即使推动实名认证后，由于参与者众多形成的"法不责众"的集体效应，降低了公民个体参与社会动员的政治风险，这使得即使在非常敏感的事件中参与者也很多。"如果在现实世界中进行动员的风险太大或是成本太高，通过网络动员引发政府和社会注意，并争取道义和实际支持，就成为抗议者的一个优先选择。"②

（三）网络动员与制度结构

从制度结构来看，沟通性制度的缺失、缺位和制度沟通性的无效、失效，是网络动员大规模出现以及网络动员与集体性事件紧密相关的重要原因。涉及个体利益和集体利益的网络动员事件，多是通过制度性渠道与权力机构、商业机构等沟通无效后，开始发生极端性事件，出现"以命抗争"（如"自焚"）和"以身抗争"（如"散步"）。从这个意义上讲，很多与个体利益或集体利益相关的网络动员事件是一种"维权抗争"行为。于建嵘教授曾经总结论述中国的维权抗争，将农民的维权抗争称为"以法抗争"、工人的维权抗争称为"以理维权"、工人中的进城务工人员的维权抗争称为"依法维权"。③但是，这些维权抗争行为由于在现实社会中没有或缺乏救济性力量，因此转而在网络上发动社会舆论动员。

沟通性制度的缺失与缺位，制度沟通性的无效与失效，不仅可以解释各种维权事件的网络动员，也可以解释慈善、环保等公益性的网络动员。例如，由郭美美事件引发的对传统慈善机构的身份合理性、管理效率、内部腐败等

---

① 麦克亚当，塔罗，蒂利.斗争的动力［M］.屈平，李义中，译.南京：译林出版社，2006：185.
② 胡泳.中国的互联网与社会动员［J］.二十一世纪评论，2011（6）：9.
③ 于建嵘.抗争性政治：中国政治社会学基本问题［M］.北京：人民出版社，2010：51-153.

方面的质疑，从根本上讲，是源于传统慈善机构自身存在与公众沟通明显不够和公开性严重不足的缺陷。这样的缺陷，不仅存在于非权力机构中，也存在于权力机构中。这样的缺陷历经较长时间的累积，造成了民众的普遍不信任。"从政治学的角度讲，政府的公信力是执政合法性的基础。现在有一些地方和部门陷入了'塔西佗陷阱'（古罗马历史学家塔西佗说：当政府不受欢迎的时候，好的政策和坏的政策同样得罪人民），就是你做得再好，老百姓也不满。"① 从这个意义上讲，网络动员事件频发是结构性原因造就的，而不是偶然性因素。

四、结语

网络动员事件层出不穷，并成为具有中国特色的互联网景观。一方面与中国社会转型的社会现实的复杂程度紧密相关。"社会转型"的含义主要有三方面的理解：一是指体制转型，即从计划经济体制向市场经济体制的转变。② 二是指社会结构变动，社会转型的主体是社会结构，它是指一种整体的和全面的结构状态过渡，而不仅仅是某些单项发展指标的实现。社会转型的具体内容是结构转换、机制转轨、利益调整和观念转变。在社会转型时期，人们的行为方式、生活方式、价值体系都会发生明显的变化。三是指社会形态变迁，即中国社会从传统社会向现代社会、从农业社会向工业社会、从封闭性社会向开放性社会的社会变迁和发展。③ 概言之，转型中国面临的变化是全方位的，恰逢其时的互联网成为社会转型的推动力之一，也成为转型中国发生变化的象征领地。另一方面，与发达国家的互联网相比，中国的互联网在社会动员方面承担的内容更庞杂，特色更为明显。以美国为例，其最重要、最系统的网络动员功能是选举动员，动员民众投票、捐款、集会等。然后才是

---

① 俞可平．收入分配不公是社会不公最深刻体现，必须改［N］．东方早报，2012-11-19．
② 陆学艺．当代中国社会阶层研究报告［M］．北京：社会科学文献出版社，2002：3-18．
③ 袁方，等．社会学家的眼光：中国社会结构转型［M］．北京：中国社会出版社，1999：29-40．

环境保护、女权主义及行动、保护动物权利等社会运动的动员功能。① 至于像中国互联网上的"维权式动员",具有政治社会学意义上的本土性,应该成为社会治理的重要观照点。

---

① 查德威克.互联网政治学:国家、公民与新传播技术[M].任孟山,译.北京:华夏出版社,2010:109-237.

新闻短视频的生产与秩序：从赋权到规约*

短视频技术发展带来的新闻生产方式，从某种程度上改变了新闻事实存在和表现的形态，影响了现实中的新闻实践活动。① 新闻短视频不仅影响了传统媒体的运作模式和新闻传播的方式，而且影响了受众参与、创造和分享内容的形式。随着新闻短视频越来越普及，人们也开始对其进行关注和审视。本文重点关注因技术赋权而由受众以非专业方式制作、以受众视角传播信息和表达观点的新闻短视频，探讨新闻现场的受众作为"目击者"或"当事人"如何通过短视频参与新闻生产，受众生产的新闻短视频具有哪些诠释特征，随手拍的视频成为新闻来源后在实践中带来了哪些问题和隐忧，以及应该如何加以规制和约束。

一、问题的提出：新闻短视频崛起

短视频是一种几经迭代的补偿性视听媒介，逐渐被用来展示现实内容，建立起与现实世界的多重连接。② 随着移动互联网的发展和智能手持终端的大

---

* 本文原载于《中国编辑》2023年第11期，与王琳合作，系北京市社科基金重点项目"后疫情时代公共卫生话语体系与大国形象建构研究"（项目编号：21XCA002）的阶段性研究成果，收入本书时略有删改。

① 杨保军. 当代中国新闻的"事实观念"［J］. 编辑之友，2023（7）：19-28.
② 王建磊，冯楷. 从补偿到泛在：短视频的媒介演进与价值转向［J］. 中国编辑，2023（Z1）：100-104.

众化，越来越多的人通过看视频的方式获取新闻信息，这使得新闻短视频成为一种相当流行的新闻产品。新闻短视频是一种内涵和边界没有明确统一界定，但是与传统电视新闻、报纸新闻相比具有明显不同特点和表达特色的话语实践方式。一般而言，新闻短视频是指长度以秒计算，总时长一般不超过5分钟，利用智能终端进行美化、编辑，并可在多种社交平台上实时分享的一种新型视频新闻产品。① 当前，虽然关于新闻短视频的类型并没有明确的界定，但可以根据不同的标准进行分类，如从新闻形态上划分为全景、追踪、讲解和图解等类型，从新闻属性上划分为时政、社会、财经和体育等类型。总体而言，新闻短视频的核心是新闻信息，特点是突破了传统电视新闻的时长，融合文字、图片、声音和图像等新闻视听语言，形成移动化、便捷化的传播优势。如今，新闻短视频已经成为新闻传播方式中备受关注的一种形式，逐渐成为受众获取新闻和参与新闻生产的主要途径之一。新闻短视频之所以改变了受众接收新闻的渠道和阅读新闻的习惯，是因为其作为一种多维且有意义的生产方式，具有诸多传播优势。一方面，新闻短视频以简洁生动的方式呈现新闻信息，其精美的画面、视觉效果和音乐配合，能够更直观地传递复杂的信息内容。相对于纯文本新闻，新闻短视频显然更容易理解，特别是年轻人更倾向于采用这种方式获取新闻资讯。另一方面，新闻短视频能够快速响应和报道突发事件，通过现场拍摄和实时编辑，快速传递最新的新闻内容和现场情况，满足受众对即时信息的获取需求。

虽然短视频造成了信息的分散传播，使得专业媒体的地位有所降低，但其创造了更加多元的新闻信息传播窗口。② 近些年，除了专业媒体对新闻短视频的布局以外，越来越多的个体主动参与到提供新闻信息、发表新闻观点和转发新闻报道等新闻实践中，这使得用户生产内容（UGC）引发新闻话题和热点不再罕见。新闻短视频通过真人出镜的形式提升公众对于其所反映内容的信任程度，达到引起社会关注以解决诉求的目的，让更多人参与到信息展

---

① 常江，徐帅. 短视频新闻：从事实导向到体验导向［J］. 青年记者，2017（21）：20-22.
② 任孟山. 对"半截式新闻"说不［J］. 青年记者，2020（12）：1.

现以及社会表达之中，拥有了更强的信息传播权。

数字时代，新闻生产这个原本封闭的体系在技术的冲击下一步步走向开放。① 短视频技术的进步激发了普通人的传播活力，普通人有机会从聆听者转变为新闻制作的参与者。首先，短视频让个体能够非常便捷地记录新闻现场，以视觉证据的方式在公共平台上发声。其次，个体参与新闻短视频生产的技术门槛相对较低，每个人只需要一部手机就可以拍摄相对专业的视频，并且实现剪辑、添加字幕等功能。最后，个体可以通过转发和评论等操作嵌入新闻短视频生产链条中的重要环节。李普曼认为，只要有了行之有效的记录技术，现代新闻业就能对事件进行极为精准的报道。② 因此，短视频技术是新闻采集史上一个重要的进步。但原有的新闻生产和传播渠道壁垒被技术革新打破，必然会给新闻生产机制和传统新闻行业带来新的挑战。

二、入局：受众参与新闻生产

从新闻传播学的角度看，本文所指的受众是没有机会参与媒体机构专业制作的普通人，即非职业新闻记者或编辑。与传统媒体时代不同的是，受众的角色不再限于信息消费者，而是变得更为积极主动，走向了生产消费者。相较于先前由记者和编辑主导话语权的传统新闻生产模式，新闻短视频的制作和传播是一个具有开放性且多元化的过程，参与其中的受众具有一定的价值。

新闻短视频作为一种受众可参与的新闻创作类型，与特定时代的社会环境、新闻环境和技术环境联系紧密。首先，短视频进入新闻生产领域有深厚的社会动因，现代社会注重个体表达的时代氛围为新闻短视频的出现提供了土壤。其次，新闻环境的变化推动普通受众参与新闻短视频生产。近年来短视频等新闻报道方式使传统媒体的报道形式受到了挑战，不断刺激和改变着新闻生产的大环境，为受众提供了更多机会和可能性。最后，技术环境的变

---

① 彭兰.数字时代新闻生态的"破壁"与重构[J].现代出版，2021（3）：17-25.
② 李普曼.舆论[M].常江，肖寒，译.北京：北京大学出版社，2018：267.

化让普通受众可以轻松参与新闻短视频生产。移动互联网和智能手机为广大用户在网络空间参与新闻内容生产提供了技术支持和便利，同时深刻影响着人们的自我表达方式和对世界的认知模式。

从类型上看，受众上传的新闻短视频可以大致分为"硬事实"与"软评论"两类。"硬事实"主要呈现"目击者"叙事。许多受众利用手机或摄像机记录下身边发生的新闻事件，并将其制作成短视频。这些新闻报道通常关注当地的社会事件、突发性事件和日常生活中具有温度的生活片段。此外，诸如亲子互动、好人好事等生活细节也会在短视频平台得到广泛传播。除了报道新闻事件，受众还会制作新闻"软评论"。短视频制作者可以采用简洁明了的方式解读新闻事件，帮助观众理解新闻事件背后的原因和影响，通过图表、文字解释、配乐等多种表现手法，将复杂的信息传递给观众。

随着短视频的普及，受众逐渐成为阐释群体中的一员，通过共享的新闻话语对公共事件进行阐释。不过，受众参与新闻生产很大程度上具有自主性，并没有固定的流程。其中，与传统新闻机构互动是普通受众参与新闻短视频生产比较常见的一种方式。随着移动传播技术的发展，受众在整个新闻传播链条上的作用越来越重要，甚至在某些突发性新闻事件中的作用堪比职业记者。自现代新闻业诞生以来，亲历新闻现场的目击证人就和新闻生产密切相关。[1] 在突发性新闻事件中，在场目击者不仅是专业新闻媒体的重要信息来源，而且其拍摄的现场视频也是新闻素材的一手来源，有效弥补了职业记者由于不可抗力缺席新闻现场的缺憾。职业记者可以通过对 UGC 资源进行内容整合，继而进行相对深度的追踪和报道。专业新闻机构和参与新闻生产的受众能够实现优势互补和融合，二者互动合作既保证了新闻内容的相对专业性和真实性，又为受众提供了输出内容和观点的机会。以梨视频平台为例，梨视频在创建初期就着力搭建自身的"拍客"平台。"拍客"提供低成本的新闻来源和新闻线索，这种新闻生产模式的效率远远高于传统媒体专业记者采编

---

[1] 王敏. 移动的边界：新闻生产中的"目击"及其变迁——一项新闻社会史考察［J］. 新闻界，2019（11）：11-18，59.

播的效率。

此外，受众自制短视频本身也可能成为新闻事件的来源。例如，博客曾经是受众分享观点的主要平台，这种以文字为基础的分享方式为受众提供了表达空间。随着社交媒体和视频分享平台的兴起，人们逐渐转向使用短视频形式来记录生活。新闻编辑会对点击量高的短视频进行转发和报道，受众制作的短视频成为新闻报道的素材来源之一。也就是说，广大受众通过观看、点赞、评论和分享等方式在无形中充当了新闻的把关人角色，这为新闻业注入了一定的活力。

三、在场：受众自制新闻短视频的话语特征

新闻短视频不仅重塑了新闻业的生产惯例，而且使受众在新闻资讯的收集、报道、分析和传播过程中越来越具有主动权[1]，带来了新的新闻话语特征。了解这些话语特征可以帮助我们更好地理解和分析受众自制新闻短视频在新闻传播中的价值。

第一，受众自制新闻短视频强调目击与在场话语。在传统媒体报道中，记者通常是第三方观察者，通过采访和收集信息来呈现事件的真实情况，而受众自制新闻短视频由在场亲历者记录并传播。在人们的文化观念中，现场目击者和新闻事件亲历者具有还原新闻现场的权威性。随着技术的持续发展，新闻现场由文字还原、图像还原进一步升级到视频还原。新闻短视频一方面通过强调目击者的在场来自证其客观性和真实性，另一方面通过拍摄者自我陈述来展示和分享其观察和参与新闻事件的强烈感受。拍摄者试图利用短视频这种媒介形式来还原"眼见为实"的新闻事实，营造出时间和空间同时在场的目击与亲历特征，获取参与新闻生产的合法性。

第二，受众自制新闻短视频通过曝光、揭露的话语表达方式实现社会监

---

[1] 李学孟.边界、权威与知识形式：移动短视频新闻认识论[J].东北师大学报（哲学社会科学版），2022（1）：67-74.

督功能。随着信息时代的到来，各种社会问题和不公平现象被呈现出来的可能性逐渐增大，而受众自制新闻短视频的广泛传播促使这些问题得到更多的关注。亲身经历者通过自制短视频将各种社会问题曝光出来，推动相关部门和社会舆论对问题进行调查和监督，促进社会改革与发展。

第三，第一人称的主观视角表达为常用的表现方式[1]，并呈现微叙事特征[2]。这样的特征推动新闻短视频日趋走向个性化、日常化和细节化，整体风格更亲民，质感上更朴实。在传统媒体报道中，记者通常保持客观中立的立场，而受众自制新闻短视频往往会加入自己的情感和立场。这种话语风格使新闻更具人情味，让观众能够感同身受。

第四，受众自制新闻短视频在话题选择上更加多元。传统媒体的新闻生产通常受到多元规制，更多地考虑社会影响，表达谦抑而克制；而受众自制的新闻短视频顾虑较少，更容易表达不同的声音和观点。这种多元化的话语风格使受众自制新闻短视频成为一种重要的表达方式。

概言之，新闻短视频的发布方式更加接近新闻现场，在感官上更符合新闻真实性原则，它提供给信息接收者一种未经处理和真实发生的新闻现场证据。这种新闻生产的方式强化了受众对现实生活的表达权，但对传统新闻生产者的阐释权构成了挑战。

四、赋权：权力弥散之下的隐忧

赋权这一概念最初意在实现社会底层和弱势群体的社会权利的能力。传播学者罗杰斯等人将赋权理论引入传播学研究，后续从信息传播与社会交往过程研究赋权，成为传播学的一个重要研究领域。[3] 新闻短视频生产过程中的

---

[1] 曾祥敏，邢天赟.形短流长、守正创新：短视频生产与运营的辩证逻辑[J].中国编辑，2020（11）：79-84.
[2] 彭兰.短视频：视频生产力的"转基因"与再培育[J].新闻界，2019（1）：34-43.
[3] 韩春雨.赋权视阈下短视频平台在信息扶贫中的作用：以"快手"APP为例[J].传媒论坛，2021，4（17）：1-4，6.

赋权，指的是参与新闻短视频生产成为信息权利实现的重要途径。新闻短视频在短时间内成为强势的话语文本，并以线上景观的存在方式，影响着舆论氛围的形成，重塑人们对公共空间的想象。① 受众通过新闻短视频获取信息、表达思想进而参与公共舆论，为其在公共领域赋权提供了可能性。

（一）新闻短视频生产的传播赋权

首先，新闻短视频拓宽了普通人获取新闻信息的渠道。作为可辨识的影像文本，短视频暗含着眼见为实的认识习惯，受众可以根据直观的影像和视觉文本了解新闻信息。同时，短视频也提升了信息传播的效率。新闻短视频通过视觉和听觉的双重传递方式，以精练的形式呈现新闻事件的重要信息，给受众带来直观的观看体验。在快节奏的现代社会中，人们的时间被各种各样的事情填满，阅读长篇的文字报道已经变得不太实际；而短视频的紧凑形式可以为受众提供同样甚至信息量更多的内容，只需花费几分钟的时间。通过浏览多个新闻短视频了解不同的观点，有助于受众形成更全面的认知。这样可以避免信息的单一化，提供更加多元化的视角，增强受众对事件的理解和判断能力，使受众可以根据这些了解做出明智的选择。

其次，短视频赋予了受众"可见性"权力。传统媒体时代，受社会资源等因素的影响，普通人很难获得相应的话语权和展演行动能力。短视频平台的传播秩序是去精英化的，可以吸纳不同阶层和文化群体的公众，促进新闻舆论的民主化趋势。例如，"三农"短视频的发展让既往处在文化权利结构中相对弱势地位的中国农民掌握了话语权，通过自我发声改变了长久以来叙事客体的话语范式。② 短视频作为一种新型信息生产模式，实现了普通受众的可见性。受众可以记录和展示发生在身边的新闻事件，并通过短视频分享等方式将这些新闻内容传达给更广泛的受众，形成信息交流的社区效应。

---

① 汤天甜，周经伦.作为舆论的短视频：影像表达、功能属性与风险争议［J］.福建师范大学学报（哲学社会科学版），2023（1）：111-120.
② 张爱凤."底层发声"与新媒体的"农民叙事"：以"今日头条"三农短视频为考察对象［J］.广州大学学报（社会科学版），2019，18（4）：49-57.

新闻短视频将受众从被动的新闻消费者转变为主动参与者，使得受众参与新闻生产的门槛有所降低，同时推动了新闻传播的多样性和开放性。一方面，受众可以通过短视频这种形式的新闻产品，更便捷地获取信息并形成自己的理解与判断；另一方面，新闻生产在公共领域发生了权力转移，受众加入多元竞逐的媒体环境，通过参与新闻生产不断引起社会关注和讨论，在话语权的不断扩张之下构成了"阐释社群"的新型力量。

（二）新闻短视频生产的传播隐忧

去中心化的短视频场域导致新闻生产边界出现滑动，多元主体的参与和对话丰富了新闻信息"阐释社群"的力量。但随着受众的广泛参与，新闻生产的界限趋于模糊，"人人都是记者"成为新闻信息生产与扩散的常态情境，导致新闻短视频超越了传统媒体的信息供给，带来了传播隐忧。

第一，随着新闻短视频生产主体和话语的不断多元化、新闻的公共属性逐渐模糊，呈现私人话语公共化、公共话语不断萎缩的特征。新闻公共属性的异化不仅仅是传统媒体的问题，它是社会变革的一个缩影。在这个信息迅速传播的时代，受众对新闻的态度悄然发生了变化。传统媒体曾经是公众获取信息的主要途径，现在却不再独占媒体话语权。这种形势带来的一大变化是受众更多地从自我利益的角度出发来解读和参与新闻话题，由此引发了新闻公共性议题在信息洪流中逐渐被冲淡的现象。这种现象标志着原有公共领域的收缩，削弱了新闻传媒对于社会议题的塑造力和引导力。

第二，受众参与新闻生产加剧了后真相的趋势与可能，短视频成为推动热点舆情的"发酵池"和"策源地"。[①]究其原因，短视频的时长改变了完整铺陈叙事的新闻结构，将新闻事实分割成数个短小的叙事片段，结构更加碎片化。受众需要将数个碎片化的新闻短视频拼接在一起才能了解新闻事实的全貌，这增加了其理解和判断新闻事实的难度。虽然新闻短视频往往在新闻

---

① 何飞，汪宴卿. 后真相时代热点舆情事件中短视频的情感传播研究[J]. 当代传播，2023（4）：96-100.

热点事件中起到补充事实证据的重要作用,是推动新闻舆情发展的关键节点,但新闻短视频的制作者往往缺乏专业的新闻传媒背景和报道经验,这使得他们制作的短视频容易忽略关键事实和背景信息。那些新闻要素残缺不全的短视频有"半截式新闻"之嫌,不仅无法提供全面的新闻信息,甚至可能传播虚假信息。因此,缺乏客观性和全面性的新闻短视频容易造成信息失衡,加剧后真相的发展风险,情绪传播经常代替事实传播,引发"一地鸡毛"的传播现象。

第三,受众自制新闻短视频可能涉及侵权问题。在当今社交媒体广泛应用和信息技术不断变革的背景下,个体通过智能设备可以轻松拍摄和发布短视频,迅速将新闻事件传播开来。但伴随而来的是对于新闻短视频制作者与被拍摄对象之间权益关系的重塑和定义。在这一过程中,个人肖像权与公众的新闻监督权之间的冲突与平衡问题始终备受争议。在制作和发布新闻短视频时,制作者往往使用他人的图像、视频、音乐等素材,如果没有得到合法授权或没有按照《著作权法》规定的范围使用,就可能侵犯他人的肖像权和知识产权。同时,在报道过程中制作者可能泄露他人的隐私信息,如姓名、住址、电话号码等。如果未经他人同意公开这些隐私信息,就侵犯了他人的隐私权。

第四,算法推荐机制下高质量新闻容易被排挤,一些博眼球的低质量新闻反而被广泛传播。[1]造成这种现象的原因是多方面的。首先,推荐算法倾向于根据用户的兴趣和喜好为他们提供内容。由于大多数用户更愿意阅读轻松、娱乐性较强的新闻,所以低质量新闻往往在推荐结果中占据主导地位。其次,内容提供者为了吸引用户点击和提高曝光率,往往采用各种方法制造轰动和争议,以获取更多的流量和广告收益,导致真实、客观、深度的高质量新闻较少出现在推荐列表中。这种情况给社会带来了许多负面影响。一方面,由于推荐机制对于用户关注度的偏向,人们在获取信息时容易受到片面、偏颇

---

[1] 匡文波,邓颖.短视频监管与多重把关主体的范式转型:把关理论的研究视角[J].中国编辑,2021(4):4–9.

的新闻报道的影响，缺乏全面了解事实真相的能力。另一方面，娱乐性新闻的泛滥会导致公众的注意力集中在琐碎的内容上，而重要的议题和社会问题则容易被忽视。最后，低质量新闻的大量传播有可能导致网络暴力。在无节制的道德审判下，争议性影像的传播极有可能加剧舆论盲从的规模，刺激舆论场域的激荡乃至舆论群体的极化[①]，进而扭曲社会价值观，导致网络暴力和社会动荡风险的增加。

五、规约：新闻短视频建构生产新逻辑

新闻短视频的公共性建构应当致力于有益信息与经验的分享，通过监管部门、行业协会、新闻机构、短视频平台、受众等多元主体共同规范新闻信息生产，形成健康有序的新闻生产秩序。

首先，要在多元短视频平台传播与传统新闻报道之间寻求良性互补。新闻媒体和受众在新闻报道的"质"与"量"方面有不同的定位，新闻媒体发布短视频数量虽少，但在舆论引导、价值建构、社会动员方面发挥着重要作用；受众发布短视频数量多，但影响力有限。[②]因此，需要二者相互补充，相互影响。短视频平台可以与传统媒体建立伙伴关系，共享新闻资源和报道内容。一方面，通过与权威媒体合作，短视频平台可以在用户发布新闻短视频的基础上，获得更多真实、客观的新闻报道，提高内容质量和可信度。同时，短视频平台可以与传统媒体合作，引入更多具备专业背景的主持人、记者和专家，为受众提供更有价值的新闻信息，避免公共议题被海量的短视频淹没。另一方面，传统新闻机构可以更好地使用 UGC 素材。在新闻信息生产环节，应加强对新闻短视频的编辑管理，谨慎判断受众发布的短视频的真伪和价值，避免倾向性报道和虚假信息的传播。

---

① 汤天甜，周经伦.作为舆论的短视频：影像表达、功能属性与风险争议［J］.福建师范大学学报（哲学社会科学版），2023（1）：111-120.

② LI G, WANG M, FENG J, et al. Understanding user generated content characteristics: a hot-event perspective [C]//2011 IEEE International Conference on Communications (ICC). IEEE, 2011: 1–5.

其次，为提高新闻短视频的信息真实性和规范性，应该从新闻信息生产和扩散的环节入手进行规范与治理。短视频平台是新闻信息传播的重要渠道，平台运营方应建立健全管理机制，严格审核新闻短视频制造者所要发布的内容，确保信息的真实性和可信度。短视频平台可在视频播放中增加水印或其他形式的标识，用来提示视频的来源和制作团队。同时，在视频的片尾或描述中，要强调事实核实的重要性，并提供信息来源的链接或引用，帮助受众判断信息可信度，更好地辨别真假新闻。平台还可以加强用户教育，帮助用户了解如何判断信息来源的可信度，提高用户对真实新闻报道的认知和重视程度。

再次，算法推荐的正常运行离不开约束机制。新闻短视频推荐算法关涉舆论影响和社会动员，特别是在平台媒体成为信息社会的基础设施的背景下，平台自身因其用户规模、算法设定、流量诱惑等条件具备了超级影响力，也因此具有重要的传播权力。监管部门、行业协会、媒体机构和短视频平台需要共同协定约束算法的机制，在多元主体参与的情境下，对流量至上、虚假新闻、短期利益冲动、算法黑箱等行为加以规制。

最后，规范新闻短视频生产要落到具体的观念和主体上，激发新闻生产主体的能动性，让信息生产与传播更丰富更广泛、信息选择权利的实现更充分。在理想情境下，新闻短视频可以召唤大众以对话的方式参与公共场域的建构，受众能将自己的声音与公共议题联系起来，在讨论中提出不同的观点和解决方案以寻求共识，力求形成向善的公共场域秩序。虽然短视频平台无法监督创作者从拍摄到发布视频的内容生产全过程，以建立良性生产秩序，但无论何种新闻生产方式，只要涉足新闻都应该具备相似的职业规范意识。[①]因此，受众需要自觉遵守基本的新闻生产与传播规范，乃至形成共识度较高的新闻短视频生产与传播公约。新闻短视频平台形成的价值规范和行为规范会对受众产生潜移默化的影响，进而规范受众内容生产过程，不断提高新闻品质。[②]

---

① 吴飞，唐娟.新媒体时代的新闻专业主义：挑战、坚守与重构[J].新闻界，2018（8）：18-29.
② 任天浩，刘伟亚，刘子娜.短视频平台中的内容治理：内涵、目的和实现机制[J].中国编辑，2021（6）：70-74.

六、结语

数字技术是影响新闻生态的一条底层逻辑。短视频的兴起给原有新闻传播秩序带来了改变和影响，传统意义上的新闻生产价值理念和生产模式面临重建的挑战。普通受众作为重要的行动主体参与到新闻传播的竞争中，成为重塑新闻传播场域的重要力量。[①] 首先，需要清楚地认识到新闻短视频的价值。无数平凡创作者以短视频的方式记录人间百态，对于受众而言，新闻短视频是一种权力增量。一方面，新闻短视频可以在一定程度上弥合知识鸿沟，让受众获取更多新闻资讯；另一方面，短视频赋予了受众宝贵的"可见性"权力。其次，新闻短视频在发展过程中出现了四个方面的问题：第一，新闻公共性议题在信息洪流中逐渐被冲淡；第二，碎片化的新闻结构加剧了后真相的风险；第三，受众自制新闻短视频可能涉及侵权问题；第四，算法推荐机制下，新闻质量堪忧。因此，重塑新闻短视频的生产秩序，需要监管部门、行业协会、新闻机构、短视频平台、受众等多元主体共同规范新闻信息的生产与传播。监管部门的初衷应是为人民提供更美好的信息生活。行业协会的方向应是集纳众智、引领行业发展。新闻机构应该寻求与受众合作的最大公约数，形成良性互补。短视频平台应该对内容进行严格审核，优化算法治理虚假新闻以及恶意诱导。受众作为信息时代新闻短视频的生产与传播者，应该有基本的规范认知和底线意识。从赋权到规约，新闻短视频的生产新逻辑已在建构途中。需要指出的是，规约不是也不应是为了削减受众参与新闻短视频生产的权力，也不是为了减弱短视频平台的传播能力与运营能力，而是让受众通过参与由平台传播的新闻短视频成为公共生活的有效信息增量，获得真正意义上的信息生产与传播的赋权。

---

① 李拓，白红义.新闻权威：一个经典概念的形成、逻辑与议程［J］.新闻界，2022（8）：49-57.

中国互联网治理模式嬗变研究*
——基于历史制度主义"T-AIEB"阐释模型的分析

1994年是中国现代化、信息化发展的关键节点。这一年,中国成为第73个全功能连接国际互联网的国家,开启了与国际社会"互联互通、共建共享"的互联网时代。在近30年的时间里,中国互联网快速发展,超强连接着技术与人、人与社会、社会与国家。因互联网而深度变革的媒介化社会生活、商业化生产关系、日常化政治传播等均为中国的全面发展带来了巨大的红利。但是,中国的互联网治理模式作为一项中观制度,会受到国内、国际不同制度情境的干扰,治理模式的生成与执行形成了二元张力。加之互联网自身四层架构的复杂性,其织构起的信息在多重属性[①]之间叠加与撕扯,导致其治理制度的复杂性又一次升级。如何有效平衡互联网的动态发展及其效能向度,体现着中国互联网治理的智慧和经验。

互联网是一个由基础架构层(Infrastructure layer)、技术协议层(Technology protocol layer)、应用程序层(Application layer)和内容层(Content layer)[②]共同建构起的集科研属性、媒体属性、社交属性、政治属性、

---

* 本文原载于《中国新闻传播研究》2023年第5期,与武会园合作,系北京市社科基金重点项目"后疫情时代公共卫生话语体系与大国形象建构研究"(项目编号:21XCA002)的阶段性研究成果,收入本书时略有删改。

① 雷丽莉.权力结构失衡视角下的个人信息保护机制研究:以信息属性的变迁为出发点[J].国际新闻界,2019(12):58-84.

② 多曼斯基.谁治理互联网[M].华信研究院信息化与信息安全研究所,译.北京:电子工业出版社,2018:11.

平台属性等多重属性于一体的复杂虚拟空间。治理则源于现代社会的复杂性及由此带来的碎片化认知和分权解决问题的需求。①治理"应该包括管理进程中的全部组织机构与关系"②。因此，互联网治理，是指在属地管辖的背景下，在互联网的多层级结构中，政府、民间社会、私营组织和技术群体通过谈判、协作，共同维护互联网的可用性和互操作性，洞察、反思信息技术和互联网的多个侧面，并预测、应对在技术创新、思想流动、社会演进、包容性知识社会建设、人类可持续发展等多方面的潜力与可能，以便化"数字风险"为"数字机遇"，维护弹性、稳定的网络空间。

学界对互联网治理展开了热烈且深刻的研究。一方面，学者们关注"中国互联网治理模式""中国互联网治理政策""社会变迁中的中国互联网治理"等内容，大多是从国内场域出发，讨论中国互联网治理机制与技术、政治、经济等因素的互动关系。另一方面，学者们关注"中国如何参与国际互联网治理"以及"他国在互联网治理中的经验"，大多是从国际场域出发，因循互联网跨边界特征而强调治理的开放性和主权性的核心原则，为中国互联网治理强化合法性并丰富世界经验。

结合既有研究成果，本文将历史制度主义作为方法论，以"T-AIEB"阐释模型为分析工具，以跨学科视角，尝试沉浸于历史脉络和现实情境中去剖析中国互联网治理模式的嬗变及其动力，厘清中国互联网治理模式变迁的逻辑与方向。

一、历史制度主义的"T-AIEB"阐释模型

历史制度主义强调思想性、时间性和渐进性，从历史维度出发，能够在时间深处和事件细节中寻找现实政策的渊源与流变，建立纵深的因果分析链。历史制度主义关注时间（Time）、行动者（Actors）、理念（Ideas）、效果

---

① TAYLOR M C. The moment of complexity [M]. Chicago: University of Chicago Press, 2001: 33.
② 查德威克. 互联网政治学：国家、公民与新传播技术 [M]. 任孟山, 译. 北京：华夏出版社, 2010：40.

（Effect）、受益者（Beneficiaries）等变量以及变量之间的互动关系，建构起了"T-AIEB"阐释模型。

（一）时间

历史是过去的时间，时间是历史的序列。历史制度主义的中心目标之一是认真对待时间和语境，^①时间的选择是构建历史制度分析的关键因素。"历史制度主义的时间不仅仅是长时段的时期，也是短时段的某个重要节点。"^②美国学者保罗·皮尔逊（Paul Pierson）把历史时间要素概括为："路径依赖、关键节点、事件、持续性、意外后果。"^③

路径依赖强调历史的重要性，认为前一阶段的历史会与后一阶段形成因果链接，事件^④发生会经过回报递增、自我强化、积极反馈直至锁定。路径依赖理论认为路径一旦被选择，就具有正反馈的特性，变更路径的成本随着时间的推移越来越昂贵，即使新的路径从长远来看更加具有优越性，但现实的复杂性、认知的局限性、权力的不平衡、制度的黏附性以及互补性都会使旧路径实现自我强化。制度一旦通过正反馈效应使自我强化机制被锁定，除非受到外部冲击，否则演变难以发生，而这一外部冲击便可被视为关键节点。

关键节点是推动历史进程的强大动力。约翰·金登（John Wells Kingdon）从多元因素综合考虑入手，提出了"多流框架"来判定关键节点："问题流"，即需要严肃政策关注的社会问题、需求和主题；"政策流"，即主题专家和倡导者推动可能的解决办法；"政治流"，即拥有权力的行动者。^⑤这三条溪流通常

---

① FIORETOS O. Historical institutionalism in international relations [J]. International organization, 2011, (2): 367–399.

② 刘圣中. 历史制度主义：制度变迁的比较历史研究 [M]. 上海：上海人民出版社，2010: 149.

③ PIERSON P. Politics in time: history, institutions, and social analysis [M]// 刘圣中. 历史制度主义：制度变迁的比较历史研究. 上海：上海人民出版社，2010: 149.

④ 此处的"事件"既指某一具体事件，也指一段时期的历史。

⑤ CHUN L, JAYAKAR K. The evolution of telecommunications policy-making: comparative analysis of China and India [J]. Telecommunications policy, 2012, (1): 13–28.

是相互独立的，直到一个重大的外部事件产生极大的冲击，使三流汇集并提高了政策变化的可能值，这一冲击才会成为关键节点。例如，棱镜门事件引爆了全球网络安全问题，使得各国迅速聚焦于此，开始将网络空间作为第五疆域争夺要地，网络安全战略由此成为重要的国家战略之一。

（二）行动者

历史制度主义要求确立和追踪行动者，倡导"国家回归"，即国家自主性。国家是以行政权威为首、可以优先从社会索取资源并由该行政权威在行政、治安和军事上进行妥善协调的组织。[①] 国家还能在推进社会动员的过程中获得"在场"的治理主体地位。[②]

历史制度主义研究中所考察的制度既包括一个社会宏观层面的制度框架，也包括中观层面的规章制度。这些规章制度的制定者也会成为治理的主体。在网络安全领域，国际工程联合会组织 ISOC、IETF 和 W3C 等是技术协定和规章制度的重要决策者，网络世界中的技术标准和协议由它们直接确定和参与治理。技术和商业融合接纳了新的利益集团，并在决策力量中释放了新的动力，一些互联网公司已经成长为强大的中介性机构，获得了对内容信息进行审查的直接控制力。同时，它们也肩负着对抗服务攻击、信息泄密、网络文化侵袭等安全漏洞的责任。[③]

（三）理念

历史制度主义的核心主张是理念形成于已有的制度框架内，[④] 并成为制度

[①] 刘圣中.历史制度主义：制度变迁的比较历史研究[M].上海：上海人民出版社，2010：189.

[②] 汤彬，王开洁，姚清晨.治理的"在场化"：变化社会中的政府治理能力建设研究[J].社会主义研究，2021（1）：100-107.

[③] 格雷厄姆，达顿.另一个地球：互联网+社会[M].胡泳，徐嫩羽，于双燕，等译.北京：电子工业出版社，2015：357.

[④] 河连燮.制度分析：理论与争议[M].2版.李秀峰，柴宝勇，译.北京：中国人民大学出版社，2014：104.

变迁的重要动力，引发行动者目标、偏好、利益的转向。历史制度主义关心行动者的偏好与制度的内生性关系，历史上的行动者在政策领域必须拥有确定适宜、适时、适地理念的能力。历史制度主义要求理念具有批判精神：第一，共时性理念。当下的理念可以从他者的现实经验中找出自身的不足，并在批判中发展、完善。第二，历时性理念。它所思考的是制度生产、制度依赖、制度变迁、制度优化整个过程的逻辑历程，并在此过程中与制度形成价值与现实的互动。因而行动者的理念是历史的厚重感、实践的合理性与时代的粘合度实现逻辑统一的重要思想。

理念对政策执行的影响力和作用力主要由执行机构权威的集中度和社会对新理念的认可度两方面决定。[1] 理念与制度单独一维是很难阐明和解释制度变迁问题的，而当理念和制度产生摩擦，形成制度理想与制度实践的裂痕时，制度发展和变革的情境便会充满火花与激励。

（四）效果

历史制度主义主要采用时间维度上的评估论证方法来判断制度的效果，分为共时性效果论证和历时性效果论证。共时性效果论证确定了现行制度安排的相对短期影响。首先将行动者的政治能力和政策要求作为既定条件，然后评估以何种方式对特定对象产生有利或不利的结果。这一论证结果是一个充斥着"否决点"的政策制定过程，持反对意见的行动者有机会阻止政策的实施。历时性效果论证的核心是一个根本性的历史分析，更多地转向为对内生变化的理解。策略反馈循环是个具有代表性的例子，即公共政策创造了一系列激励措施，并根据该政策实施后的正反馈和负反馈影响，确定制度环境是被增强还是被破坏。在积极反馈循环中，社会保障组织可以成功召集一个由分散个体组成的群体，并作为一个强大的劝服团体，动员他们助推制度执行。相反，在一个消极反馈循环中，制度执行会遇到层层阻碍。

---

[1] WALSH J I. When do ideas matter: explaining the successes and failures of Thatcherite ideas [J]. Comparative political studies, 2000(5): 483–516.

（五）受益者

对于历史制度主义者来说，人既是规则的遵循者，又是利己的行动者。历史制度主义断言制度并不代表社会最优平衡，其隐含的假设是，特定的制度设置或变化都会产生赢家和输家。[①] 因此，历史制度主义可以为中国互联网治理研究提供一种关键视角，分析谁因特定的制度安排或变革而成为受益者。例如，在国际互联网治理领域，中国倡导的多边协作治理机制，让各国看到了利益，进而提升了多国参与互联网治理的积极性。

以上内容，构成了历史制度主义的"T-AIEB"阐释模型（见图1）。基于"T-AIEB"阐释模型，本文以历史视角对在特定情境下、特定时间序列中的中国互联网治理进行探究，来识别治理行动者、治理理念、治理效果、治理受益者等不同变量之间的互动关系。当治理效果和治理受益者趋于稳定时，治理模式生成；当"关键节点"或"制度否决点"出现时，"T-AIEB"开启新一轮的调试，直至形成新的治理模式。

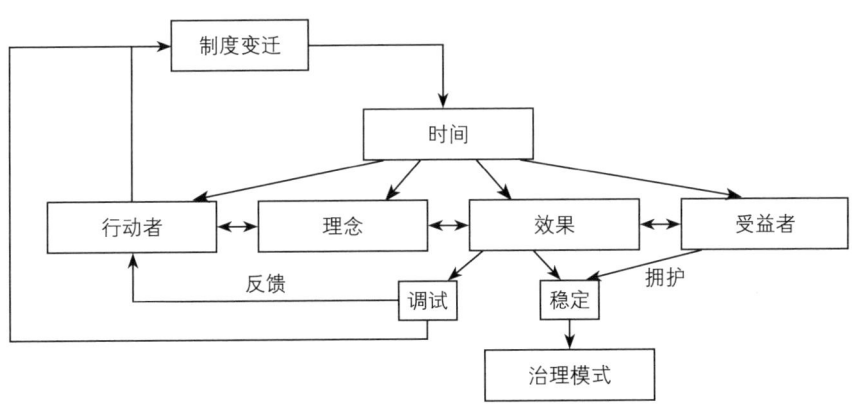

图1 历史制度主义"T-AIEB"阐释模型

[①] BANNERMAN S, HAGGART B. Historical institutionalism in communication studies [J]. Communication theory, 2015(1): 1-22.

二、中国互联网治理模式的嬗变

依据"T-AIEB"阐释模型，我们可以将中国互联网治理划分为五个阶段，且每个阶段形成了代表性的治理模式：技术治理模式（1994—1997）、媒体治理模式（1998—2008）、安全治理模式（2009—2015）、场景治理模式（2016—2020）和生态化治理模式（2021至今）。不过，这种治理模式的划分不是绝对的，各种治理模式在时间序列里具有叠加性，只是在特定情境中，某一种治理模式更具主导性。

接下来，我们将对上述五种治理模式进行剖析，以捕捉真实形势中的复杂性，厘清中国互联网治理模式的历史演变，并探究可能的未来走向。

（一）技术治理模式（1994—1997）：互联网基础架构层的治理

中国早期的互联网治理聚焦于基础架构层，且带有显著的技术治理特征。此阶段科学界在互联网的发展方面起到了主导作用，互联网应用主要集中于科研和教育，彼时，尚未"下凡"的互联网被赋予了高度的神秘性和技术性。一方面，中国科学院、清华大学等研究机构和高校陆续研发连接计算机中心的主干网络与域名服务器设置。中国科学院组建了中国互联网络信息中心（CNNIC），管理和维护互联网最核心的地址、域名".cn"等关键基础设施。①1997年10月，中国科技网（CSTNET）、中国教育和科研计算机网（CERNET）、中国金桥信息网（CHINAGBN）实现了与中国公用计算机互联网（CHINANET）的互联互通。②另一方面，深耕于科研和教育的技术专家们在互联网治理过程中释放了巨大的能量。时任中国科学院副院长的胡启恒院士参加中美双边科技联合会议之余与时任美国国家管理互联网科学基金会负责人的史蒂文·戈德斯坦（Steven Goldstein）进行沟通，促成中国接入国

---

① 中国科学院负责管理中国顶级域名".cn"，清华大学负责管理中国教育机构域名".edu.cn"。
② 1997年—1999年互联网大事记［EB/OL］.（2013-04-08）［2022-06-15］.https://www.edu.cn/xxh/ji_shu_ju_le_bu/cernet2_lpv6/fzlc/201304/t20130408_927546.shtml.

际互联网。① 发出中国第一封电子邮件的兵工部计算所钱天白工程师最早在美国登记了中国国家顶级域名".cn"，并带领团队完成了服务器的设置，将这一最重要的互联网基础设施从德国移回中国。② "中关村地区教育与科研示范网络（NCFC）"高新技术信息基础设施方案设计和执行的领军人钱华林，数十年来始终致力于互联网技术攻克和国际合作。③ 互联网未来发展的科研人员在中国域名体系的制定，在".cn"通往全国、全世界的实现，④ 以及在互联网的技术连接和技术规范等方面的工作，奠定了中国互联网治理模式创新的根基。

早期的中国互联网治理是一种从无到有的制度创新，⑤ 自行业协会的技术协定开始，逐步升级为国家政策。1994年，《中华人民共和国计算机信息系统安全保护条例》颁布，首次明确危害计算机信息系统安全将受到法律惩处。1997年发布的《刑法》第二百八十五条和第二百八十六条规定了"非法侵入国家计算机信息系统罪"和"破坏计算机信息系统罪"，为惩处各种形式的计算机信息系统犯罪提供了法律依据。1996年1月13日，国务院信息化工作领导小组及其办公室成立，时任国务院副总理邹家华任领导小组组长，互联网治理体系确立，逐步趋于规范化。⑥ 1996年之后，"有为政府"将互联网定位由从事科研项目的技术和工具，调整为推动改革开放和现代化建设事业的动力和基础。⑦ 1997年4月，全国信息化工作会议确定了国家信息化体系，正

---

① 方兴东.互联网口述历史第一辑英雄创世纪：让互联网精神扎根中国［M］.北京：中信出版集团，2021：23.
② 方兴东.互联网口述历史第一辑英雄创世纪：让互联网精神扎根中国［M］.北京：中信出版集团，2021：38.
③ 方兴东.互联网口述历史第一辑英雄创世纪：让互联网精神扎根中国［M］.北京：中信出版集团，2021：36.
④ 方兴东.互联网口述历史第一辑英雄创世纪：让互联网精神扎根中国［M］.北京：中信出版集团，2021：37.
⑤ 方兴东.互联网口述历史第一辑英雄创世纪：让互联网精神扎根中国［M］.北京：中信出版集团，2021：2.
⑥ 1997年—1999年互联网大事记［EB/OL］.（2013-04-08）［2022-06-15］.https://www.edu.cn/xxh/ji_shu_ju_le_bu/cernet2_lpv6/fzlc/201304/t20130408_927546.shtml.
⑦ 彭波，张权.中国互联网治理模式的形成及嬗变（1994—2019）［J］.新闻与传播研究，2020（8）：44-65，127.

式"将互联网列入国家信息基础设施建设"①。

在国际联网方面,国家有意识地制定相对严格的管控政策,并结合国际联网的现实需求,进行了新规则附加在旧规则之上的层叠式渐进制度变迁。《中华人民共和国计算机信息网络国际联网管理暂行规定》(以下简称《暂行规定》)为国际联网的治理确立了信道接入、申请审批、经营许可、不可违法的四层体系。但该规定在明确禁止利用国际联网进行信息传播方面,禁止主体较少、禁止内容范围较宽。1997 年公安部发布的《计算机信息网络国际联网安全保护管理办法》,将《暂行规定》中的禁止主体由拟接入的单位和个人改为任何单位和个人,将禁止内容具体化、类别化。

此阶段,国家以"重基建"为治理理念,出台了以网络基础设施和安全联网为核心的政策法规,保障科研机构主导的技术治理模式顺利推进。该治理模式对于尚不具备社会属性的互联网产生了正反馈影响,中国的互联网普及率逐步提升。不过,随着互联网技术的发展,特别是 1997 年之后,搜狐、网易、新浪相继创办,互联网开始突破科研属性,向媒体属性跨进。互联网应用范围、涉及领域不断扩大,传统的技术治理模式难以应对新发展带来的矛盾与需求。

(二)媒体治理模式(1998—2008):互联网内容层的治理

随着互联网属性的增叠,中国互联网治理重点发生了变化。1998 年,多进程操作系统 Windows98 面世,开启了家庭与个人连入互联网的新阶段,PC 开始走进人们的日常生活,互联网具有了社会属性。1999 年,中国科技网启用卫星系统联通各大城市,② 攻克了 X.25 的低速和延时传输。2000 年,人民网、新华网、中国网、央视国际网、国际在线网、中国日报网、中青网等"国家队"门户网站和新浪网、搜狐网、网易网、腾讯网等"商业组"门户网

---

① 中华人民共和国国民经济和社会发展"九五"计划和 2010 年远景目标纲要 [EB/OL].(1996-03-17)[2022-06-15].http://www.law-lib.com/law/law_view.asp?id=96394.
② 国家互联网信息办公室,北京市互联网信息办公室.中国互联网 20 年:网络产业篇全彩[M].北京:电子工业出版社,2014:3.

站相继获批新闻登载权限。①媒体属性日渐成为互联网的显著属性，政府开始转向以内容规制为主的媒体治理模式。

1998年，第九届全国人民代表大会批准成立了由邮电部、电子工业部以及广播电影电视部里负责网络的部门重组而成的信息产业部。新成立的信息产业部承担了信息和网络监管的职能，主管信息、通信、软件等核心产业，成为电信领域"独立自主的监管者"②。1999年，23家网络媒体签订了《中国新闻界网络媒体公约》，③这是首部新闻行业自律活动的共识契约，其呼吁的网络信息产权和知识产权在成员间具有保护效力。2001年，70多家互联网从业机构共同发起成立了中国互联网协会④，并制定了《中国互联网行业自律公约》，将非体制内的从业主体纳入规约范围，规范互联网从业主体的核心职能，划定了行业的社会责任边界，实现了社会与国家的治理互动。

2004年，IPv6成功登录全球域名根服务器，其无限地址资源成为优化旧规则的关键节点。⑤2005年，Web2.0概念出现，以博客为代表的社交媒体面世，互联网增强了以交互体验为意向的社交属性。在"5·12"抗震救灾、北京奥运会等大型事件的报道中，这些门户网站、社交媒体整合新闻、即时发布。奥运会更是首次将网络媒体作为独立转播平台，网络媒体成为传统媒体的重要补充，互联网的媒体属性得以强化。信息的生产和发布环境呈现出"人人即媒体"的全新景观，网民获得了前所未有的话语权，但同时也放大了虚假新闻、同质信息等问题，这一关键节点促使中国互联网治理制度在沿袭传统媒体治理的路径基础上，呈现出渐进态势。我国陆续出台了涉及广播电

---

① 2000年—2001年互联网大事记［EB/OL］.（2009-04-13）［2022-06-15］.http://www.cac.gov.cn/2009-04/13/c_126500434.htm.
② 郑永年.技术赋权：中国的互联网、国家与社会［M］.邱道隆，译.北京：东方出版社，2014：73.
③ 1997年—1999年互联网大事记［EB/OL］.（2013-04-08）［2022-06-15］.https://www.edu.cn/xxh/ji_shu_ju_le_bu/cernet2_lpv6/fzlc/201304/t20130408_927546.shtml.
④ 中国互联网协会.协会简介［EB/OL］.（2021-09-09）［2022-06-15］.https://www.isc.org.cn/article/9661083678273536.html.
⑤ 国家互联网信息办公室，北京市互联网信息办公室.中国互联网20年：网络产业篇全彩［M］.北京：电子工业出版社，2014：72.

视、网络新闻、信息服务、网络著作权、电子出版物、互联网地图、电子公告、电子签名、网络论坛、实名制等专项法律法规及规范性文件。2006年推行的博客实名制，是对2002年《互联网上网服务营业场所管理条例》中"对上网消费者进行身份证核对、登记"这一条款在网络空间中的延伸，将网民的现实身份映射到网络空间中，实现一种缩微的规训与行为责任的可追溯。2006年出台的《信息网络传播权保护条例》是对2004年《最高人民法院、最高人民检察院关于办理利用互联网、移动通讯终端、声讯台制作、复制、出版、贩卖、传播淫秽电子信息刑事案件具体应用法律若干问题的解释》的合法性强化，确认了网络版权的权益归属和侵权处罚。

在国际场域内，中国开始主动发声，要求参与国际互联网治理。中国驻日内瓦大使沙祖康在信息社会世界峰会上发出了"互联网为什么只能美国一家管？我们也可以管"的挑战。① 随着此类声音的增强，由40位互联网专家组成的非官方组织WGIG（Working Group for Internet Governance）应运而生。中国自此便呼吁在联合国层面讨论互联网治理缺位问题。2002年，时任全国政协委员的胡启恒受邀与安南座谈，提出："现在互联网已经越过国界，在世界各国之间沟通，许多问题因为没有共同认可的规则，无法解决。"在WGIG第一次会议上，胡启恒重申："互联网是大家的互联网，应该大家一起管。"②

秩序是清理混乱的重要手段，③ 中国互联网治理依赖传统路径渐进发展，用持续增多的强制性政策践行政府重秩序的理念实践。但随着3G技术的出现，即时社交、海量信息、全球传播得以实现，传统的信息把关人、搜索引擎难以实现数字内容的靶向传播；社交媒体的方兴未艾，从根本上解构了新

---

① 方兴东. 互联网口述历史第一辑英雄创世纪：让互联网精神扎根中国［M］. 北京：中信出版集团，2021：94.
② 方兴东. 互联网口述历史第一辑英雄创世纪：让互联网精神扎根中国［M］. 北京：中信出版集团，2021：95.
③ 福柯. 规训与惩罚［M］. 刘北成，杨远婴，译. 北京：生活·读书·新知三联书店，2012：221.

闻发布权集中的传统格局。同时，随着国际互联网经济泡沫的破裂，[①] 互联网在中国展露出强大的商业属性，裹挟在风起云涌的经济浪潮里，中国互联网产业奇迹般地绽放，在功能和影响上不断缩小与西方的差距。媒体治理模式难以将现有的互联网治理秩序与飞速发展的智能化信息技术和日新月异的产业化市场相适配，做出调整也就势在必行。

（三）安全治理模式（2009—2015）：互联网四层架构的广泛治理

在互联网发展的十五年中，中国互联网治理不断获得正反馈，2008年7月，中国网民人数跃居世界第一，".cn"成为全球第一大国际顶级域名。[②] 在此基础上，2009年工信部向移动、联通、电信三大网络服务运营商颁发3G牌照，2013年颁发4G牌照。2015年的政府工作报告首次提出了"互联网+"的概念，强调"推动移动互联网、云计算、大数据、物联网与现代制造业结合，促进电子商务、工业互联网和互联网金融健康发展，引导互联网企业拓展国际市场"[③]。"数据网络"开始更深层次地改变人们的日常生活方式和信息生产方式，中国网民的上网设备向移动智能屏集中。[④] 微博、微信的即时互动，重构了网络人际关系，"微传播"塑成千万量级的舆情事件；"微社交"将互动融入由"点赞""转发""评论"构成的符号里。网上购物、网络支付、网络医疗、情感在线、在线教育、网约车等已成规模，盛行于网络社会。同时，网络钓鱼、病毒攻击、软件漏洞、信息泄露、网络诈骗等问题以实然样态在网络社会中构成安全威胁。此外，中国国家互联网应急中心监测到的境外木马控制端、境外僵尸网络控制服务器数量增多，具有跨境特点的网络安全事件日益突出。

---

① 黄丽娜，黄璐．中国互联网治理的政策工具：型构、选择与优化——基于1994—2017年互联网政策文本的内容分析［J］．情报杂志，2020（4）：73，90-97．
② 2008年中国互联网发展大事记［EB/OL］．（2014-02-24）［2022-06-15］．http://www.cac.gov.cn/2014-02/24/c_126182786.htm．
③ 政府工作报告首提"互联网+"［EB/OL］．（2015-07-06）［2022-06-15］．http://www.cac.gov.cn/2015-07/06/c_1115824896.htm．
④ 第36次中国互联网络发展状况统计报告［R/OL］．（2015-07-23）［2022-06-15］．http://www.cac.gov.cn/2015-07/23/c_1116018727.htm．

在网络社会这个特殊的情境中，"不确定性"几乎成为现代社会的本质特征，[1] 行动者生产自己的内容和符号以影响他者的智识并挑战权力关系。"阿拉伯之春""棱镜门事件"揭开了"网络战"的国际新型对抗，网络社会中的事件上升为政治事件，互联网内容层的信息乱象乃是社会失序的一个缩影，会危害国家安全。加之，"互联网具有技术的天生政治性"[2]。于政府而言，突破了时空关系和属地关系的互联网所繁衍而来的数据主权、信息窃取、网络攻击等问题，已然不是秩序所能清理的，要转向安全的治理策略。尤其是党的十八大以来，中央网络安全和信息化领导小组成立，中共中央总书记担任组长、国务院总理担任副组长，加之九部委"九龙治水"[3]的顶层配置，互联网的发展与治理被置于战略高度。对内，在全面依法治国的引领下，我国颁布了50余部互联网相关政策法规，涉及互联网文化、软件保护、公众信息服务、国际安全联网等方面，以确保国家安全和公共安全、企业安全服务和个人信息保护。对外，网络社会中的全球化信息流动所形成的开放性与国家疆界的封闭性形成了极大的张力，[4] 中国倡导的"网络主权""多边治理模式"在国际社会被关注、辨识与讨论，为国际互联网治理提供了新的选项。

中国互联网治理理念在此阶段由"重秩序"向"重安全"转向，政府对互联网的治理进一步加强。但截至2015年12月，仅有8.9%的企业部署了网络安全硬件防护系统。[5] 企业的网络安全意识和网络安全产业的研发、服务、普及均与互联网技术的创新发展相去甚远。针对信息安全系统、互联网产业、移动智能终端等的分布式拒绝服务攻击、蠕虫病毒等时常发生，网络安全威

---

[1] 文军，刘雨航.不确定性：一个概念的社会学考评——兼及构建"不确定性社会学"的初步思考[J].天津社会科学，2021（6）：73-83.
[2] 查德威克.互联网政治学：国家、公民与新传播技术[M].任孟山，译.北京：华夏出版社，2010：26.
[3] 方兴东.中国互联网治理模式的演进与创新：兼论"九龙治水"模式作为互联网治理制度的重要意义[J].人民论坛·学术前沿，2016（6）：56-75.
[4] 任孟山.国际传播与国家主权：传播全球化研究[M].上海：上海交通大学出版社，2011：9.
[5] 第37次中国互联网络发展状况统计报告[R/OL].（2016-01-22）[2022-06-15].http://www.cac.gov.cn/cnnic37/.

胁对互联网治理体系发起了新的挑战，需要有新的模式加以应对。

（四）场景治理模式（2016—2020）：互联网四层架构的整体治理

人工智能、算法推荐、区块链、传感器、定位系统、VR、AR、MR等技术从2016年开始躁动，逐步进入前场景时代。2019年，"换道行驶"的5G技术正式商用，开启了人与物、人与人、人与场景深度互嵌的场景时代。①"场景"打破了地缘社会的差序格局，多维连接反而减弱了聚合效应，社会微粒化、个体主体化增强。② 社会系统向网络社会输入的信息、物质和能量，伴随着一种"不确定性"而产生变化。这种不确定性来自社会的复杂性，德国社会学家尼克拉斯·卢曼（Nicholas Luhrmann）已经为我们展现了当代社会的"极端复杂性"和"风险潜在性"，复杂性来自对世界事物的广域概括、创新演化与自主共生、多层架构与空间联结、隐蔽机制与显性互动的系统属性和综合关系。③ 风险是循着"风险点—风险链—风险网"的逻辑演化而成的。具体而言，现有风险点衍生新的风险点，点点相连形成风险链，风险链上的节点随着风险放大机制而拓展勾连，逐渐形成风险网。不同的行为主体在不同的风险网中形成了不同意义上的利益共同体。一旦一个风险点被引爆，其影响力便会沿着风险网络格局差序扩散，④ 风险在其影响力的广涉作用下出现"涟漪效应"，被放大至足以影响其他阶层和群体。⑤ 故而，此阶段的互联网治理体系亟须壮大，在以政府为"元治理"的治理体系中优化商业资源配置成为关键所在。

2016年，《国家网络空间安全战略》《中华人民共和国网络安全法》相继

---

① 喻国明.5G：一项引发传播学学科范式革命的技术——兼论建立电信传播学的必要性［J］.新闻与写作，2019（7）：54-56.
② 喻国明，郅慧.自组织范式视角下"四全媒体"的逻辑分析与关键操作［J］.媒体融合新观察，2020（1）：4-8.
③ 吴彤.复杂性概念研究及其意义［J］.中国人民大学学报，2004（5）：2-9.
④ 翟绍果，刘入铭.风险叠变、社会重构与韧性治理：网络社会的治理生态、行动困境与治理变革［J］.西北大学学报（哲学社会科学版），2020（2）：160-168.
⑤ 陈华明.网络社会风险论：媒介技术与治理［M］.北京：中国社会科学出版社，2019：194.

出台,勾画了基本的制度框架,①中国网络安全的战略主张进一步法治化、系统化。《国家网络空间安全战略》规定:"建立政府、行业与企业的网络安全信息有序共享机制,充分发挥企业在保护关键信息基础设施中的重要作用。关键信息基础设施是指关系国家安全、国计民生的信息设施。"关键信息基础设施基础架构层的设施安全、技术协议层和应用程序层的系统安全以及内容层的数据安全,是网络安全的载体和基础。从治理战略来看,中国互联网治理深入四层架构,越来越强调对核心技术的自主可控性。②企业掌握从基础到终端、从节点到系统的全景核心技术,具有技术维度的主体地位,企业被赋予了治理主体的合法性。《中华人民共和国网络安全法》规定:"国家支持企业、研究机构、高等学校、网络相关行业组织参与网络安全国家标准、行业标准的制定。"企业作为信息生态设计者,③扮演着为用户提供访问数字公共领域中介的独特角色,居于系统的中心控制点。④从治理体系来看,企业的风险态势感知、预测、处理能力可以迅速转化为防护能力,⑤企业被赋予了治理主体的主动性。2019年中国颁布的《网络信息内容生态治理规定》再次明确了企业作为网络信息内容生态治理的主体,是网络综合治理体系中的重要组成部分。从治理内容来看,从系统的宏观视角出发去探究互联网信息平台,会发现目前全球互联网应用划分为"狼牙"(FAANG)⑥和"蝙蝠"(BATJ)⑦两大系统,基于数据和算法进行资源争夺的互联网企业掌握了更多的话语权,企业的社

---

① 王四新.《网络安全法》:互联网治理的总动员令[J].人民论坛,2016(36):76-77.
② 谢新洲,石林.基于互联网技术的网络内容治理发展逻辑探究[J].北京大学学报(哲学社会科学版),2020(4):127-138.
③ 仇筠茜.信息生态设计者:数字新闻治理的第三种规范性站位[J].新闻界,2021(12):69-78.
④ DENARDIS L,HACKL A M. Internet governance by social media platforms [J]. Telecommunications policy, 2015, (39): 761-770.
⑤ 赵瑞琦.中国网络安全战略:基于总体国家安全观的特色建构[J].学习与探索,2019(12):57-65.
⑥ FAANG指的是社交网络巨头脸书Facebook、苹果Apple、在线零售巨头亚马逊Amazon、流媒体视频服务巨头奈飞Netflix和谷歌母公司Alphabet。
⑦ BATJ指的是国内四大互联网科技公司百度Baidu、阿里巴巴Alibaba、腾讯Tencent、京东JD。

会责任内容边界被重新划定，企业被赋予了治理主体的强效性。党的十九届四中全会对互联网治理提出了明确要求，"建立健全网络综合治理体系，加强和创新互联网内容建设，落实互联网企业信息管理主体责任"。这体现的政治逻辑是，在政府"放权"的背景下由技术即权力原生出一种企业"确权"。企业成为缩短"制度与解释"和"制度与执行"之间功能距离和时间距离的重要介质，以增强制度变迁空间的弹性。

在全球互联网治理领域，中国借助世界互联网大会为全球提供自主可控的公共产品，践行"网络空间命运共同体"理念，倡导国际合作，逐步提升国际话语权，使自身处于积极反馈循环中。正如互联网名称与数字地址分配机构（ICANN）总裁兼首席执行官法迪·切哈德（Fadi Chehade）所言，"中国正在为真正具有包容性的全球互联网治理生态系统发挥领导作用"①。

伴随着场景的无限延展，能够"数字孪生"的元宇宙概念诞生了。元宇宙通过创造"我"的平行世界，具有了深化个体原子化风险和社会结构性风险的可能性，②伦理与隐私、资本与控制、新型场域与新型犯罪等安全风险比例增大。基于此，场景治理模式在信息技术博弈的世界体系中亟待升级优化。

（五）生态化治理模式（2021至今）：互联网新三层架构的系统治理

2021年是元宇宙元年，虚拟社会对现实社会的"数字孪生"表现为增强现实类应用的增长与"生态"概念的出现。数据与信息浪潮下的价值提取与生命变现成为互联网产品生产与传播的切口。面对虚拟主播、智能机器人以及未来的元宇宙世界，互联网治理需要上升至生态系统层面，建构有效秩序。

当下，中国互联网治理领导机构持续升级，国家和政府拥有结构性强制权力，现已建立起以工业和信息化部为领导的多层级、易协同的国家网络安全应急处理机制。此外，私营企业和技术精英拥有核心的技术权力、国际协会和社会团体拥有规范的协定权力、网民个人拥有直接的倡导权力，形成了

---

① 李彦，曾润喜.中国参与国际互联网治理制度建构的路径比较[J].当代传播，2019（5）：97-102.
② 吕鹏.元宇宙的潜在风险与治理原则[J].国家治理，2022（2）：27-32.

"政府顶层设计、网络服务企业主要负责、网民广泛参与"的生态化治理的初级模式。

相较于传统互联网，从架构层来看，元宇宙将会打破四层概念模型，形成新的基础架构层、交互层和生态系统的三层概念模型。① 首先，现实物理世界为元宇宙提供基础设施技术"BIGANT"② 和制度基础建设。其次，现实物理世界与元宇宙强化互动，元宇宙对现实世界发生实质性的反作用。③ 在交互层里，所有的个体都以"数字孪生"的样态享有现实和虚拟的双重属性。最后，元宇宙是一个生态系统，在这个独立的生态系统里，"数字人"共同建设数字地球的大生态。

元宇宙构型的三层概念模型与互联网四层概念模型之间的差异，会重新划定互联网治理的空间边界。例如，2021年6月出台的《中华人民共和国数据安全法》明确了各主体保护数据安全的责任和义务，但没有完成数据确权。同年8月出台的《中华人民共和国个人信息保护法》将个人数据保护确权给了个体，规定个人数据被企业使用时需要经过个体同意。但元宇宙中数据互联与价值互联以及衍生机制下的数据保护，使分离的企业或个体数据确权难以实现数据潜能与数据安全的更大平衡。此外，元宇宙对主权、人权、知识产权体系的潜在冲击以及对社会文明秩序的重构，④ 会带来理念与规则适用、效果与重点设定等新的治理挑战。

三、中国互联网治理模式的嬗变动力和行为逻辑

中国互联网治理模式的嬗变是伴随着互联网的发展，从无到有、从既有到创新的累积过程。互联网技术演进和国家制度稳定的内部驱动、治理理念

---

① HAIHAN D, ZHONGHAO L, JIAYE L, et al. Metaverse for social good:a university campus prototyp [C]. Proceedings of the 29th ACM international conference on multimedia, 2021: 153–161.
② BIGANT：B指区块链技术、I指交互技术、G指电子游戏技术、A指人工智能技术、N指网络及运算技术、T指物联网技术。
③ 程金华. 元宇宙治理的法治原则 [J]. 东方法学，2022（2）：20-30.
④ 李晓楠. 网络社会结构变迁视域下元宇宙的法律治理 [J]. 法治研究，2022（2）：25-35.

和治理重点的动态转变、治理格局和治理图景的包容并蓄是中国互联网治理得以形成长效机制的内生动力与行为逻辑。

（一）中国互联网治理模式嬗变的技术动力：网络的自身演进

信息技术的发展赋予了互联网更多的"能力"，人们倾向于将互联网视为可供性的综合环境，一个复杂的、具有自适应性的生态系统，① 在其技术的不断演化中满足人类感知、预测、记载、分析和延续世界的渴望②。互联网在中国经历了科研属性、媒体属性、政治属性、平台属性到元宇宙的属性增值，这构成了互联网治理模式嬗变的技术动力。正是基于这一原因，起步于20世纪90年代的中国互联网治理形成了三种治理情境：以建设互联网基础设施为主的监管情境、以释放互联网潜力的促进情境和网络安全为战略的保护情境。在三种治理情境的交互下，中国互联网治理模式得以嬗变。

（二）中国互联网治理模式嬗变的制度动力：机制的优化变迁

基于国家和社会的稳定性，外围的挑战并不能使现有的中国互联网治理机制收缩，反而能够敦促制度的行动者完善治理机制。中国互联网治理机制以新规则代替旧规则、新规则附加旧规则、原规则变更使用情境、原规则进行全新阐释四种方式实现治理完善，呈现出更替、层叠、转换③的渐进性优化变迁特征。早期，中国在解决互联网具体问题的过程中采用打补丁式立法，2016年《中华人民共和国国家安全法》的出台，标志着中国开始从问题导向的规约性治理向战略导向的系统性治理转变。至2023年，国家共出台了377部部门规章、37部法律法规、51部行业规定④，形成了网络空间中相对完善

---

① 彭兰.自组织与网络治理理论视角下的互联网治理［J］.社会科学战线，2017（4）：168-175.
② 迈尔-舍恩伯格，库克耶.大数据时代［M］.盛杨燕，周涛，译.杭州：浙江人民出版社，2013：97.
③ 马得勇.历史制度主义的渐进性制度变迁理论：兼论其在中国的适用性［J］.经济社会体制比较，2018（5）：158-170.
④ 数据来源于北大法宝 https://www.pkulaw.com/searchall，查阅时间为2022-05-01。

的四层治理政策空间。政策之间虽然具有功能和程序上的互倚，[①]但中国依然在四层政策空间以及空间交会处不断探索，试图在廓清空间边界的同时，积极探索因交会而形成的模糊地带的有效治理政策。

（三）中国互联网治理理念的历史更迭：由"基建"到"生态"

中国互联网治理理念，从重基建、重秩序、重安全、重战略到重生态的几度更迭，与中国互联网技术水平、治理体系、国家实力、国际关系等制度情境紧密相关。在中国互联网治理的制度体系中，重基建、重秩序、重安全、重战略和重生态作为共时性的治理理念，驱动了行动者在特定情境下作出自洽的决策；重安全属于历时性治理理念，计算机信息系统安全、关键信息基础设施安全、国家网络安全观等都是在国家发展中得到历史检验和时代贴合的重要理念。在中国互联网治理模式嬗变的过程中，理念与机制在冲突与互动中自我确证，共时性治理理念和历时性治理理念共同缩小了制度理想与制度实践之间的距离，逐步建立了中国互联网治理的制度自信。

（四）中国互联网治理重点的适时转向：新型的基础架构层

接入国际互联网的初期，中国对基础设施、基础资源以及基础数据的主导权相对薄弱。因此，早期的中国互联网治理集中于对基础架构层的构建。随着中国互联网技术的发展以及对基础架构层控制点的权力增强，尤其是现阶段新基础架构层承担了更加重要的安全性和稳定性职责，中国的互联网治理重点转向了以互联网基础资源大数据、互联网基础资源管理服务、域名系统解析防护、全联网标识解析技术、RPKI 资源公钥基础设施技术等为重要支撑性技术的自主可控性建设，开始全域、系统布局新型基础设施。

（五）中国互联网治理格局的全球升级：由"我"到"我们"

"任何制度自身都具备非中立性，即制度会为不同的政治行动提供不同的

---

① 何明升. 网络治理：中国经验和路径选择［M］.北京：中国经济出版社，2017：271.

权力、资源和偏见。"① 中国参与国际互联网治理从"搭便车"到"网络空间命运共同体"②，每一阶段的理念引导都锁定了不同的受益者。"网络空间命运共同体"理念从多个层面深化和推进了中国在国际互联网治理的参与度和话语权，力图应对现实中网络空间的信息流动性、无边界性以及全球性特点，鼓励国家间突破边界，站在全人类共享网络空间这一命题下实现全球、全方位合作，从而尽可能灵活、及时且有效地应对网络安全问题。③ 这一理念意味着中国互联网治理格局的升级，实现了由"我"到"我们"的全球转向。

（六）中国互联网治理模式的生态图景：自组织的数智世界

互联网具有自主性、有序性和开放性的特质，因而可被视为一个可由无序向有序、由简单向复杂动态演化的自组织系统。自组织系统常被看作知识生产系统，需要承担解决全球社会问题的责任。④ 因此，中国在遵循互联网发展规律的基础上，对未来互联网的结构样态、功能样态、行为样态提出了新的理想生态图景。中国互联网治理的目标是保障互联网能够自发地在宏观层面形成自治的秩序和结构，虚拟世界能够在与现实社会的边界消解过程中进行良性互动，进而深度融合，演化发展成为具有解决全球社会问题职能的知识生态系统，成为能够全方位连接人类感官的数智世界，⑤ 满足"人"与"数字人"的精神需求。

---

① 任孟山，李呈野. 权力非对称分配下的路径依赖：伊朗三部《新闻法》的渊源形塑与历史流变（1979—2019）[J]. 新闻学研究，2021（10）：113-153.
② 赵瑞琦. 从"搭便车"到网络空间命运共同体：中国互联网治理的成长路径与演进逻辑[EB/OL].（2018-11-20）[2022-05-22].http://www.rmlt.com.cn/2018/1120/533496.shtml.
③ 白佳玉，隋佳欣. 论人类命运共同体理念在网络空间治理中的影响与意义[J]. 学习与探索，2021（3）：2，62-71，179.
④ FUCHS C, HOFKIRCHNER W. Self-organization, knowledge and responsibility [J]. Kybernetes, 2005(34): 241-260.
⑤ 乔利利，邓峰，赵星. 基于数智人的元宇宙敏捷治理路径构建及应用[J]. 图书馆论坛，2022（7）：1-10.

四、结语

从历史上看，互联网治理机制及其在不同历史阶段呈现的治理模式在中国已有深厚根基。本文以历史制度主义"T-AIEB"阐释模型研究中国互联网治理模式的嬗变，是将历史制度主义方法化的一种尝试，也是对中国互联网治理模式变迁的一种逻辑追溯。在近30年的时间序列里，中国互联网治理模式几经更迭。互联网的技术可及性将创造更多的可能性和不确定性，互联网会成为更加复杂的复合型场域，其治理模式也将继续嬗变。对中国互联网治理模式嬗变的经验总结与逻辑探究，将有助于不断完善契约和规则，帮助我们把握未来的生活与发展逻辑，有利于对虚拟世界进行系统规划和科学布局，为全球互联网治理提供一种可资参照乃至拓展应用的中国方案。

政治机会结构、动员结构和框架过程*
——当代互联网与社会运动的分析框架及案例考察

社会运动的持续崛起与现代媒体的信息扩散之间具有近乎天然的关系勾连：社会运动需要借助于媒体来放大自身的利益诉求、价值诉求、政治诉求，以及号召社会参与的动员诉求。著名社会学家托德·吉特林（Todd Gitlin）在20多年后为自己20世纪80年代出版的《整个世界都在看》作序时表示："直到今天，所有的运动（或许是所有的政治）面临的一个决定性的因素便是对大众媒介的依赖。"① 但是，以互联网为代表的新信息传播技术正在逐渐改变社会运动与激进分子之间，以及社会运动与整个社会之间的传播与沟通模式。

一、新媒体与社会运动的分析框架

来自社会学、政治学及传播学等不同学科领域的学者，通过各自的研究来解释上述变化，至20世纪90年代，新媒体与社会运动逐渐成为一个比较稳定的研究领域。2006年，美国学者凯利·甘瑞特（Kelly Garrett）从三个方面对新信息传播技术与社会运动的理论文献进行了述评，分别是政治机会

---

* 本文原载于《中国青年政治学院学报》（双月刊）2011年第6期，系2010年度教育部人文社会科学研究青年基金项目"网络动员与社会转型：当代中国网络群体性事件研究"（课题编号：10YJC860037）的阶段性研究成果，收入本书时略有删改。

① 吉特林. 整个世界都在看：新左派运动的媒介镜像 [M]. 北京：华夏出版社，2007：6.

结构（political opportunities structures）、动员结构（mobilizing structures）、框架过程（framing process）。①甘瑞特的文献分析框架来源于麦克亚当（Doug McADam）、麦卡锡（Joseph Mc-Carthy）及扎尔德（Mayor Zald）等对社会运动的研究，区别在于：麦克亚当等学者的分析着眼于社会运动，利用以上三个方面构成的分析框架来研究社会运动的发生、发展与结构，但是没有提及社会运动与新信息传播技术之间的关系；而甘瑞特利用这个分析框架对社会运动与新信息传播技术的研究文献做了一个总结性回顾。本文则试图在两者基础上结合其他学者的研究成果，就互联网与社会运动的关系加以考察。需要说明的是，这种关系考察不包括甘瑞特提到的手机等新信息传播技术，只关注互联网，并更多地增加了社会学与政治学的理论研究成果。

著名社会学家与政治学家查尔斯·蒂利（Charles Tilly）和西德尼·塔罗（Sidney Tarrow）认为，政治机会结构就是各种促进或阻止某一政治行动者集体行动的政权及制度、机构特征。例如2004—2005年的乌克兰，一种处于分歧状态的国际环境为该国持不同政见者提供了以民主之名呼吁国外支持者的机遇。②塔罗还指出，"政治机会结构"这一术语不应该被理解为必定会造成社会运动的不变模式，而应该被理解为暗示斗争政治何时出现的一系列线索，它调动着一连串可能最终导致挑战者与当权者持续互动，并由此产生社会运动的因果关系。③

麦克亚当等学者指出，动员结构是"正式或非正式的集体工具，通过它人们被动员起来，并参加集体行动"④。动员结构指能够使个人组织起来参与集体行动的机制，主要包括社会组织和具体的抗争剧目（repertoires），既有正式的社会组织，如社会运动组织或宗教团体，也有非正式的社会组织，如

---

① Kelly G R. Protest in an information society: a review of literature on social movements and new ICTs [J]. Information, communication& society, 2006, 9(2): 202–224.
② 蒂利，塔罗. 抗争政治［M］. 李义中，译. 南京：译林出版社，2010：249–250.
③ 塔罗. 运动中的力量：社会运动与斗争政治［M］. 吴庆宏，译. 南京：译林出版社，2010：27，147.
④ MCADAM D, MCCARTHY J D, ZALD M N. Comparative perspectives on social movements [M]. London: Cambridge University Press, 1996: 3, 6.

一些基于人际关系的组织或激进分子网络。蒂利和塔罗指出，抗争剧目就是指为某些政治行动者普遍知晓且可用的一批抗争表演，如请愿、游行、静坐、举行公众集会等，甚至包括撰写新闻稿。①

框架过程是指"社会群体改变对他们自己及世界共同理解的策略性努力行动，通过它让参与社会行动的群体合法化他们的集体行动，并鼓励集体行动进一步涌现"②。通过框架过程，社会运动参与者解构由主流机构或媒体传播的官方语言，独立地表达其观点，从而为他们发起的社会运动设定议程。框架过程比较关注社会运动过程中的话语及叙事策略，框架过程的目标是利用文化上共享的信念和理解，将激进分子的要求和动机合法化。例如，对"反全球化"不同的故事描述就反映了不同的框架过程。正如甘瑞特所指出的，"反全球化"这个标签绝大多数情况下是主流媒体使用的，而激进分子常常指称的是"全球正义""反资本主义"或"公平交易"运动，每一个不同的称谓都意味着不同的理由、策略及目标。③

综合以上研究成果，笔者概括归纳出一个新媒体与社会运动的分析框架，该分析框架的形式架构与麦克亚当等学者的框架基本相同，但具体分析内容与结构则区别较大（见表1）。

表1 新媒体与社会运动的分析框架表

分析框架	具体内容	
政治机会结构	社会运动的环境条件，独立的权力中心，政权开放性，开放新的政治参与通道，精英联盟分裂，政治盟友出现，国家镇压力减弱等	
动员结构	社会结构	正式的：社会运动组织、教会等 非正式的：友谊网络、激进分子网络等

---

① 蒂利, 塔罗. 抗争政治 [M]. 李义中, 译. 南京: 译林出版社, 2010: 249-250.
② MCADAM D, MCCARTHY J D, ZALD M N. Comparative perspectives on social movements [M]. London: Cambridge University Press, 1996: 3, 6.
③ KELLY G R. Protest in an information society: a review of literature on social movements and new ICTs [J]. Information, communication & society, 2006, 9(2): 202-224.

续表

分析框架		具体内容
框架过程	具体抗争性剧目	各种集体行动和抗议的形式：静坐、请愿、游行示威、举行公众集会、撰写新闻稿、发行小册子等
	传播社会运动对抗性的语言和叙事，挑战主流叙事话语，构建认同，去污名化等	

二、政治机会结构分析与萨帕塔运动之案例考察

信息社会中的全球政治变化对社会运动的机会结构产生了重大影响，一些身处威权社会中的社会运动激进分子可以利用互联网绕过政府的审查与管制。新媒体技术与全球经济的变化发展相结合促进了跨国社会运动与集体抗议的发生，并影响到国家层面的政治机会结构。同时，在全球层面展开的社会运动有更多机会获得全球社会的支持，因此一个国家的机会结构更容易受到国际事件及国际联盟的影响。而以互联网为代表的传播技术从根本上对国家的控制形成了挑战，国家再也不能随心所欲地控制信息的流动，某种程度上互联网降低了国家镇压的能力。①1994年墨西哥兴起的萨帕塔运动（Zapatista Movement）就是通过互联网创造政治机遇的典型例子。

1994年1月1日，即北美自由贸易协定（North American Free Trade Agreement，NAFTA）正式生效的首日，大约有3000名萨帕塔国民解放军控制了墨西哥恰帕斯地区的几个主要城镇，掀起了轰轰烈烈的萨帕塔民族解放运动。当墨西哥政府军进攻其控制的地区时，他们撤退到了雨林地区，并通过互联网传输技术向世界发出声音，在世界上获得了广泛支持，掀起了一场声势浩大的全球公民社会运动。萨帕塔运动副司令马科斯（Marcos）在新年来临之际起义，就是想在北美自由贸易区正式生效的日子制造一个媒介事件，向整个世界传递有关此次起义的讯息，他们最后也达到了这一目的。在此次

---

① KELLY G R. Protest in an information society: a review of literature on social movements and new ICTs [J]. Information, communication& society, 2006, 9(2): 202–224.

运动中，他们利用互联网结成了广泛的世界联盟，国际网络帮他们发动了一场国际公共舆论运动，从而从舆论上防止墨西哥政府采取大规模的镇压行动，并保护他们逃过了被墨西哥政府偷偷镇压的命运，最后迫使政府坐到了谈判桌前。①

在起义开始之时，亲政府的媒介拒绝刊载有关萨帕塔运动的消息，政府也想尽一切办法控制有关消息的报道。但是，萨帕塔组织者利用互联网来完成与外部世界的沟通，积极争取国际人权组织和外国公民的支持。他们充分利用互联网突破疆界、瞬间传播的技术特性，将萨帕塔运动的各种诉求与行动信息传送到全球各个角落，进而动员全球公民社会的力量，发起"全球萨帕塔运动"。"1994年1月至3月，约有400个墨西哥非政府组织、11个社会运动网络和100个国际非政府组织陆续进驻恰帕斯地区展开各种人道主义重建任务。"② 在"整个世界都在看"的背景下，墨西哥政府要像以往那样镇压抗议活动的成本实在太高，会直接影响墨西哥的国际形象及国际社会对它的投资。对于马科斯而言，萨帕塔运动得到全球如此广泛的支持是意料之外的事，他指出："有许多人将我们放到了互联网上，萨帕塔主义能够占有一席之地，这在以前没有人想到过……"③

互联网不仅帮助萨帕塔运动传递消息，而且帮助他们建构"斗争的网络结构"，通过将世界各地同情他们的组织连接起来，互联网扩展了萨帕塔运动的范围。萨帕塔运动的支持者将互联网技术看作一个政治工具，通过它来组织超越地缘的政治社会运动，这在互联网技术出现之前不可想象。在这个意义上说，萨帕塔运动得到来自澳大利亚的支持比得到来自邻近国家危地马拉的支持，可能要容易一些，因为澳大利亚的公民更容易接近互联网。他们通过利用互联网赋予个人或组织一定的机会来建立支持萨帕塔运动的联盟，通过这些联盟可以加强支持者的信念。的确，在萨帕塔运动中富有创造性地使

---

① 卡斯特.认同的力量[M].曹荣湘,译.北京:社会科学文献出版社,2006:86-87.
② 苏彦斌.墨西哥的社会转型与民主化[M].台北:台湾国际研究学会,2006:131.
③ RUSSELL A. The Zapatistas online: shifting the discourse of globalization [J]. Gazette, 2001, 63(5): 399-413.

用互联网技术，为在世界范围内了解这一事件打开了一扇执政者想关也关不上的窗口，而这正是互联网给他们带来的政治机遇。

三、动员结构分析与前进网之案例考察

从动员结构方面来分析，互联网的出现降低了传递和接收信息的门槛以及政治参与的成本，让许多普通民众积极参与社会运动，并且促进了集体认同的建构。许多经验性研究证明，新媒体技术在社会动员方面有许多优势，尤其是在反全球化运动和全球反战抗议运动中，新媒体技术的动员优势更加明显，使得散落在全球各地的激进分子能够很快被动员起来，从多个方面以不同的方式同时采取行动。兰斯·班奈特（Lance Bennett）指出，互联网的使用模式影响了网络组织的特性，并且会影响组织成员的内部发展。①

互联网传播技术导致社会集体抗议机制发生了根本性变化，因为社会动员可能会起始于没有固定形态的组织。前进网（MoveOn.org）是进行反战运动动员的典型，且始终在社会最底层的草根层次运作。美国研究激进媒体与社会运动的学者约翰·唐宁（John Downing）指出，在美国，通过互联网进行政治动员，被人们广泛引用的两个例子是2003年前进网发起的反对入侵伊拉克的反战运动，以及2004年美国民主党参议员霍华德·迪恩通过互联网发起的竞选动员。②

1997—1998年，克林顿与莱温斯基性丑闻爆发后，布莱兹和博伊德夫妇（Joan Blandes & Wes Boyd）创办了"前进网"以反对两党弹劾克林顿。当时创办该网站仅花费了89美元，他们设置了一封在线请愿书，要求国会通过一个简单的公开谴责议案，但是来自社会的反应令人震惊。一个月内，有超过

---

① Bennett W L. Communicating global activism [J]. Information, communication & society, 2003, 6(2): 143–68.

② DOWNING J. Social movement theories and alternative media: an evaluation and critique [J]. Communication, culture & critique, 2008, 1(1): 40–50.

25万人在请愿书上签名,"前进网"招募到了2000多名志愿者,志愿者向政客们发放了20,000份报纸评论,向大约226名众议员呈送了请愿书上网复印文本。至1998年圣诞节,签名者达450,000人。前进网首次发动的网络动员初见成效,至2003年,前进网发展成为美国反战运动的动员网络。前进网与其他网上反战组织建立了反战联盟,传播反战信息,动员组织在122个国家同时举行超过3000人的烛光守夜活动,宣传现实世界的示威游行活动,2003年2月15日在全球数百个城市举行大游行。①

伊拉克战争打响后,前进网马上组织了大规模的跨国签名请愿活动。前进网在美国每一个州的会员都要求各自所在州的议员调查入侵伊拉克及大规模杀伤武器的真实情况,前进网的努力引发了美国上万人的反战集会。此外,前进网一直试图将网络激进主义与有意义的政治参与结合起来。2004年美国总统大选期间,前进网使用了新的抗争剧目,它给所有会员寄发了电子邮件,鼓励他们给选举人邮寄明信片、散发传单,或者利用家庭成员来反对伊拉克战争。

以互联网为信息聚散的动员方式与动员手段,从整体上改善了社会运动的动员结构。在时间维度上,互联网的信息即时传输功能,尤其是信息互动机制有益于社会运动的机动性动员和持续性动员,特别是在机动性动员方面体现了信息即时传播与反馈的灵活优势。在空间维度上,互联网跨越国家疆界的技术秉性,使得偏居一隅的社会运动能够获得社会资源和动员效果。因此,互联网形成的技术环境和社会环境,为改良社会运动的动员结构提供了坚实基础。

四、框架过程分析与西雅图抗议之案例考察

斯诺和班福特(Snow & Benford)认为集体行动框架是一个"阐释图式",

---

① 查德威克.互联网政治学:国家、公民与新传播技术[M].任孟山,译.北京:华夏出版社,2010:277.

它能通过在人们目前或过去的环境中，有选择地强调和解析目标、形势、事件、经验和行动序列，来简化和浓缩"那个社会"[①]。框架过程是培养集体共识的过程，也是一个认同建构的过程。集体认同的形成会极大地促进集体动员，在网络社区中一些组织和个人有时会排斥主流政治及其文化产品（如同性恋者），这些参与者通过网络集结起来，并逐步发展出他们自己的集体认同。

框架过程为社会运动参与者建构集体认同和参与集体行动提供了认知基础。新媒体技术让社会运动参与者能够很方便地建立自己的传播网络，也让他们的框架议程得以广泛传播。许多社会学者已经注意到在借助互联网的全球抗议运动中，互联网为运动激进分子提供了许多独立于传统大众媒介之外的重要信息。此外，利用新媒体技术，社会运动激进分子创办了"另类媒体"（alternative media）。"另类媒体"一般独立运作，通过水平参与实现自我管理，能够绕过传统"把关人"对媒体的干涉，这类媒体中最典型的是"独立媒体中心"（Indymedia），它是1999年在美国西雅图抗议世界贸易组织过程中成立的一个网络媒体组织，利用新媒体技术成功地表达了支持全球正义及媒介民主化运动的激进声音，挑战了主流媒体对反全球化运动及激进分子的传统报道框架，从而创造出运动激进分子自己的文化框架。

在"西雅图之战"中，从世界各地涌来的反贫穷激进分子、环境组织成员、妇女组织成员，以及支持第三世界发展的组织成员齐聚西雅图，发起了声势浩大的反WTO的社会运动。在抗议过程中，警察与抗议者发生了冲突且冲突逐渐升级，西雅图街头的抗议活动于是逐渐成为世界各大媒体报道的内容，但是大部分主流媒体只是狭隘地关注警察与抗议者的冲突，很少去探讨他们之间冲突的社会背景根源，尤其是西雅图当地的一些新闻媒体甚至拒绝报道有关抗议活动的新闻，结果大大减少了有关抗议活动的报道。于是，运动激进分子开始利用互联网技术来提供他们自己对抗议活动的目击报道。

---

① 塔罗. 运动中的力量：社会运动与斗争政治［M］. 吴庆宏，译. 南京：译林出版社，2010：147.

在西雅图的抗议活动中，独立媒体中心利用当时先进的开源软件技术让每一个运动参与者都可以自由发布消息，中心大约有400名志愿者报道抗议活动，他们都配备了手机和数字摄像机。与主流媒体相比，独立媒体中心提供了理解抗议WTO的另一种视角：自由贸易其实并不是公平交易，尤其对发展中国家而言这种不公平更值得考虑。

独立媒体中心的报道模式在西雅图取得成功之后，逐渐开始在全球扩展。至今已在全球六大洲50多个国家中有180多个网点，并且每一个网点都是自治的，都享有足够的自由来设置本地的报道议程。独立媒体的中心目标就是鼓励普通人记录下世界所发生的一切。作为一个媒体组织，它直接挑战了主流媒体的新闻报道模式，打破了传统媒体的等级化设置，任何人在此都可以自由地发表意见，张贴自己所写的新闻故事，他们是街头抗议的示威者，也是事件的记录者，并且参与了整个新闻报道的编辑发布过程。独立媒体中心创造了自己的信息生产与传播平台，由运动的参与者定义他们在媒体中的再现。这对于社会运动的框架过程而言无疑是极具理论与实践价值的巨大变化。

五、结语

从社会运动的角度讲，互联网是一个斗争场域，无论是保守力量还是激进力量，都试图利用互联网来实现自身目标。互联网不仅是一个散布社会不满的传播工具，更有助于形成新的社会群体，因此在互联网这个新的斗争领域内，国家和社会在实现各自利益时互相作用。法国社会学家阿兰·图海纳（Alain Touraine）指出："科学和科技本身具有正面作用，但运用它们的社会方式可能让它们具有负面作用……对科技的各种选择，首先是也主要是政治的选择，其效果则展现了各社会力量对比的态势。"① 因此，从未来的发展来看，

---

① 图海纳.行动者的归来[M].舒诗伟，许甘霖，蔡宜刚，译.北京：商务印书馆，2008：143.

在对待互联网与社会运动关系的问题上，互联网最终是否会促进社会运动，要视互联网所处的国家与社会的具体情势而定，要视互联网所处场域的国家力量和社会力量的博弈情况而定。但是不管怎样，互联网对普通公民的赋权作用确实存在，不管社会中存在多少以及什么样的限制性力量，原来处于社会边缘且沉默已久的大多数人已经作为行动者"重新归来"。

电报与互联网：传播技术和政治参与在中国的历史和现实[*]

——评《中国网络政治的历史考察：电报与清末时政》

一、引言

被译为中文版的《中国网络政治学的历史考察：电报与清末时政》其实只是英文版的半部书稿。该书的英文版书名为 Historicizing Online Politics：Telegraphy, the Internet and Political Participation in China，分为界限明晰的两个部分，"第一部分考察电报对清末数十年政治的冲击和影响，第二部分关注互联网自20世纪90年代末对中国政治的影响"[①]。

第一部分的研究，探讨的是电报与政治参与。这需要学术勇气，它要求研究者从历史文献中大胆探索与小心求证。事实也是如此，作者历时近5年研读《申报》及清末期间产生重要影响的其他报刊，来探寻电报与新闻出版、公共舆论、政治治理、民族主义、社会动员之间的关系，特别探讨了"公电"（public telegraph）作为一种独特的政治文体方式，如何在清末政治中演变为政治传播、操控和动员的重要手段。

---

[*] 本文原载于雷跃捷、陈卫星主编《中国新闻传播学评论：网络时代的传播格局》（中国传媒大学出版社2014年版），收入本书时略有删改。

① 周永明.中国网络政治的历史考察：电报与清末时政[M].尹松波，石琳，译.北京：商务印书馆，2013：5.

第二部分的研究，探讨的是互联网与政治参与。这需要学术慧眼，它要求研究者能够比其他同时代的人更早具有这个领域的问题意识。这本书的英文版由斯坦福大学于 2006 年出版，但其研究构想始于 1997 年，彼时的中国，只有 100 万人左右能够接触到互联网。直到该书写作完成时的 2003 年，中国也不过 8000 万互联网用户，与当下 6 亿多网民的盛况相差巨大。也就是说，在研究启动之时，现实还不够丰富。作者通过 1999—2002 年的四次田野调查，以案例研究来描绘网络政治参与的诸多面相和形式，如中国民间网络政治写手、知情的民族主义、在线权力协商、权力与互联网发展等。

无论是在发达国家还是在中国，电报与互联网都是具有较长历史时间差距的信息传播技术，两者的发明与应用相距一个多世纪。但是，两者跨越地理空间的技术秉性是相同的，两者对社会影响之巨大也是相似的。正因如此，作者通过采取"迂回"方式的历史考察与现实比较，展现了信息传播技术与中国政治参与之间的关系，"电报和互联网对中国社会最深远的影响在于帮助政治变成一种在中国历史上前所未有的公共事务"①。

二、电报的清末际遇与历史参照

根据作者的研究，自 1852 年有关电报的知识传入中国到 1881 年年底中国电报总局营运服务，中国费时 30 年之久才接纳电报。从"奇技淫巧"的贬斥到"破坏风水"的忧虑，从技术低估到控制担忧，从利益关切到政治胆怯，电报在中国被接受的过程漫长、艰难而时有历史反讽意味。不过，一旦成为既成事实，电报作为新传播技术的威力便迅速在中国蔓延。

首先，电报促进了报纸的快速发展与发挥功用。相较于电报在世界新闻史上催生了大型通讯社的诞生，电报对于中国新闻史的影响滥觞于对报纸的促动作用。与快马加鞭的传统信息传递方式相比，电报在传递信息的速度方

---

① 周永明. 中国网络政治的历史考察：电报与清末时政 [M]. 尹松波，石琳，译. 北京：商务印书馆，2013：15.

面是无可争议的新科状元。速度提升使得报纸的信息收取更为容易和便利，时效性的提高则加速了公共生活的即时反应，同时提高了报纸的政治与社会影响。"在电报之前，政治消息从北京到上海要花一周左右的时间。自津沪电报线于1881年年末开通后，所需时间缩短到二至三天。报纸非常热衷于利用这种新技术。"① 报纸借助电报技术，可以提供越来越丰富的经济新闻、社会新闻和政治新闻，进而提高了形塑公共舆论的能力。

其次，"公电"的产生使得民间的政治参与显性化和频繁化。按照作者的解释，"公电"又称"通电"，是指以众多的受众为目标的一种电报，通常由明码电报拍发，或者刊载在报纸上，公开发表对某一问题的特定立场、观点或声明。第一批公电在1895年刊于《申报》，是台湾民众集体表达对清政府在《马关条约》中割让台湾的泣血悲情和"义不臣倭"的决心。此后，公电越来越多地被用于政治表达和政治参与。在清末的政治风云变幻中，无论是保皇派，还是立宪派，都借助公电申明自己的立场和主张，施加社会影响。在中国王朝历史上最难能可贵的变化是，不掌握权力的民间力量可以通过公电的形式表达政治不满和政治态度，从而影响"居庙堂之高者"。这与街谈巷议均论国是的"假政治参与"或"准政治参与"相比，是历史的大进步。

最后，作为政治参与的突出例证，公电的使用，与清末的民族主义动员紧密相连，在外忧内患之时，强化了中国共同体。从反对美国的《排华法案》到要求清政府拒绝与美国续订新约，从呼吁抵制美货再到要求收回英国人手中的苏杭甬铁路修筑权，电报都发挥了巨大作用，通过影响公共舆论，将公众的情绪调动起来，进而令官员有所忌惮，决策时考量的要素增加。

三、互联网的历史性机遇与当代境况

与电报的历史际遇相比，互联网作为新信息传播技术在中国被接受的历

---

① 周永明.中国网络政治的历史考察：电报与清末时政[M].尹松波，石琳，译.北京：商务印书馆，2013：67.

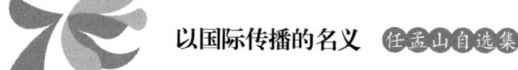

史过程,绝对称得上是一出喜剧。从经济发展和参与世界信息经济竞争出发,以及以经济绩效提升社会发展的政治考虑,都使得互联网在中国的发展获得了较好的社会机遇和政治期待。但是,由互联网引发的政治参与和公共舆论,或许是决策者当初决定快速发展互联网时所没有想到的。互联网这种新信息传播技术的发展结果显示,其威力不仅在于通过其经济秉性带来的庞大产业,以及由此引发的整个经济增长方式和经济组织管理方式的变化,还在于通过其媒体秉性带来的舆论爆炸,以及由此引发的对权力机构及其行为的压力,以至于影响惯有的权力产生模式和权力运行模式。

在本书下半部分的讨论中[1],作者通过观察和田野调查,讲述了一些颇有趣味且具有典型意义的人和故事。他们都是政治参与的网络案例。作者的访谈对中国政治理念光谱中的左右人物均有涉及。无论是处于知识分子边缘人群的网络写作,还是体制内外精英群体的知识讨论,以及知情者——这些人见多识广——建构和拓展的民族主义叙事,都在以身体在场(为辅)和文本叙述(为主)来进行政治参与。

自互联网的舆论影响蔓延,就开始不断有人讨论互联网与政治参与之间的关系,乐观者多从技术进步主义出发,认为"不强大的群体可能借此提升声音能力,他们的呼声曾在报纸与电视中缺席"[2]。"在中国复杂的媒体环境下,人们并不是'被俘虏的观众',而是'熟练的行动者'。"[3] 但是,注重政治与社会分析的研究者则提醒"当我们分析公民与国家之间的关系如何通过网络得以改变时,我们应该牢记新的政治实践不可能突然凭空出现,它是建立在过去打下的基础之上的"[4]。

虽然互联网的政治与社会管理无所不在(这不仅存在于中国,也存在于

---

[1] ZHOU Y. Historicizing online politics: telegraphy, the Internet, and political participation in China [M]. Stanford: Stanford University Press, 2006.

[2] 查德威克.互联网政治学:国家、公民与新传播技术[M].任孟山,译.北京:华夏出版社,2010:7.

[3] 杨国斌.连线力.中国网民在行动[M].邓燕华,译.桂林:广西师范大学出版社,2013:4.

[4] 查德威克.互联网政治学:国家、公民与新传播技术[M].任孟山,译.北京:华夏出版社,2010:63.

美国），但从现有的发展境况而言，互联网在中国带来的政治参与变化，确实有目共睹。郑永年认为，第一，互联网对国家和社会都进行了赋权；第二，互联网的发展产生了分权效果，即使存在数字鸿沟，也使得社会各个阶层从中受益；第三，互联网为国家和社会靠近（或摆脱）对方创造了一个新的基础结构，成为开展政治的一个新论坛；互联网在国家和社会之间创造了一种递归关系，相互改造二者之间的互动。① 这些论断，可以在一定程度上解释中国政治与社会背景下的互联网发展的势能与动能。

四、传播技术和政治参与的中国路径

技术与政治（社会）的关系讨论是一个经久不衰的话题和问题。社会经验与政治实践在两个方面都有证明：信息传播技术影响和形塑了政治参与的方式、力度、烈度，从报纸到广播，从电视到互联网，莫不如此；政治制度架构与权力运行方式决定着信息传播技术带来的政治参与的模式、广度、深度，从中国到美国，从中东到拉美，式样有所差异，但经验俱在。

就这本书的行文和理念而言，作者更倾向于政治社会的决定因素，他不止一次地提醒读者："本书的关注重点不是技术，而始终是人类行为的主体性。正是以创造性方式在特定的历史条件下使用这些技术的人，让现代中国的政治更具有公共性，而非技术性独力使然。"② 确实，高估和低估技术因素都有学术风险。

不过，互联网引发的政治参与，相较于发达国家，在中国引起的社会影响和社会想象更为强烈和高远。显然，这与中国现有的政治与社会背景相关，越来越多的事实已经证明，互联网越来越成为政治背景中的政治化技术。但这并不意味着网络政治参与的消失及其功能丧失，因为互联网在政治背景中

---

① 郑永年.技术赋权：中国的互联网、国家与社会［M］.邱道隆，译.上海：东方出版社，2014：11–19.
② 周永明.中国网络政治的历史考察：电报与清末时政［M］.尹松波，石琳，译.北京：商务印书馆，2013：15.

作为社会化的技术也足够强大。

从某种意义上讲，这是渐进主义理念的表现。它意味着，我们不能仅仅着眼于终极目标到底还有多远，或者多么美好，而是要将眼光放在纵向的历史比较上，看是否有进步，或者是否距离目标更近了一些。或许有些人并不认同或者不甘心认同这个理念，但这是当下和短期内可以看到的事实。甚至可以说，这就是互联网在中国当下的境况，它隐喻着传播技术与社会参与之间的中国路径：传播技术在政治社会参与中的使用多一点还是少一点、作用大一点还是小一点，取决于普罗大众与网络管理的互动博弈。

五、结语

在近现代中国的历史进程中，德先生和赛先生作为西方来客，虽然在中国被安排的象征位次等同，但受到的真实礼遇却一直有着巨大差别。这在当代中国更为凸显，互联网的发展就是一例。电报作为新信息传播技术的采用与发展，受制于当时清朝末期半殖民状态，在初始阶段受到了西方帝国的各种压力；等到引进和发展互联网这种新信息传播技术时，则是中国力图赶上世界潮流唯恐被西方发达国家落在后面，已经完全是另一种景象。

不过，与报刊、电报、广播、电视等信息传播技术不同的是，互联网是唯一一种在共和国成立之后诞生的信息传播技术，这意味着没有评估其政治能量的历史经验和有效工具，还意味着没有可资参照的信息管理模式与方式。于是，互联网的政治参与在中国呈现出爆炸状态，群情涌动，但很快就吸引了舆论调控、舆论引导、清洁互联网等。可即便如此，不论是个人还是机构，都再无可能绕过互联网，忽视网络舆论与网络参与将会损失其合法性。"正如某些主要的思想家在论述权力时所指出的，依据我们的历史经验，这个世界的社会权力来源——暴力与话语、强制与说服、政治控制与文化框架——并没有发生根本性的改变。但是，权力关系运转的地形图已从两个重要方面发生转变：主要围绕全球与地方的接点构建权力；主要围绕网络（networks）而不是个体单元来组织权力。……网络社会的权力是传播权力（communication power)。"① 从这个角度讲，互联网的政治参与就是传播权力在当下中国的体现，正如作者所说："互联网肯定会继续被中国人用以拓展政治参与的空间，但在未来的年代里何种政治将是他们关注的焦点。"② 结合目前的中国社会现状与社会舆情，作者这句写在近十年之前的结语好像并没有过时。

---

① CASTELLS M. Communication power [M]. Oxford: Oxford University Press, 2013.
② 周永明. 中国网络政治的历史考察：电报与清末时政 [M]. 尹松波, 石琳, 译. 北京：商务印书馆，2013：200.

媒介技术变革时代的新闻传播教育*
——从中国传媒大学研究生教育综合改革谈起

2020年8月3日，中国传媒大学召开研究生教育会议，涉及招生考试、培养管理、学位授予、导师评聘、质量监控、学科设置等事项的重大改革。会议经媒体报道，不仅被兄弟高校广泛关注，也被整个社会广泛关注。究其原因，一方面，这是7月29日全国研究生教育会议召开之后高校的第一场研究生教育会议；另一方面，这是一次系统性、综合性、全面性的研究生教育改革，不折不扣地落实了党和国家对研究生教育的要求。

从学科门类上讲，中国传媒大学涵盖文、理、工、艺、管、法等门类，改革也是针对所有研究生的，但是，由于被社会广泛认知的是"传媒"二字，因此很多人都会将其与新闻传播学联系起来。加之最近有关新闻传播学方面的诸多信息：清华大学新闻与传播学院2020年起停止本科招生，南京大学2021级不再招收全日制新闻与传播专业硕士，中国人民大学新闻学院2021级新闻与传播专业硕士全日制仅招收推免生源、统考阶段仅招收非全日制定向就业生源，等等，促使教育界和社会各界开始重新审视和思考新闻传播教育。作为中国传媒大学研究生教育综合改革的全程参与者和执笔人之一，我先择其要论述一二，再谈谈我对新闻传播教育的看法，就教于各位方家。

---

* 本文原载于《青年记者》2020年第28期，收入本书时略有删改。

一、改革的逻辑与实施的路径

从研究生培养的角度讲，改革的目标是提高研究生培养质量，逻辑起点在于研究生入校之后如何培养。一般而言，研究生培养主要包括课程学习和科研训练。这两项任务的完成，主要目标是学位论文的撰写和答辩。但是，完成课程学习和科研训练并不能保证完成学位论文的撰写和答辩，更不能保证高质量的学位论文撰写和答辩。借鉴中西高校的重要经验，中国传媒大学首次建立基本文献阅读制度，并且在数量上加以规定，要求博士研究生基本文献阅读量不少于 150 种，其中著作不少于 50 种；学术学位硕士研究生基本文献阅读量不少于 80 种，其中著作不少于 30 种；专业学位硕士研究生基本文献阅读量不少于 60 种，其中著作不少于 20 种。从目前已经制订汇总出来的基本文献目录来讲，部分专业的数量高于学校要求，而且著作类书目远超最低数量要求。

此项改革的理念是夯实研究生的培养起点。建立基本文献阅读制度，并不是说原来对研究生没有阅读基本文献的要求，而是以前主要依赖学院级别的研究生培养单位或者导师的规定，缺乏学校层面的整体要求与设计。在本次制度设计中，基本文献包括基础文献和专业文献，基础文献是指至少在一级学科层面的文献。例如，在中国传媒大学，新闻传播学一级学科包括新闻学、传播学、广告学、广播电视学、传媒经济学、编辑出版学等目录内二级学科和增列二级学科，还有些交叉学科，所有这些二级学科的博士研究生都需要阅读基础文献，是共同的文献要求；专业文献则是二级学科的文献要求。

其逻辑在于，不管一级学科下面有多少个二级学科，都应该在学科归属上有学科意识，知道二级学科的来源。向上亦是同样的道理，即一级学科应该知晓和体现门类归属，如新闻传播学和中国语言文学同属文学门类。事实上，我国部分高校的新闻学院或者新闻与传播学院，就是从文学院或中文系发展起来的。从这个意义上讲，文献目录涉及更广泛的内容自然顺理成章。

不仅如此，基于学校的学科分布和传播技术加速推进的双重背景，我们

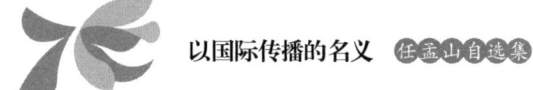

在制订基础文献目录时,事实上是跨门类的,即人文社科的博士生基础文献目录中应该有技术类和技术哲学类的反思性文献,理工科的博士生基础文献目录中应该有人文社科的经典文献。举例而言,《乡土中国》这样的文献几乎可以开列在所有学科或门类之中,《技术与文明》亦如此。价值理性和工具理性应该是一体性的,不能偏废或人为分离。所谓学科交叉或学科融合,在最基本的文献设置上就应该有所体现。如果从本文论述的主题来讲,基础文献的内容设置,考虑到了技术变革的社会背景,也考虑到了技术加速时的人文与社会关怀。

这看上去很美:建立基本文献阅读制度,厚植研究生培养基础,为其后续进入学位论文工作环节储备基本的学术文献积累。但是,从培养管理的角度上讲,如果缺乏制度性的检测机制,这样的规定就会有一纸空文的风险。因此,中国传媒大学对博士研究生设置了"博士候选人资格考试"环节,对硕士研究生设置了"硕士生基本文献考试"环节,由全校统一组织,培养单位具体实施。考试不通过不能进入学位论文工作环节,在其有效修业年限内,每人有三次考试机会,三次均不能通过者,终止培养或实施分流。也就是说,这既是对基本文献阅读的检验环节,也是进入学位论文工作的前置环节。

对于博士培养而言,我们借鉴了西方国家的研究生培养流程之经验:博士培养分为三个阶段,"博士"被录取后只是 Ph.D Student(博士生);通过了"博士候选人资格考试",进入学位论文阶段,被称为 Ph.D Candidate(博士候选人);通过了学位论文答辩,培养过程结束,被学校授予博士学位,才是去掉了所有后缀,成为真正的 Ph.D(博士)。这一点,大家从西方国家在读博士生的名片中可以非常容易地判断出其所在培养阶段。这是博士培养过程的正常逻辑和节奏,即根据培养阶段的学识和学术水平来确定其身份,而不是一进学校就是"博士"。

二、学硕生的理论与专硕生的专业

学术硕士研究生与专业硕士研究生的区分并不是每个国家都有,这有我们国家研究生教育发展历史的特殊性。有些国家的硕士生教育是一种职业教育，如美国哥伦比亚大学新闻学院，以及英国一年制的课程硕士。在我们目前的机制中，可以大概理解为学硕生偏理论教育，专硕生偏专业教育。学硕生的毕业要求跟博士生在形式上是一致的，即具有理论含量的学位论文，是同一把尺子衡量，只是长度和高度不同，教育主管部门都有抽检要求；专硕生毕业的形式要求则更为丰富，包括新闻作品、设计作品、案例、展演等符合本专业领域的形式，毕业标准更为多元化。

学硕生和专硕生在培养方向和就业导向上的差别，学术理论与专业实践的区分，意味着培养方式和招生方式也不会一样。以培养过程中的导师为例，学硕生的导师一般都是1位，而专硕生在不少学校是"双导师制"，是1+1，即1个校内导师、1个业界导师；中国传媒大学这次改革则实行了"专硕导师组"，是1+1+1的方式，即1个专硕导师、1个学硕导师、1个业界导师，专硕导师是导师组负责人。此外，中国传媒大学还专门设置了专硕导师的评审办法，不管是导师资格评审的条件，还是导师聘任的条件，都更注重其业界经验和实践业务能力。在招生方式上，学硕生都是全日制，没有非全日制；专硕生则两者兼具。中国人民大学在新闻与传播专业硕士统考阶段仅招收非全日制定向就业生源和南京大学不再招收全日制新闻与传播专业硕士，都是专硕生招生方面的改革，其逻辑是一致的，加强专硕生的专业实践性，更为重视培养应用型人才。正是从这个意义上讲，专硕生的毕业形式一定是，也必须要多元化，才能充分展示其实践导向。中国传媒大学的改革也是如此，各研究生培养单位在专硕生培养中，可以更多地结合本领域的特点加以确定基本文献，以及基本文献考试的方式和内容。

在中国传媒大学这次改革中，整体上而言，从培养环节到学位环节，对学硕生和专硕生都做了区别，改革定位是"分类培养"。两者均是从最后毕业的形式和标准来倒推培养管理机制和学位工作机制改革。例如，在课程设置上，学硕生更注重以历史、理论与方法为核心的课程设置，专硕生更注重以提高实践课程比例、加强案例教学为核心的课程设置。前者更注重学术训练，后者更注重实践导向。当然，这不意味着学硕生课程中完全没有实践成分，也不意味着专硕生课程中完全没有理论成分,两者有交叉所在,只是侧重点不同。需要指出的是,在传播技术加速变革的媒介生态中,有不少其他专业的学生加入了新闻传播学领域的学习,这是新闻传播的社会泛化的结果,也是推动整个社会更懂新闻与传播、提高媒介素养的良好路径之一。

事实上,技术变革在每个时代都从未缺席,如果在适用媒体的意义上看技术演进,从印刷术到电报,从无线传输到直播卫星,都深刻地影响到了媒体业的发展及其速度。在新闻传播教育成建制存在于大学校园之后,传播技术的变革自然也会影响到其教育理念、教学方式、教师队伍等方面。当下信息传播技术的变革,造成了媒体形式的加速度变化,媒体生态也随之发生了结构性变化,反映到大学校园中的新闻传播教育中,是自然而然的过程。不过,我们在一般意义上讨论新闻传播教育时,其实主要指的是本科层次教育,这是更为基础性的教育,关涉面更广泛,即使在最直观的本科生与研究生的规模对比上,也可见一斑。本科教育是中国传媒大学目前正在全力推进的改革内容。

三、新闻传播教育的博雅、知识与技能

从严格意义上说,新闻学教育和传播学教育应该分开来讲,鉴于高校的实际教育情况和就业出路的高概率同一性,也为论述方便,在这里不做区分,一概而论。况且,从本质而言,不管是新闻学教育还是传播学教育,都不比其他学科的教育更特殊,其涵盖内容应该分为博雅教育、知识教育与技能教育三个部分。

博雅教育(Liberal Arts Education)在当下的社会中有很多名称,如素质教育、通识教育、通才教育等,不过,这些名称所指的内涵具有相当程度的一致性。博雅教育旨在培养学生成为一个品格健全、品德高尚、洞悉事理、具有公民参与精神的"全人"(Whole Man)。博雅教育是启迪心智、点亮心灯的智慧教育,能够激发一个人的生命活力,鼓励一个人作为公民参与公共生活,通过训练让一个人具有缜密的逻辑思维,以及清晰的表达能力。有些课

程看上去是"无用之学",其实是作为个体终身受益的内容。现代社会的博雅教育,是古典教育与现代教育的结合,自古希腊传承而来的文法、修辞和逻辑内容被包含其中,也有哲学、历史以及当下社会的议题。但是,不管内容变动几何,对于新闻传播教育而言,要培养的是学生对公共事务的关心、关注,对"真善美"与"假恶丑"的辨别能力,对事实真相的追逐精神和分析能力。

知识教育基本上可以被理解为专业教育,即新闻传播在公共生活和个人生活中具有什么样的作用?扮演什么样的角色?媒体人作为专门收集、辨识、编辑、传播信息的工作者,应该具有什么样的职业精神?遵循什么样的职业伦理?新闻人在资本和权力的单个或双重场域中,应该如何坚守自己的理想?新闻传播具有哪些理论?这些理论有哪些优点和局限性?新闻传播理论与其他理论之间是什么关系?……所有这些构成了新闻传播的知识教育内容,需要超越专门知识的是,新闻传播作为培养关注公共事务的媒体人的基本专业,需要提供政治学和社会学这类理解权力运行和社会运转的基础知识。这些知识不是新闻传播类知识,但从某种意义上讲,它比新闻传播类知识更重要。

技能教育在高等教育中不应该是主流,至少不应该是那些有着高社会声誉的大学的主流。如何使用摄像机?如何制作短视频?如何编辑视频?如何让声音更好听?如何让公众号有更多粉丝?……实事求是地讲,这些内容需要但绝不应该是主要内容,不然跟技术学校没什么区别。培养社会和公司需求的"熟练工",不应该是新闻传播教育的培养方向,更不应该是高等教育的培养方向。

高等教育的培养方向是让学生有学习能力和自我更新的再学习能力,是培养其终身学习的习惯和能力,博雅教育和知识教育的目标是让学生具有在技术变迁中的迅速适应能力,这种适应既包括使用,也包括掌握。技能教育形成的"上手快"在传播技术日新月异的背景下,如果"后劲不足"就会存在被淘汰的高风险。在"智能传播""数据新闻""可视化新闻""融合新闻"等各种新名词震天响的当下,新闻传播教育更应该保持定力,不能迷失在技能教育之中。我们不是无视技术变革带来的新闻传播业的结构性变革，而是要知道新闻传播教育的根本目标是培养那些有辨识能力、有分析能力、有人文情怀、有社会关怀、有公共服务精神的媒体人。

即使有些学生毕业后没有进入媒体工作，也并不妨碍新闻传播教育的方向。需要清楚的是，不是只有新闻传播教育才能培养出社会所期待的媒体人，也不是只有新闻传播教育才能培养出媒体所需要的新闻人；相反，不少媒体在招聘时，都很重视新闻传播专业以外的学生。政治学、社会学、历史学、经济学等专业的学生，甚至在很多时候比新闻传播专业的学生更容易进入媒体。从这个意义上讲，清华大学新闻与传播学院停招本科不需要大惊小怪，不是每个专业都需要本科教育，也不是每个学校都需要新闻传播的本科教育。不同的学校有不同的定位，才会有百花齐放的精彩。

如果从学科发展来说，政治学、社会学、心理学是传播学诞生的基本学科，是这些学科的名家到当时还没有被称为"传播学"的领域，或发表文章，或出版著作，或钻研相关课题，逐步催生了这么一个学科的建立。换言之，传播学的教育并非无可替代，新闻学亦如此。这不是妄自菲薄，而是从逻辑上讲，很多衍生性学科均是如此。要知道，学科作为社会权力和教育权力的建制结果，并不全是学术逻辑的结果，事实上，到现在为止，传播学的边界到底在哪里依然是个未知数。

从这个逻辑上讲，当然也就不必惊诧于新闻传播专业毕业学生的去向五花八门，因为其学习内容和研究内容本身就五花八门。从服务于社会整体性发展的角度而言，这绝对算得上是好事，毕业生不是局限在媒体一域，而是扩散在每个社会角落，成为提高信息辨识度、推动社会进步的动力。实际上，这恰恰证明了新闻传播教育的公共价值，能够在公共生活中持续地发挥作用。

四、结语：新闻传播的学界与业界

讨论新闻传播教育，除去在院墙内的高校改革与努力之外，其实还有一个非常重要的问题，即新闻传播共同体的建设，是新闻传播的学界与业界的共同体。新闻传播共同体是包括学界与业界在内的专业共同体，不仅对新闻传播教育，也对新闻媒体发展具有重要的意义和价值。不过，就目前的发展阶段而言，新闻传播的学界与业界需要有更多的交流、对话、认知、理解。以我在媒体工作的有限经验和在高校工作的有限认识来看，新闻传播的学界与业界在当下还存在着不少隔阂与隔膜。有些时候，业界不认为学界有什么高深的学问，甚至认为"无学"，而学界不认为业界有什么高能的本事，甚至认为不过是"技巧"，两者缺少足够的沟通机制和基本的承认机制。

应该说，基于社会机制的基本安排，对新闻传播机构的体悟和对新闻传播教育的理解，在场与不在场具有不少差别。不过，还不至于说"不在场"就完全无法洞悉新闻传播机构的运行，也不至于说"在场"就无法认识新闻传播教育的内容。一方面，两者需要认识到各自的社会定位和职责所在，相互认可对方的功能与效用，理解学生在校教育与具体工作的差别；另一方面，可以探索常规性的相互承认机制，虽然这牵涉的层面和范围更广，但不是根本不可能之事。之所以谈及这个问题，是因为新闻传播教育的完善与完整，需要新闻传播学界与业界的共同参与，国外经验提示我们，以学界的游戏规则不能解决业界参与的动力机制，但可以通过不同的身份安排来让业界更深入地参与新闻传播教育，共同为培养具有公共精神的学生作贡献，反之亦然。毕竟，理论性和实践性在新闻传播教育中兼具。

中国式现代化与国际传播人才培养*

讨论中国式现代化与国际传播人才培养之间的关系，首先要讨论中国式现代化与国际传播之间的关系，确定两者的各自内涵，厘清两者之间的关系，才能确定国际传播人才培养到底需要遵循什么样的理念、选择什么样的路径、着眼于什么样的目标，才能既服务于中国式现代化发展，又游刃有余于国际传播。

一、国际传播是"中国版中国故事"与"西方版中国故事"的竞争

在国际话语权的意义上就中国故事的讲述而言，国际传播是"中国版中国故事"与"西方版中国故事"的竞争。长期以来，"西方版中国故事"占据着国际传播的主导地位，在国际舆论中发挥着强大影响力，从"满大人"到"中国龙"，中国的形象基本上都是由西方主要发达国家的媒体来定义的。对于"中国怎么样""中国共产党怎么样"之类的本土性问题，中国媒体说了不算，西方媒体说了才算，"中国版中国故事"讲了不可信，"西方版中国故事"讲了才可信。因此，国际传播中的讲故事是一种定义权，这种权力将"他者"与"我者"分开，将"他者"按照自己的框架和结构来定义其传播形象。"西方版中国故事"定义中国以及中国形象的权力来源主要有以下三个方面。

---

* 本文原载于《青年记者》2023年第8期，收入本书时略有删改。

首先是西方主要发达国家自身的"硬实力"。西方主要发达国家在国际政治中的霸权地位、在世界经济中的优势地位、在全球军事中的领先地位，能够为自己的媒体机构的国际传播进行国家背书。这种背书分为无形和有形两个方面，无形的方面是指发达国家的媒体机构与国家实力的同构性，在国际传播中顺理成章地占据了高阶位置；有形的方面是指发达国家的媒体机构和新闻记者可以在西方进行政治军事行动时，获得进入其他国家的优先权，在信息采集与传播方面获得首发权。

溯至帝国殖民时期，西方国家的媒体机构曾依据国家实力进行"信息领地"的地理划分。1870年，英国路透社、法国哈瓦斯社和德国沃尔夫社三方签订了"联环同盟协定"；美国此时处于实力上升期，纽约新闻联合社也参加了该协定，又称"三社四边协定"。以此，世界被划分为四大信息势力范围，每家通讯社负责其势力范围内的新闻采访与发布，然后互换新闻。几乎与殖民地势力范围相同，老牌帝国和新兴美国共同分割了"信息领地"。这种做法虽然伴随国家实力变化和国际政治变革没有重现，但是西方主要发达国家，特别是美国在出兵阿富汗、伊拉克、叙利亚等国家时，西方媒体依然具有伴随优势并定义被入侵国家的形象。

其次是西方主要发达国家媒体自身的强大及其新闻生产能力。在全球媒体实力排行榜上，前五十名跨国传媒集团中，绝大多数来自西方主要发达国家，特别是母国是美国的传媒集团占据了半数以上。西方媒体的信息传播在世界上也占据绝对优势地位，特别是美国媒体。即使到了平台媒体时代，也依然如此，除了来自中国的个别平台型传播机构，具有全球影响力的平台型传播机构几乎都来自美国。

此种局面的形成并非始自今日，第二次世界大战之后不结盟国家发起"世界信息传播新秩序"，就是因为发现了全球信息传播存在着严重不平衡，信息传播平台集中于少数几个国家，绝大多数国家被迫接受中心国家信息，不得不通过其传播的信息理解对方乃至自身。信息传播在实际状态上延续了殖民主义时期的依附与主导关系，西方发达国家具有定义其他国家形象的话语权力，不结盟国家追求世界和平正义以及国际经济新秩序的努力，要么被国际新闻界低调处理，要么被误读和诋毁。

最后是西方主要发达国家强大的知识生产能力。这是西方国家及其媒体拥有定义权的最根本来源。了解和理解中国的概念和知识体系，一方面来自"西方汉学家"，其对中国的解释影响着西方媒体对中国的解释；另一方面来自其他学科的学术概念与理论生产。"中国威胁论""中国崩溃论""中国责任论""中国新殖民主义""新版马歇尔计划"等各种"唱衰中国"和"唱歪中国"的不实论调，不仅是媒体戴着有色眼镜的报道，更是西方学术界不断推陈出新的概念与理论生产，为解读和阐释"中国怎么样""中国共产党怎么样""中国向何处去"提供了绵延不断的新话语体系。

面对这种状况，我们不能期待"西方版中国故事"会有迅速转变，而应该着力推动"中国版中国故事"的国际传播，向世界更多地传播中国，让世界有更多的机会了解中国与理解中国。我们进行国际传播的基本诉求是让世界认识一个真实、立体、全面的中国，了解而不误解中国，正视而不臆测中国，平复中国在实践层面与象征层面、"西方版中国故事"和"中国版中国故事"之间的中国国际形象和国际话语权上的落差。

二、中国式现代化与国际传播的"中国版中国故事"

党的二十大报告指出："从现在起，中国共产党的中心任务就是团结带领全国各族人民全面建成社会主义现代化强国、实现第二个百年奋斗目标，以中国式现代化全面推进中华民族伟大复兴。"从国际传播的意义上讲，中国式现代化让"中国版中国故事"具有了纲领性框架，能够引领"中国版中国故事"的内容整合和概念逻辑。当然，中国式现代化也为"中国版中国故事"提供了新的讲述内容，赋予了"中国版中国故事"更多含义与意义，为讲好中国故事提供了基本指导。

中国式现代化给予国际传播的"中国版中国故事"纲领性框架。不同于结构性框架，纲领性框架是给"中国版中国故事"提供了具有引领性质的终极方向，并以此来设计其中需要的基本架构与内容安排。戈夫曼脉络下的框架理论认为,"框架指的是人们用来认识和阐释外在客观世界的认知结构,人们对于现实生活经验的归纳、结构与阐释都依赖一定的框架,框架使得人们能够定位、感知、理解、归纳众多具体信息"。笔者讨论过基于经济、政治、文化、社会和生态文明五方面的考量,构建起中国国际传播的象征框架,可以使得"中国版中国故事"在国际传播场域运用更多象征,从而有效指代中国现实,针对中国内部现实和外部传播环境提炼出中国作为"全球经济贡献者""国际政治合作者""文化多元支持者""社会治理创新者"和"生态文明推动者"五重象征元素,形成一个具有国际社会"通约性"的符号体系,建构起中国国际传播的"一体"象征框架。[①] 现在看来,中国式现代化作为一个统合式概念,可以更清晰地表达在"中国版中国故事"意义上的中国国际传播的象征框架,因此,它是一个纲领性框架。

中国式现代化丰盈国际传播的"中国版中国故事"讲述内容。党的二十大报告指出,中国式现代化是中国共产党领导的社会主义现代化,既有各国现代化的共同特征,更有基于自己国情的中国特色。中国式现代化是人口规模巨大的现代化,是全体人民共同富裕的现代化,是物质文明和精神文明相协调的现代化,是人与自然和谐共生的现代化,是走和平发展道路的现代化。这些论断及相关论述,极大地丰富了"中国版中国故事"的内容讲述视野和思路,"中国式现代化"的五个方面相当于为"中国版中国故事"划定了五个内容池子,并且其中包含了思想路径和论辩原理。

中国式现代化赋予国际传播的"中国版中国故事"全新意义。不管是国家战略意义上的"加强国际传播能力建设,讲好中国故事",还是学术讨论意义上的在国际传播中讲好"中国版中国故事",都是中国现实在国际传播场域中的意义输出。讲故事最终不可避免地要寻找意义、讲述意义和探讨意义。"中国版中国故事"要向国际社会讲述我们"何以中国"以及"中国为何",我们的行动与道路之意义在哪里。长期以来,西方发达国家特别是美国,从 20 世

[①] 任孟山,陈强."五位一体"与"中国版中国故事":中国国际传播的象征框架[J].现代出版,2022(3):21-29.

纪70年代与中国关系走向正常化开始，美国就在幻想通过美国力量的影响，扩大中国的开放，使中国最终被纳入美国的政治轨道。事实证明，这只是"美国的想象"，中国的发展走出了一条与美国不同的道路，并因此而壮大起来，但造成了美国的不适以及不适应。[①] 在中美交往中，美国从来都是在构想美国如何影响中国，而没有构想中国如何影响美国。"西方第一中国通"费正清先生早就指出："在我们继续塑造我们自己在中美关系中的形象时，有一件事是可以肯定的：我们的想法总是偏袒自己这一方面。……我们必须越来越深刻地认识到，中国人的生活极愿由自己来满足自己，我们自己完全没有能力改变那种状况。"[②] 我们需要向国际社会讲述自身行为的合法性与意义，讲述为什么各个国家不需要也没必要必须走同一条道路，中国式现代化让"中国版中国故事"具有了典型意义，并让整个国际社会看到了国家发展并不止一条道路。

整体而言，从国际传播的角度出发，"中国式现代化"的提出，为国际传播的"中国版中国故事"注入了新内容、新意义、新目标，在与"西方版中国故事"的竞争中有了新坐标、新框架、新指引。

三、中国式现代化与国际传播人才培养

在讲好中国故事的意义上，从让"中国版中国故事"较"西方版中国故事"更有竞争力的角度出发，中国式现代化对国际传播人才培养的要求，根据不同的人才层次，至少分为知识生产与故事生产两个方面。

在知识生产层面，我们要具有描述自身的定义权，打造能够涵纳社会现实的概念，建构具有解释力和说服力的理论体系。从国际传播人才培养来说，这主要是博士研究生要努力去完成的任务。从建构中国自主的知识体系的意义来说，这属于建构自主的哲学社会科学学科体系的组成部分。建构自主的哲学社会科学学科体系，是回答好中国之问、世界之问、人民之问、时代之

[①] 任孟山.新世纪美国地缘政治心理学："美国总是第一"在走向历史的终结——评《中国赢了吗——中国对美国优先的挑战》[J].当代中国与世界，2021（1）：118-124.
[②] 费正清.美国与中国[M].4版.张理京，译.北京：世界知识出版社，2006：434.

问的需要，是让世界更好读懂中国、理解中国的需要，也是向世界说明中国、解释中国的需要。对此，当然不能只集中在新闻传播学这个一级学科，甚至不能只集中在某个学科门类上，而是要分散在哲学、社会学、政治学、文学等诸多学科门类上。反观西方发达社会，特别是美国关于中国的知识生产，分布在各个学科上，所谓汉学只是其中一支学术力量，在政治学、社会学、经济学等学科门类上都活跃着知识生产队伍。"自从与中国第一次直接接触以来，西方就一直存在着一种长期的、持久的志向，即企图制定出一套无所不包的观点、理论和范式，用以解释与西方相对应的中国的历史、语言、文学、艺术、宗教、思想和人民的浩瀚知识。"①

从最根本的意义上来讲，西方发达国家的媒体对包括中国在内的其他国家的定义权和解释权，都来自知识生产所建构的一整套概念和理论体系。我们定义和解释中国，需要更多类似于"中国式现代化"的具有本土性和解释力的概念，既能概括自身，又能为世界所理解。从知识竞争的角度讲，中国知识与西方知识，或者中国知识与美国知识、英国知识、法国知识等任何一个国家的知识，在空间意义上都是地方性知识。但如果放眼世界，西方发达国家的知识之所以几乎可以被称为全球性知识，从哲学社会科学方面看，主要是因为地方性知识的生产能力不足，而西方发达国家的知识解释了其他地方。所以，不被定义和具有话语权的前提是，中国需要有足够强大的知识生产能力，将包括中国式现代化在内的概念及其内涵概括清楚和解释清楚。

在故事生产层面，我们需要有说服世界的叙事，需要有足够打动人心、同频共情的各种文本来与世界对话。不管是一部电影、一部电视剧，还是一个广告、一个短视频，不管是文字叙事，还是视频叙事，在与外部世界的对话中，至少应该不被排斥、不被摒弃、不被归为异类。关于中国式现代化描述的五个方面，每个方面都有充沛的故事可去挖掘。从国际传播人才培养的角度来讲，这些任务在校园内部，主要集中在硕士研究生与本科生层面。他们要了解和理解形而上的知识生产特别是其中的理论生产，但更重要的是具

---

① 顾明栋.汉学主义：中国知识生产中的认识论意识形态［J］.文学评论，2010（4）：87-93.

有形而下的以故事阐释中国的实践能力。自2020年全国研究生教育大会之后,研究生教育发生了结构性变革,专业学位研究生的比例在"十四五"结束时要达到研究生总人数的三分之二以上。这与我们原来理解的"研究生"主要是"搞研究"逐渐相去甚远,因为"搞研究"是博士研究生的主要任务,而硕士研究生的主要任务已经发生变化。特别是伴随专业学位研究生的迅速增长,研究生的整体生态正在发生改变,以科教融合培养学术学位研究生和产教融合培养专业学位研究生,正全面落实在研究生培养体系中。

放在中国式现代化的背景下,可以理解为在国际传播人才培养上,分类培养、分别成才,将会更好地将形而上的理论生产与形而下的叙事实践结合起来,更有力度地向世界传播中国。当然,这依然不能局限在新闻传播这个学科领域,而是需要其他学科共同来承担任务。以中国传媒大学为例,在国际传播人才培养上,一方面,在二级学科传播学下设置了国际传播白杨博士班、学硕班、专硕班;另一方面,继续加大本来就有的国际新闻传播硕士班的培养力度。更值得关注的是,中国传媒大学是全国最早一批语种较全的非通用语国际传播人才培养基地,现已形成以英语、非通用语、翻译、影视译制等20多个专业为支撑的多语种国际传播人才培养矩阵,几十年来为中央级媒体培养了大量的驻外记者、外语播音员,为外交部培养了大批的外交官和翻译人才。未来,中国传媒大学将在国际传播人才培养方面推出更多举措。

四、结语

以上讨论主要局限在校园之内的国际传播人才培养,事实上,国际传播人才培养远不止于此。但不论是校园内外,对国际传播人才培养都需要从知识生产与故事生产两个方面着手,将形而上与形而下有效结合,一方面将国际传播人才培养作为中国式现代化过程中的一部分,另一方面将国际传播人才培养作为向世界传播中国式现代化的有效推动力,让"中国版中国故事"有效矫正"西方版中国故事"的缺憾、缺陷及谬误,使国际舆论不被某一方意见垄断,从而促成健康平衡的国际传播局面。